Charroux Unbekannt – Geheimnisvoll – Phantastisch

Robert Charroux

Unbekannt Geheimnisvoll Phantastisch

Auf den Spuren des Unerklärlichen

Mit 21 Abbildungen und 5 Karten

Econ Verlag · Düsseldorf · Wien

Aus dem Französischen übertragen von
Elisabeth Schwarz
Titel der bei Robert Laffont, Paris,
erschienenen Originalausgabe:
LE LIVRE DU MYSTERIEUX INCONNU

Fotos: Catherine Krikorian
Karten: Josepha Steuerer

1.–15. Tausend September 1970
16.–23. Tausend Oktober 1970

Gesetzt aus der 10 auf 13 Punkt Palatino der Linotype GmbH
Gesamtherstellung: Kleins Druck- und Verlagsanstalt, Lengerich (Westf.)
Printed in Germany
ISBN 3 430 11790 9

»Aber nach Abschluß all dieser Studien, da man in die Reihe der Gelehrten aufgenommen zu werden pflegt, wurde ich völlig anderen Sinnes; es bedrängten mich so viele Zweifel und Irrtümer, daß ich bei dem Versuch, mich zu bilden, nur eines gelernt zu haben schien: Mein Unwissen zu erkennen . . .«

Descartes

Inhaltsübersicht

Unbekannt

I. Unerforschte Vergangenheit 11
II. Atemberaubende Experimente 21
III. Wissenschaft der Vorzeit 30
IV. Gedächtnischromosomen 47
V. Das Rätsel der Megalithbauten 64
VI. Die Kultur der Kelten 74

Geheimnisvoll

VII. Versunkene Kulturen 105
VIII. Atlantis 117
IX. Andere Theorien über Atlantis 130
X. Hyperborea und Ägypten 144
XI. Primitivkulturen 163

Phantastisch

XII.	Das Rätsel der Pyramiden	179
XIII.	Am Anfang war das Wort	202
XIV.	Das Wasser des Lebens	215
XV.	Die antiken Mysterien	227
XVI.	Das Universum	242
XVII.	Lichter am nächtlichen Himmel	257

Register 269
Inhaltsverzeichnis 284

Unbekannt

I. Unerforschte Vergangenheit

Welch eine Vielzahl unerforschter Geheimnisse birgt doch unsere Welt! Wer ist nicht selbst einmal im Leben auf Dunkles, Unbegreifliches gestoßen, das den Reiz des Verbotenen in sich birgt? Und wer hat sich dabei nicht an die alten Geschichten von weisen Männern, Magiern und Hexen erinnert, die mit den Geheimwissenschaften vertraut sind? Wir wollen nun diesen phantastisch-unbekannten Bereich erschließen, Tabus der Geschichte von gestern und morgen durchbrechen und mit zahlreichen falschen oder verfälschten Überlieferungen aufräumen.

Ich will versuchen, die *Primhistorie* der Menschheit neu zu erforschen – jene Epoche also, welche von den Pseudo-Historikern, die blind den Theorien der klassischen Geschichtsschreibung vertrauen, Urgeschichte genannt wird. Ich bin zwar nicht so vermessen zu behaupten, es sei alles genauso verlaufen, wie ich vermute; mein Anliegen ist es aber zu verhindern, daß auch in Zukunft mit »prähistorisch« nur ein uninteressanter Haufen von leblosen Steinen assoziiert wird. Denn ich glaube über wichtiges Beweismaterial zu verfügen, das unsere scheinbar so primitiven Ahnen der grauen Vorzeit plötzlich in neuem Licht erscheinen läßt: Meine Darstellung der Primhistorie gründet sich nämlich keineswegs auf unwahrscheinliche Enthüllungen, sondern vielmehr auf Dokumente, auf bisher unbekannte Entdeckungen in den verschiedensten Teilen der Welt, auf das Studium geheimer oder in verstaubten Bibliotheken schlummernder Schriften und auf Veröffentlichungen, die wir zuverlässigen Autoritäten verdanken. Außerdem bin ich in der Lage, meine Behauptungen und Entdeckungen durch die Wiedergabe von Fotografien zu belegen.

Sie haben doch sicherlich schon gehört, daß es im Mittelalter Raumraketen und zwei Jahrtausende vor unserer Zeitrechnung komplizierte Flugmaschinen gegeben haben soll. Wenn Sie freilich diese Behauptung mit einem ungläubigen Kopfschütteln abtun, sollten Sie dieses Buch lesen. Denn hier werden Sie zahlreiche Indizien dafür finden, daß wir der wissenschaftlichen Erklärung von Begebenheiten, die man für Phantastereien, magische Erscheinungen und Zaubereien hält, weil sie bis zum heutigen Tag dem Scharfsinn der Forscher getrotzt haben, tatsächlich sehr nahe sind.

In jahrelanger, intensiver Forschungsarbeit habe ich Dokumente, Fotografien und Beweisstücke verschiedenster Art aus allen Himmelsrichtungen zusammengetragen, um endlich Licht in dieses geheimnisvoll-dunkle Stück Menschheitsgeschichte zu bringen.

Die Rakete von Hermannstadt

So unwahrscheinlich es klingen mag, eine dreistufige Rakete, die mit festem Treibstoff betrieben wurde und genau wie die Modelle von Kap Kennedy funktionierte, hatte man bereits im Jahre 1529 in all ihren technischen Einzelheiten erfunden. Einige Jahre später, genau gesagt 1555, wurde sie im rumänischen Hermannstadt (dem heutigen Sibiu) gezündet – sie erhob sich planmäßig in den Weltraum.

Viele tausend Augenzeugen wohnten – wie auch beim Versuch

mit der Flugmaschine von Gusmâo am portugiesischen Hof im Jahre 1709 – diesem großartigen, erfolgreichen Experiment bei. Doch leider fanden es die Historiker nicht der Mühe wert, das ihnen unbedeutend erscheinende Ereignis zu erwähnen, so daß es in Vergessenheit geriet.

In den letzten sechzig Jahren sind tausend und abertausend Werke über das Flugwesen und die Eroberung des Weltalls erschienen. Nur zwei oder drei davon erwähnen die Maschine von Gusmâo (z. B. HISTOIRE DES IDÉES AÉRONAUTIQUES AVANT MONTGOLFIER, Geschichte der aeronautischen Ideen vor Montgolfier, von Jules Duhem, 1943), kein einziges hingegen die dreistufige Rakete, so daß man wohl sagen kann, Historiker sind oft allzu ängstliche, ja geradezu erbärmliche Forscher.

Diese für die damalige Zeit sensationelle Erfindung verdanken wir Conrad Haas, dem Feuermeister, ihre Entdeckung Doru Todericiu, Professor für Wissenschaft und Technik an der Universität von Bukarest, der 1961 in den Archiven der Bibliothek von Sibiu ein altes Manuskript ausgegraben hat. Das um 1570 beendete Werk ist eigentlich ein Sammelband mehrerer Manuskripte, die von drei verschiedenen Verfassern stammen: Von Hans Haasenwein, dessen Beteiligung auf das Jahr 1417 zurückgeht, von einem unbekannten Autor, dessen Beitrag im Jahre 1460 entstand, und schließlich von Conrad Haas, dem Leiter des Artilleriedepots von Hermannstadt, der zwischen 1550 und 1570 schrieb.

Der letzte Teil des Manuskripts enthält einen genauen Bericht über den im Jahre 1555 erfolgten Start einer mehrstufigen Rakete und einer *fliegenden Lanze* mit großer Reichweite. Es ist darin sogar von einem *Häuschen* die Rede – es wurde allerdings niemals gebaut –, das mit einer Rakete in die Luft geschossen werden sollte, also von einem primitiven, aber echten Vorläufer der Raumkabinen der Astronauten unseres 20. Jahrhunderts.

Wie die Abbildung 1 zeigt, bestand die Rakete des

Conrad Haas aus zwei Antriebsstufen mit verschiedenem Durchmesser. Es gab jedoch auch ein dreistufiges Modell, nämlich jenes, das 1555 erprobt wurde. Für beide Modelle wurde fester Treibstoff verwendet, der aus besonderen Pulvergemischen bestand, gegebenenfalls aber auch durch eine Mixtur aus Äthylazetat, Ammoniak, Essigsäure und verschiedenen anderen chemischen Substanzen ersetzt werden konnte. Das Manuskript führt sogar aus, daß das Äthylazetat aus Essig und Alkohol, der Salmiakgeist aus Urin gewonnen wurde.

Conrad Haas gelang es auch, für das Problem der Stabilisierung und der Steuerung der Raketen eine moderne Lösung zu finden: Er verwendete deltaförmige Flügel.

Hat man das Manuskript von Sibiu genau studiert, so kann man nicht umhin, einer für damalige Zeit einzigartigen Reihe von Erfindungen Bewunderung zu zollen:

- zweistufige Rakete (2 Antriebsstufen) 1529
- dreistufige Rakete 1529
- Raketenbatterie 1529
- »fliegendes Häuschen« 1536
- Erprobung des Prinzips der aufeinanderfolgenden Zündungen beim Betrieb einer mehrstufigen Rakete 1555
- Verwendung von deltaförmigen Stabilisierungsflügeln 1555

Alle genannten Details stammen aus verläßlicher Quelle, nämlich von Professor Doru Todericiu selbst, der das Manuskript von Sibiu entdeckte, und aus der rumänischen Zeitschrift für Geschichte (Bd. VI, Nr. 3, 1967), die von der Akademie der Sozialistischen Republik Rumänien herausgegeben wird.

Die Flugmaschine von Monte Alban

Monte Alban ist eine der eindrucksvollsten historischen Stätten Mexikos. Vor 2000 Jahren ließ sich dort das geheimnisumwobene Volk der Olmeken nieder. Die Olmeken hinterließen uns Stelen und riesige Statuen – kolossale Häupter –, die energisch blickende Männer darstellen. Und was das Besondere daran ist: Diese heroischen Figuren tragen Helme, wie sie heute bei Astronauten üblich sind. Die Olmeken waren auf der Erde erschienen und wieder verschwunden, ohne sonstige Spuren zu hinterlassen. Dies führte zur Entstehung zahlreicher Legenden, in denen erzählt wird, die Olmeken seien vom Himmel gekommen, ganz wie die in der Bibel erwähnten Riesen.

Ob außerirdischer Herkunft oder nicht, die Olmeken müssen über erstaunliche Kenntnisse verfügt haben. Details der Funde von Monte Alban stellen eine interessante Verbindung zu den uns ebenso unbekannten Zivilisatoren her, die Tiahuanaco in Bolivien erbauten und in die »Puerta del Sol« (Sonnentor) Motive meißelten, die als Raumanzüge und Astralraketen gedeutet werden.

Ein anderes, vielleicht noch interessanteres Relief, das im Inneren des Tempels von Palenque gefunden wurde, reiht sich neben diese rätselhaften Botschaften aus dem All ein: Wenn die eingravierten Zeichen richtig ausgelegt wurden, zeigt die Steinplatte eine Rakete, die sich auf den Planeten Venus zu bewegt und deren Steuermann ein Atemgerät trägt.

Zurück nach Monte Alban: Dort habe ich eine Steingravierung entdeckt, die mich vermuten läßt, daß Interplanetarflüge zwar für die alten Mexikaner eine Unmöglichkeit darstellten, jedoch nicht unbedingt für ihre Urväter. Zumindest hatte deren Wissen bei den Vorfahren der Inkas, bei den Olmeken und Mayas, einen tiefen Eindruck hinterlassen; denn diese Völker waren mit erstaunlicher Zähigkeit bemüht, die Spuren dieses Wissens in ihren Überlieferungen, ihren Kodizes und ihren bedeutendsten Monumenten zu verewigen.

Wie soll man die Stele von Monte Alban deuten? Hören wir dazu die Meinung von Robert Carras, einem Mitglied des Forschungszentrums für unbekannte Zivilisationserscheinungen (CEREIC) in Nizza:

»Diese Zeichnung ist eine technische Skizze, die an Flugzeugdarstellungen erinnert, bei denen das Außenblech weggelassen wurde und nur das Gerippe mit den Triebwerken und dem Propeller zu sehen ist. Man könnte sich sehr wohl zu diesem Motor einen Blechmantel mit einer Pilotenkabine hinzudenken, womit der Flugkörper fertig wäre. In der Verlängerung des Propellers ist außerdem eine Art Flosse zu sehen, die wahrscheinlich zur Steuerung des Apparats diente.«

Auch ein weniger geschultes Auge erkennt eindeutig einen Propeller mit drei Flügeln, der sich um eine lange Achse dreht.

Diese Art der Darstellung ist kennzeichnend für die Funde von Tiahuanaco, Palenque und Monte Alban, aber man begegnet ihr auch in den Manuskripten der Mayas; sie weicht völlig von den sonstigen Ausdrucksformen der Mexikaner ab und läßt durch ihren besonderen Charakter auf ein abenteuerliches Ereignis außerhalb der natürlichen Geschichte der Völker Amerikas schließen.

Daß die Motoren von Tiahuanaco, die feuerspeiende Rakete von Palenque und der Propellermotor von Monte Alban nichts weiter als *Phantasiegebilde* der Mexikaner gewesen sein sollen, wäre doch eine allzu simple Erklärung. Anzunehmen ist vielmehr, daß sie diese Maschinen in Stein gravierten, weil sie sie entweder wirklich gesehen oder durch zahlreiche Überlieferungen lebendig im Gedächtnis hatten. Es haben sich gewiß auch Fehler in die Zeichnungen eingeschlichen, denn wer ist schon in der Lage, ein unbekanntes, kompliziertes technisches Gerät exakt wiederzugeben? Es liegt also die Vermutung nahe, daß in einer nicht zu bestimmenden Epoche Menschen oder menschenähnliche Wesen, von einem anderen Planeten kommend, in Amerika gelandet sind. Diese These wird auch durch annähernd hundert Zeichnungen im Manuskript Troano und in den Kodizes Perez, von Dresden und Cortesianus untermauert.

Die genannten Dokumente verleihen den Überlieferungen der Mexikaner und der Inkas Glaubwürdigkeit, behaupten doch beide Völker, daß ihre Urväter – ihre Götter – Quetzalcoatl, Kukulkan, Orejona und Viracocha vom Planeten Venus stammten und sich auf Flugkörpern fortbewegten. Im Kodex Cortesianus zum Beispiel ist der Verlauf der Raumfahrt eines Erdenbewohners aufgezeichnet, der auf der Venus landet, um übergeordnete Wesen zu befragen, die er als Götter betrachtet.

Sankt-Brandans-Insel

Alles, was den Prähistorikern nicht in das von ihnen geschaffene Bild unserer frühesten Vergangenheit paßt, wird einfach ignoriert. Wer aber nicht im Banne verfälschter Zusammenhänge bleiben will, der betrete diesen phantastisch-unbekannten Bereich und erblicke eine faszinierende, weil unendliche Perspektiven eröffnende Geschichte der Menschheit.

Die Behauptung, die von den Urvölkern als Götter verehrten Wesen seien einfach höherentwickelte Menschen gewesen, scheint durchaus einleuchtend. Wollen wir leugnen, daß es in der Vergangenheit Interplanetarflüge gab, bloß weil dies den gewohnten Rahmen unseres überkommenen Wissens sprengt? Da denkt man doch unwillkürlich an die Unzahl von Legenden, die noch in der Welt in Umlauf sind: Wieso berichten sie alle von ähnlichen Erscheinungen, wenn sie glatt erfunden wurden? Ich bin überzeugt, daß es schon in naher Zukunft gelingen wird, das Körnchen Wahrheit herauszuschälen, das sie alle im Grunde enthalten.

Wie steht es etwa mit dem sagenhaften Kontinent Atlantis, mit den Hyperboreern, unseren direkten Vorfahren, und mit der Sankt-Brandans-Insel, die in der Phantasie der Völker des Mittelalters herumgeisterte? Sind das alles noch Legenden? Nicht mehr lange! Denn zahlreiche verblüffende Erscheinungen, von denen man glauben könnte, sie seien von unsichtbarer Hand gelenkt, rauben den Rationalisten den Schlaf.

Sankt-Brandans-Insel, die man im Mittelalter vergeblich inmitten des Atlantischen Ozeans gesucht hatte, hat sich uns erst kürzlich wieder in Erinnerung gerufen. Diese angeblich nur in der Sage existierende Insel tauchte am 26. April 1967 vor den erstaunten Augen mehrerer tausend Einwohner von Ferro (Kanarische Inseln) auf. Die phantastische Vision löste sich schließlich in nichts auf, wie dies bereits seit drei Jahrhunderten mehrmals geschehen ist. Versucht man, die Erscheinung zu erklären, so gerät man an einen Punkt, wo man mit rationell-nüchternen Überlegungen nicht mehr weiterkommt. Die Lösung liegt nämlich in jenem verwirrenden, geheimnisvoll-unbekannten Bereich der Parallelwissenschaften, der Magie, der Parapsychologie und des Geheimwissens: Unsichtbare Kräfte, die entweder von unserem unbewußten Ich oder von einer anderen Welt ausgehen, verursachen Erscheinungen, die sich den exakten Wissenschaften entziehen.

Im Gebiet der Kanarischen Inseln zeigt sich von Zeit zu Zeit nordwestlich von Ferro eine wunderbare Insel. Im 18. Jahrhundert waren die Erscheinungen so häufig und so deutlich, daß die Behörden des Archipels mehrmals Expeditionen zur Eroberung des aus dem Ozean aufgetauchten Landes ausrüsteten.

Handelt es sich hier ganz einfach um eine Fata Morgana? Normalerweise findet man Luftspiegelungen in den heißen Zonen, wo sich die Atmosphäre durch direkte Sonneneinwirkung erhitzt und eine Spiegelung der Lichtstrahlen, die von entfernten Objekten ausgehen, entsteht. Diese Erklärung ist aber im Falle der Sankt-Brandans-Insel keineswegs zufriedenstellend, da Ferro am westlichen Rand der Inselgruppe liegt und sich keine Insel in der Nähe befindet, die die Spiegelung hervorrufen könnte. Die nächsten Eilande in der Richtung der Erscheinung sind die Azoren im Nordwesten und die Kap-Verde-Inseln im Südwesten; ihre Entfernung beträgt etwa 1500 Kilometer, und wenn man dazu noch die Krümmung der Erdoberfläche in Betracht zieht, scheint die Hypothese einer Fata Morgana nicht gerechtfertigt. Vergessen wir außerdem nicht, daß die Hitze in diesen Breiten an einem 26. April bei weitem nicht ihren Höhepunkt erreicht.

Würde die angebliche Luftspiegelung eine bekannte Insel des Atlantischen Ozeans zeigen, hätte man sie unschwer identifizieren können. Genaue Prüfungen haben aber ergeben, daß die berühmte Sankt-Brandans-Insel keiner Insel unserer Erde gleicht.

Wie immer die Wahrheit aussehen mag, sie fällt hier in den Bereich des Phantastischen: Man kann hypothetisch annehmen, daß das geheimnisvolle Eiland ein Bild aus einer anderen Welt oder aus der Welt der Zukunft ist. Mag sein, daß das Phänomen der sogenannten fliegenden Untertassen auf ähnliche Weise erklärbar ist.

Die Wissenschaft macht so fulminante Fortschritte, daß es in einigen Jahrhunderten für unsere Nachkommen – vorausgesetzt, daß unsere Zivilisation dann noch besteht – wahrscheinlich die Möglichkeit einer Reise in die Zeit geben wird. Schon heute haben die Theoretiker einen Zeitbegriff entwickelt, der von den traditionellen Begriffen »vor« und »nach« gelöst ist: Vergangenheit und Zukunft sind Wahrnehmungen, die nur unserer sichtbaren, sich verändernden Welt, nicht aber der absoluten Wirklichkeit zugehören; die Zeit wäre demnach – wie der Gott der meisten Religionen – ewig gegenwärtig. Vergangenheit und Zukunft bestehen in einem totalen, für unsere Sinne nicht wahrnehmbaren Universum gleichzeitig nebeneinander, so daß Vergangenes und Zukünftiges in einer ewigen Gegenwart bereits Schöpfung geworden ist.

Kommende Generationen, die bereits jetzt im 23. oder 24. Jahrhundert leben, könnten wissenschaftlich in der Lage sein, in unsere Epoche Zeitsonden zu schicken: Wäre dies nicht eine phantastische Erklärung für mysteriöse, nicht identifizierte Gegenstände aus dem All und auch für die sagenhafte Sankt-Brandans-Insel? Schließlich ist es doch überaus merkwürdig, daß die Insel stets in den seichten Gewässern der Nordatlantischen Schwelle auftaucht, und zwar genau an jenem Ort, den Platon und andere alte Schriftsteller als Standort für die Hauptstadt von Atlantis, Poseidonis, angeben. Alles in allem sieht es so aus, als würde seit Urzeit Atlantis immer wieder vor unseren Augen erstehen, um seine tatsächliche Existenz zu beweisen, was allmählich auch die hartnäckigsten Zweifler zum Verstummen bringen muß.

Gibt es eine objektive Wahrheit?

Alles hat seinen Anfang, und dieser läßt sich nach der klassischen Theorie bis auf den Anbeginn der Welt zurückführen.

Ob man nun sagt »Heute ist schönes Wetter« oder »Wir haben den Monat April« – diese anscheinend so banalen Sätze reichen tief in das Geheimnis von Kosmos und Zeit hinein. »Die Eichel ist die Frucht der Eiche...« Wieder eine banale Behauptung, die milliardenfach aufgestellt auch milliardenfach stimmt; und doch bildet auch sie den Ausgangspunkt für endlose Vermutungen über das Universum, über die Entwicklung des Lebens, über die Freiheit der Entscheidung oder über die unsichtbaren Kräfte, die sie bestimmen.

Das Gesetz heißt »wechselseitige Abhängigkeit«: Nichts beginnt zu einem bestimmten Zeitpunkt, denn alles hat in der unendlichen Vergangenheit bereits begonnen.

II. Atemberaubende Experimente

Heute noch unerforschtes Neuland, doch bald ein Teil der klassischen Wissenschaft: das Studium phantastisch erscheinender Phänomene. Es schärft den Geist, bereitet ihn auf die atemberaubenden Entdeckungen vor, die die Hypothesen der Astrophysiker und Biochemiker erahnen lassen. Denn viele Dinge, die uns phantastisch erscheinen, begreifen wir nur deshalb nicht, weil wir mit dem Irrationalen zu wenig vertraut sind.

Ein einfaches Beispiel soll dies veranschaulichen: Auf Java erzählte ein Holländer einem Eingeborenen, daß bei ihm daheim zu einer bestimmten Jahreszeit das Wasser so kalt und hart würde, daß man darauf gehen könne. Was glauben Sie, war die Reaktion des Javaners? Er brach in schallendes Gelächter aus, in der Meinung, der Holländer habe ihm einen Witz erzählt; so sehr überstieg das Geschilderte den Rahmen seines Vorstellungsvermögens.

Das Philadelphia-Experiment

In seinem Buch LES FAITS MAUDITS (Die verwünschten Tatsachen) berichtet George Langelaan über die mysteriöse, völlig unglaubliche Geschichte des amerikanischen Begleitschiffs, das im November 1943 in der Reede von Philadelphia plötzlich unsichtbar wurde, um dann vor den erstaunten Augen der zufällig anwesenden Zeugen und der offiziellen Beobachter des Experiments wieder aufzutauchen.

Das Schiff dürfte nicht einfach unsichtbar geworden sein, als es verschwand. Es muß vielmehr den Standort gewechselt haben, denn es wurde gleichzeitig das unerklärliche Auftauchen eines Begleitschiffes, das dem ersten aufs Haar glich, in der 640 Kilometer entfernten Reede von Norfolk im Bundesstaat Virginia beobachtet. Das Schiff wäre also von Philadelphia verschwunden, um in Norfolk aufzutauchen und dann von Norfolk verschwunden, um in seinen Heimathafen zurückzukehren.

George Langelaan berichtet auch, daß der kurz nach dem ungewöhnlichen Ereignis tot in seinem Wagen aufgefundene Dr. Morris K. Jessup die genauen Hintergründe des *Philadelphia-Experiments* kannte und deshalb, wenn man den Polizeiberichten glauben schenken soll, »freiwillig« aus dem Leben geschieden sei.

Sehen wir uns einmal die in Amerika präsentierte und ebenfalls von George Langelaan wiedergegebene Erklärung an: Im Jahre 1942 hat der junge avantgardistische Wissenschaftler Dr. Jessup dem Marineforschungsamt ein wissenschaftliches System vorgelegt, das sich auf die Einsteinsche Feldtheorie gründete und es ermöglichte, Schiffe unsichtbar zu machen. Auf Grund dieser Unterlagen wurde 1943 ein Experiment durchgeführt. Das betroffene Schiff verschwand vor den Augen der Beobachter, tauchte wieder auf, und dies einige Male hintereinander, ohne daß es möglich gewesen wäre, dem Phänomen Einhalt zu gebieten. Die dabei auf dem Meer zurückgelegten Entfernungen waren unglaublich groß.

Schließlich gelang es doch, den schwindelerregenden Reigen zu unterbrechen, aber die Mehrzahl der Besatzungsmitglieder war verschollen, entweder »von einem großen Feuer verzehrt«

oder in eine andere Welt eingegangen. Einige der wenigen Überlebenden wurden wahnsinnig und gingen elend zugrunde.

Diese Tatsachen gelangten durch den Zeitungsartikel eines Mr. Allen an die Öffentlichkeit, der niemand anderer als Dr. Jessup war: FBI fand das schließlich auch heraus, was immerhin den »Freitod« des jungen Wissenschaftlers erklären könnte, da der Bericht über das Philadelphia-Experiment zu den geheimsten Akten des amerikanischen Marineministeriums gehörte. Das Rätsel wird höchstwahrscheinlich für alle Zeiten ungelöst bleiben, da alle diesbezüglichen Dokumente der Marine für die Öffentlichkeit unzugänglich gemacht wurden.

Obwohl der Name Einstein im Zusammenhang mit dem Standortwechsel der Materie unter dem Einfluß starker Magnetfelder genannt wurde, gibt es keine wissenschaftliche Theorie, kein physikalisches Gesetz und auch keine empirische Beobachtung, die das Experiment in irgendeiner Weise erklärbar erscheinen ließen.

Als ich von dieser amerikanischen Version des Philadelphia-Experiments Kenntnis erhielt, stand ich ihr äußerst skeptisch gegenüber bis zu dem Tag, an dem ich erfuhr, daß es auch eine russische Version gibt, was beweist, daß man sich auch hinter dem Eisernen Vorhang mit der Materie beschäftigt.

Das Möbiussche Band

Es gibt in der Geometrie bekanntlich eine Kuriosität, das Möbiussche Band genannt. Ein Papierstreifen wird nach einer halben Verwindung mit den Enden zusammengefügt. Man erhält auf diese Weise einen Ring, bei dem Vorder- und Rückseite ineinander übergehen und der nur einen einzigen Rand aufweist. Schneidet man das Band der Länge nach in der Mitte auseinander, so entsteht ein Band mit vier halben (zwei ganzen) Verwindungen, das doppelt so lang ist wie das ursprüngliche. Schneidet man nicht in der Mitte der Breite, so erhält man zwei ineinandergeschlungene, verwundene Bänder von ungleicher Länge und Breite.

Das Möbiussche Band und seine Eigenschaften haben zu interessanten Hypothesen über das Geheimnis der Parallelwelten geführt. Man könnte zum Beispiel die Menschheit in die zweidimensionale Welt des Möbiusschen Bandes versetzen. Sobald man das Band der Länge nach durchschneidet, gelangt ein Teil der Menschheit in eine andere Welt, die mit dem abgetrennten Teil nur einen einzigen schmalen Berührungspunkt aufweist und doch mit ihm verbunden bleibt. Je nachdem ob man nun das Band bei $^1/_3$, $^1/_4$ oder der Hälfte der Breite auseinanderschneidet, entstehen – von der ersten Welt ausgehend – andere, ungewohnte zweidimensionale Welten. Diese rein spekulative Hypothese könnte das Verständnis des Philadelphia-Experiments erleichtern.

Anläßlich eines Mittagessens in den Grottes de Matata bei Royan – einem der malerischsten Restaurants von Frankreich – erzählte mir mein rumänischer Freund Doru Todericu die Version made in UDSSR.

»Die Geschichte ist vollkommen unglaublich«, sagte einleitend die bildschöne Madame Corina Todericiu.

»Das Unglaubliche allein hat Chancen, wahr zu sein«, antwortete Doru. Klingt der Satz nicht ungewöhnlich aus dem Munde eines gelehrten Professors für Wissenschaft und Technik an der Universität Bukarest?

In Rußland erzählt man sich, daß ein ferngesteuertes Schiff in den Gewässern vor Philadelphia die Route eines Möbiusschen Bandes beschrieb, die von einem elektrischen Strom durchlaufen wurde, dessen genaue Natur man nicht kennt, der aber von großer Stärke war, da er das Schiff in seiner elektromagnetischen Bahn festhielt. Vielleicht war es ein U-Boot, das ins Meer tauchte und in umgekehrter Position weiterfuhr, schräg aufstieg und wieder die Ausgangsposition einnahm.

Zu einem bestimmten Zeitpunkt wurde der elektromagnetische Strom mit Hilfe einer Boje als theoretischem Schneidegerät geteilt, so daß dieselbe einfache Welt, in der sich das Schiff bewegte, unversehens zu einer doppelten Welt wurde. Während man auf dem Meer das U-Boot aus den Augen verlor, war es ohne wahrnehmbaren Zeitablauf, also augenblicklich in der Nähe der Kais zu sehen. Es ging von einer Welt in eine andere über, ohne daß der Faktor Zeit eine Rolle gespielt hätte, während die überwundene räumliche Distanz beträchtlich war.

Professor Doru Todericiu erzählte mir, er habe diesen Bericht in halbamtlichen Veröffentlichungen jenseits des Eisernen Vorhangs und auch in der Bukarester Zeitung INFORMATIA gelesen. Außerdem gab er mir eine wesentlich wissenschaftlichere Erklärung für das Phänomen der »Allgegenwart«, oder besser gesagt des augenblicklichen Ortswechsels, durch einen Vergleich mit dem Verhalten der Atompartikeln.

Man stelle sich einen Kern vor, der von zwei Kreisbahnen umgeben ist; in einer kleineren kreist eine Partikel *a,* deren Energie zum Beispiel 50 beträgt, und in einer größeren eine Partikel *b,* deren Energie 100 beträgt. Verleiht man nun der Partikel *a* eine Energie 100, so wird sie augenblicklich in die Kreisbahn von *b* überspringen, und zwar nicht durch eine einfache Ortsveränderung, sondern durch eine Art spontanen Ausbruch, bei dem weder Zeit noch Raum eine Rolle spielen.

Dieses Phänomen bliebe recht geheimnisvoll und schiene unrealisierbar, wenn nicht das Philadelphia-Experiment das Vorhandensein nicht faßbarer Möglichkeiten offenbar gemacht hätte.

Erwägt man eine solche Eventualität, so hätten die Amerikaner bei der Durchführung des Experiments das Schiff von einer Kraftlinie in eine andere, eine stärkere versetzt. Die Eigenschaften des Möbiusschen Bandes, verstärkt durch geballte elektrische Energie, hätten das Verbleiben des Schiffes auf seiner ursprünglichen Kreisbahn unmöglich gemacht und es zwangsläufig und spontan in den Bereich der anderen Kreisbahn hinübergezogen.

Es schien mir der Mühe wert, diese Tatsachen und Erklärungen im Detail zu berichten. Ich lege sie bis auf weiteres zu den anderen Akten, die ungeklärte Erscheinungen zum Gegenstand haben.

Die Handpyramide

Es gibt ein leicht durchführbares Experiment, das wohl nicht das Rätsel des Philadelphia-Experiments löst, aber immerhin zeigt, daß sich Unerklärbares auch in unserem gewohnten täglichen Leben findet.

Der Versuch ist unter den Bezeichnungen »Gewichtsverringerung« oder »Handpyramide« bekannt. Dazu sind insgesamt fünf Personen erforderlich. Eine davon setzt sich auf einen Sessel, während die vier anderen (gleichgültig ob Männer, Frauen oder Kinder) die Aufgabe haben, den Sitzenden – nennen wir ihn P. – aufzuheben, was jedoch nur mit den beiden aneinandergepreßten Zeigefingern geschehen darf, so daß sein gesamtes Körpergewicht einzig und allein auf den beiden letzten Gliedern der Zeigefinger ruht. Außerdem muß jeder der vier seine beiden Zeigefinger entweder in die Kniekehle oder die Achselhöhle von P. legen.

Dann kann bereits der erste Versuch gestartet werden: auf »Hau ruck!« versucht jeder, P. mit ganzer Kraft von seinem Sessel zu heben. Umsonst! Es ist unmöglich, vor allem wenn P. zwischen 70 und 100 kg wiegt. Die vier Versuchspersonen sind überzeugt, daß das Experiment undurchführbar ist, zumindest von durchschnittlich kräftigen Männern und Frauen.

Und dann beginnt das eigentliche Experiment: Dieselben Personen, zum Beispiel zwei Männer und zwei Frauen, können plötzlich P., der zwischen 70 und 100 kg wiegt, mit großer Leichtigkeit aufheben. Die Finger wurden genauso aneinandergelegt wie beim erstenmal, sie wurden genauso unter die Achseln und in die Kniekehlen geschoben, und es war nicht einmal mehr notwendig, »Hau ruck!« zu rufen.

Was ist geschehen? Bevor sie P. zum zweitenmal aufhoben, legten die vier Personen ihre Hände übereinander, wobei die unterste auf dem Kopf von P. zu liegen kam. Dabei ist zu beachten, daß die einander berührenden Hände nicht derselben Person gehören dürfen.

Alle acht Hände liegen also auf dem Kopf von P. Es ist nicht notwendig, einen Druck auszuüben, der Kontakt allein genügt; drückt man dennoch ein bißchen – was ganz von selbst geschieht –, so beeinträchtigt dies den Erfolg des Experiments in keiner Weise (man kann die Handpyramide auch auf einem Möbel machen). Dann wird gezählt, zum Beispiel bis 23 ... oder bis 32 ..., wichtig ist dabei nur, daß die Hände eine gewisse Zeit miteinander in Berührung bleiben (12 Sekunden mindestens).

Danach löst man auf ein Zeichen die Handpyramide so rasch wie möglich; die vier Personen legen ihre Zeigefinger aneinander, schieben sie unter Achseln und Kniekehlen von P. und heben ihn ohne Schwierigkeiten auf. Seine 70 bis 100 Kilogramm scheinen sich auf nicht mehr als 10 oder 20 Kilogramm reduziert zu haben.

So schwach die Hebenden auch sein mögen (zarte Frauen oder Kinder), das Experiment gelingt in allen Fällen hundertprozentig. Und wenn P. nicht allzu schwer ist, besteht sogar die Gefahr, daß er an die Decke geschleudert wird.

Die Erklärung für dieses Phänomen? Physikern und Metaphysikern ist sie gleichermaßen unbekannt. Vielleicht glauben Sie, P. werde durch einen Zauber, eine Beschwörung, deren Geheimnis in der Handpyramide liegt, beeinflußt und in einen levitationsähnlichen Zustand versetzt? Sie können das Experiment an einem schweren Stein, einem dicken Balken oder einem Möbel durchführen, und das Resultat wird das gleiche sein. Eine Beeinflussung der aufzuhebenden Masse ist mithin ausgeschlossen.

Es scheint, und vielleicht ist es tatsächlich so, daß die Handpyramide die Rolle eines Energieakkumulators spielt. Denn obwohl die Hebenden beim zweitenmal eine weitaus geringere Anstrengung machen, schaffen sie es mit erstaunlicher Leichtigkeit. Da die Last unverändert geblieben ist, kann sich der mysteriöse Vorgang nur in den Hebenden abspielen, die – ohne daß sie sich dessen bewußt sind – in dem entscheidenden Augenblick zwar nicht über das Zehnfache, aber doch über das Doppelte oder Dreifache ihrer normalen Kraft verfügen. Vergessen wir auch nicht, daß beim Versuch ohne Handpyramide der Einsatz synchronisiert ist, während beim zweiten Mal ein nicht unbedeutendes Zeitgefälle zwischen den vier Einsätzen entsteht, was die Sache theoretisch erschweren müßte, tatsächlich aber das Experiment nicht beeinflußt.

Persönlich habe ich die Erfahrung gemacht, daß der Versuch Nr. 1 bei klarem Bewußtsein vor sich geht, während beim Versuch Nr. 2 eine gewisse Hemmung eintritt, die eine Art sekundären Zustand hervorruft. Tatsache ist jedenfalls, daß etwas vor sich geht, aber was? Vielleicht kann dieses Phänomen mit der Konzentration der Athleten vor dem Wettkampf verglichen werden. Denn es liegt durchaus im Bereich des Wahrscheinlichen, daß unbekannte innere Kräfte die Muskelstärke erhöhen oder eine gewisse Levitation erzeugen können.

Ich glaube, daß es für dieses Geheimnis eine noch unerforschte wissenschaftliche Grundlage gibt, die auch die Levitation der Heiligen und den Transport der riesigen Steinblöcke von Baalbek und Cuzco erklären könnte. Die alten Völker kannten dieses Phänomen gewiß, denn sie stellten Menhire auf, errichteten Dolmen und schichteten beim Bau des Tempels von Baalbek, der Pyramiden und der peruanischen Festungen riesige

Steinblöcke auf, als ob für sie das Gesetz der Schwerkraft keine Gültigkeit gehabt hätte. Diese geheimnisvolle Kraft ist Teil einer transzendenten Wissenschaft. Sie könnte es ermöglichen, die Schwerkraft und die treibenden Kräfte des Universums aufzuheben.

III. Die Wissenschaft der Vorzeit

Immer mehr bislang unbeachtet gebliebene Fakten sprechen dafür, daß es vor der Sintflut hochentwickelte Kulturen auf unserer Erde gab und daß den Inkas, Mayas, Kelten, Ägyptern und alten Griechen wissenschaftliche Kenntnisse überliefert wurden, die den unseren in nichts nachstehen.

Natürlich sträuben sich konservative Wissenschaftler mit aller Macht gegen diese These und rufen zum heiligen Kampf auf gegen eine Häresie, die den Lehrsätzen der Bibel und der Thora widerspricht. Doch wenn man sich mit verschiedenen ungewöhnlichen Ereignissen, Erfindungen und Entdeckungen näher befaßt und die Traditionen der Völker und die wissenschaftlichen Kenntnisse der Eingeweihten studiert, bleibt kein Zweifel mehr, daß in einer fernen, unerforschten Vergangenheit alles, was wir heute wissen, von irdischen oder außerirdischen Ahnen bereits einmal gewußt und in die Praxis umgesetzt worden ist.

Hermes und Äskulap

Einst bildeten die Priester des griechischen Gottes der Heilkunde Äskulap (Asklepios) eine Zunft, in deren Kreis das medizinische Wissen der Asen als Geheimnis gehütet und unter dem Siegel der Verschwiegenheit weitergegeben wurde. Fastengebote, Träume und Visionen spielten in den Therapien der Asklepiaden eine wichtige Rolle. In den Überlieferungen hieß es, Äskulap sei von Hermes Trismegistos, dem ägyptischen Gott Thot, in die Geheimnisse der Heilkunde eingeweiht worden.

In der Rede des Hermes an Asklepios, die Hermes zugeschrieben wird, finden sich Ideen, die weitgehend mit den wissenschaftlichen Thesen unserer Zeit übereinstimmen.

»Das Nichts kann nicht zu etwas werden; es liegt in seinem Wesen, daß es nicht sein kann. Das Wesen des Seins hingegen liegt darin, daß es nicht aufhören kann zu sein.

... Der Mensch, o Asklepios, ist ein großes Wunder, ein Tier, das Achtung und Bewunderung verdient. Denn er geht ins Göttliche über, als ob er selbst Gott wäre.

... Jedes Ding birgt beide Geschlechter in sich (+ und −).«

In Le Secret d'Hippocrate (Das Geheimnis des Hippokrates von Dr. A. Kanatsoulis, 1964) sagt der weise Anaxagoras zu Hippokrates von Kos, dem Erben Äskulaps:

»Denn alles ist unendlich und ewig, selbst die Materie, denn in ihr und durch sie werden unzählige, in Raum und Zeit gleichzeitig und nacheinander bestehende Welten erzeugt. Die Natur ist nicht nur in ihrer Gesamtheit unendlich, sondern auch ihre Teile sind in Zahl und Ausmaßen unendlich.

Du sollst auch wissen, o Hippokrates, daß alles in allem ist und daß eine absolute Trennung nicht sein kann, da in allem ein Teil von allem enthalten ist.

Nichts entsteht, nichts vergeht; es gibt nur Vermischungen und Trennungen bestehender Dinge, oder – zum besseren Verständnis meines Syllogismus – es sind die Standortveränderungen einzelner Substanzen, die scheinbare Veränderungen bewirken; die Quantität jedes Elementes ist unberechenbar und wird auf der Welt sich selbst immer gleich bleiben.«

Wer vermittelte das Wissen?

Lange bevor Galilei wegen seiner revolutionären Theorie verurteilt wurde, hatte der griechische Philosoph und Pythagorasschüler Nicetas von Syrakus an die Drehung der Erde geglaubt; auch die Arier im alten Indien haben davon schon gewußt.

Bereits im 1. Jahrhundert vor Christus hatte Cicero ein Bild des Universums entworfen, in dem die Erde nur einen ganz kleinen Platz einnahm. Er versicherte, daß es in der Milchstraße unbekannte Sterne von unvorstellbarer Größe gebe (DER TRAUM DES SCIPIO).

Nach dem römischen Dichter Lukrez wiederum besteht der Kosmos aus unzähligen Welten ähnlich der unseren, in denen Leben in mannigfaltiger Form vorhanden ist.

In klassischen Geschichtsbüchern steht schwarz auf weiß geschrieben, daß die mexikanischen Mayas das Rad nicht kannten. Wenn man das liest, fragt man sich wirklich, ob sich diese sogenannten Prähistoriker – übrigens fast ausnahmslos hochdekorierte Universitätsprofessoren – über den Leser lustig machen wollen oder ob sie tatsächlich so unwissend sind. Denn wie wäre es sonst möglich, eine so eklatant falsche Behauptung aufzustellen, wo es doch in den mexikanischen Museen von Rad-Darstellungen, Mühlrädern und Rollen nur so wimmelt.

Im Museum von Oaxaca zum Beispiel kann man ein großes steinernes Rad bewundern, das in der Mitte zur Anbringung der Achse durchbohrt ist. Im selben Museum werden auch Rollen und Antriebsscheiben aufbewahrt. Außerdem sind die Halsketten der Mayas häufig mit durchbohrten Scheiben verziert.

In Coba bei Quintana-Roo fand man mitten im Dschungel eine fünf Tonnen schwere Walze aus Stein. Im Museum von Jalapa (Vera Cruz) ist eine präkolumbianische Pfeife in Form eines Hundes auf vier Rädern zu sehen.

Die Inkas pflasterten die Straßen ihres Reiches in Peru, und man weiß auch, daß sie Silber- und Platinlegierungen herzu-

[1 und 2] Diese Raketen mit zwei, beziehungsweise drei Antriebsstufen wurden 1529 in Hermannstadt (Rumänien) erprobt. Raketenmeister war Conrad Haas. Die authentischen Dokumente befinden sich heute im Museum von Sibiu

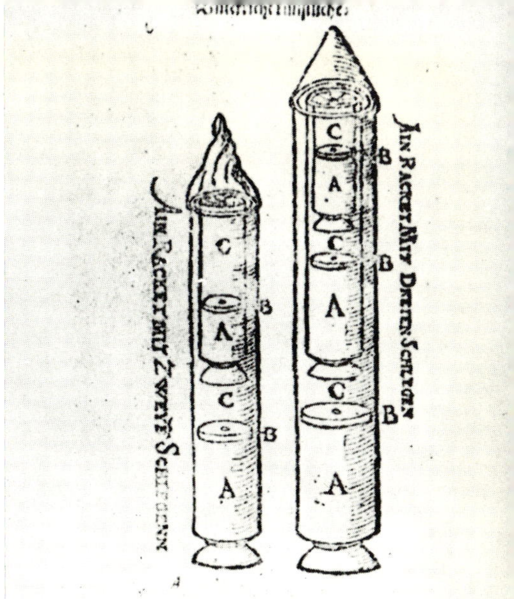

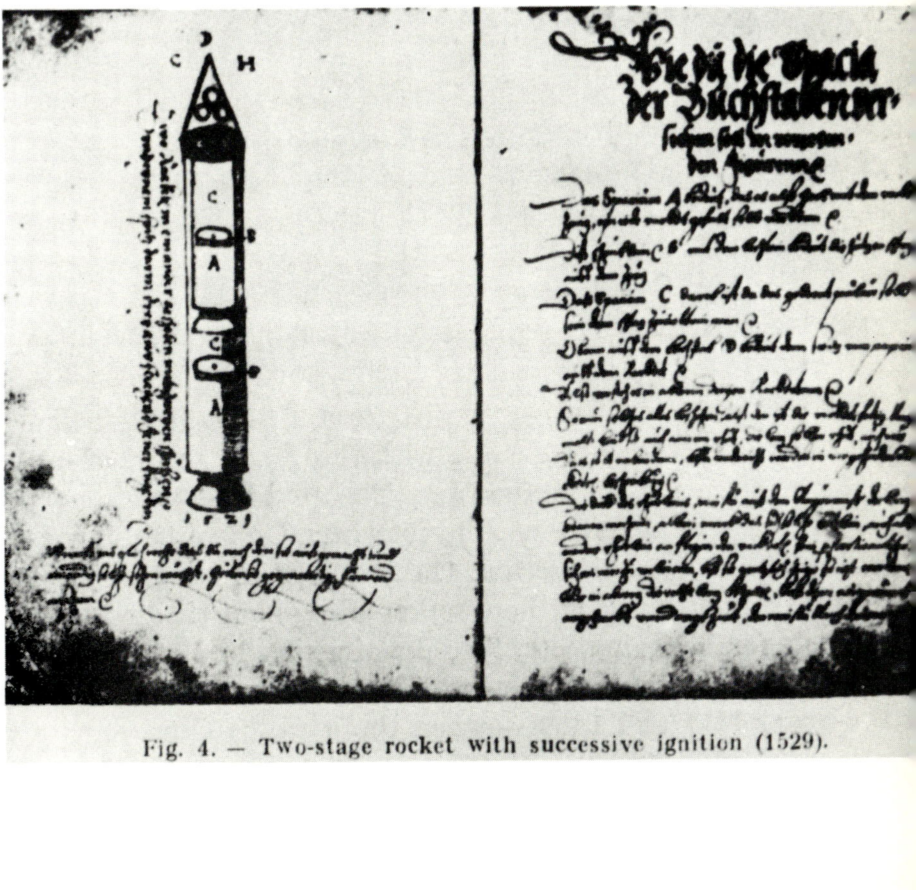

Fig. 4. – Two-stage rocket with successive ignition (1529).

[3] Die seltsame Maschine mit Schaufelblättern ist in Monte Alban (Mexiko) in den Stein graviert

stellen verstanden. Doch wozu dienten diese Straßen, die Walzen, die Räder und Rollen, wenn die alten Völker Amerikas wie es scheint weder Wagen noch Gespanne benutzt haben? Man steht hier vor einem schwer zu lösenden Rätsel, denn die Spuren sind verwischt und die meisten einschlägigen Berichte verfälscht. Und die Sache wird noch viel verwirrender, wenn man bedenkt, daß diese Völker, »die das Rad nicht kannten«, Raketentriebwerke, Motoren und Propeller gezeichnet haben.

Oft und oft habe ich mir die Frage vorgelegt, ob ich nicht dazu neige, gerade das Ungewöhnliche in der Vergangenheit des Menschen für wahr zu halten. Gewiß werden mir bei dem Versuch, die früheste Geschichte zu rekonstruieren, Fehler unterlaufen. Aber wie könnte dies vermieden werden, wo doch die Wahrheit gerade von jenen Leuten systematisch verschleiert wird, die eigentlich die Pflicht hätten, sie zu verbreiten?

Steinkugeln in Guatemala

Bekanntlich haben sich die Mayas, die man wohl als die Vorfahren der meisten mexikanischen Völker betrachten darf, auf der Halbinsel Yucatán und in Guatemala niedergelassen.

Im guatemaltekischen Dschungel entdeckte man ganze Reihen von Kugeln aus einer in dieser Region sehr seltenen Gesteinsart. Der Durchmesser dieser Kugeln schwankt zwischen einigen Zentimetern und einigen Metern. Von diesem Fund wird in zahlreichen Publikationen berichtet, insbesondere in BUFOI und L'HEURE D'ÊTRE.

Was aber die Archäologen stutzig machte, war die besondere Anordnung der Kugeln: Bei genauer Untersuchung und nach Neueinreihung der kleinsten, im Laufe der Jahrhunderte von ihrem ursprünglichen Platz entfernten Steine stellte man fest, daß die Kugeln unser Sonnensystem und die wichtigsten Konstellationen des Kosmos darstellten.

Dieser unerwartete Fund läßt darauf schließen, daß die Mayas genaue Kenntnisse der Astronomie hatten – wofür im übrigen ihre Bauwerke und Kalender weitere Beweise liefern. Außerdem mußte der geographischen Lage des Ortes eine besondere Bedeutung beigemessen worden sein, denn sonst hätte man sich wohl kaum der Mühe unterzogen, diese mehrere Tonnen schweren Steine von einem entfernten Ort mitten in den Dschungel zu befördern. Es ist aber auch möglich, daß der guatemaltekische Urwald vor mehreren Jahrtausenden nicht so undurchdringlich wie heute und möglicherweise sogar bewohnt war.

Die geheimnisvollen Zeichen von Nazca

Auf der Höhe des 15. Breitengrades, in den peruanischen Pampas von Nazca und Palpa, sind nördlich und südlich der Stadt Nazca im Gestein geheimnisvolle, überdimensionale Zeichnungen zu finden, die die Archäologen vor ein schier unlösbares Rätsel stellen.

Die Gegend ist öde und vegetationsarm. In den Tälern, die nur zur Regenzeit von dünnen Rinnsalen bewässert werden, fristet eine spärliche, sehr arme Bevölkerung ihr hartes Dasein. Und doch wurden in dieser gottverlassenen Gegend Arbeiten von gigantischem Ausmaß durchgeführt: Furchen in die Erde gegraben und in den Stein gehauen, Erhebungen angelegt, ein ganzes Netz von Gräben so geradlinig gezogen, als stünden sie auf dem Plan eines Architekten. Diese Erd- und Steinfurchen führen über Berg und Tal und erstrecken sich über eine Länge von mehr als 50 Kilometern. Vom Flugzeug aus bietet sich ein Bild von überwältigender Präzision (siehe Abbildung 6).

An manchen Stellen erkennt man auch deutlich Tier- und Pflanzendarstellungen: Schildkröten, dreiköpfige Schlangen, Vögel, Spinnen und andere. Eine Gottheit von menschlicher

Gestalt mit einer strahlenden Scheibe auf dem Kopf ist nur aus einer gewissen Höhe zu erkennen. Sechs Kilometer von Nazca entfernt, in der engen Schlucht von Puquio, findet man eine große Zahl dieser Zeichnungen in weißer Farbe auf rotem Grund.

Doch sehen wir uns die Linien genauer an: Sie sind entweder parallel angelegt oder gehen sternförmig von einem geometrischen Mittelpunkt aus; außerdem gibt es noch die sogenannten *pistas*, das sind längliche Flächen in Trapez- oder Dreiecksform. Aus der Nähe betrachtet sehen die Parallelen wie Felsenstraßen mit erhöhtem Rand aus. Doch gibt es Straßen, die nirgendwohin führen und keinem vorstellbaren Zweck dienen?

Außer den bereits erwähnten Darstellungen findet man eine Unzahl von Dreiecken, Rechtecken, Spiralen und auch völlig ungewöhnliche Zeichnungen. Eine davon zeigt die Abbildung 7: Sie sieht wie eine Angelrute mit Rollschnur aus.

Was aber bedeuten diese Furchen wirklich, die gleich Pfeilen in alle vier Himmelsrichtungen weisen? Der Archäologe Paul Kosos glaubt eine Erklärung gefunden zu haben: Die Zeichnungen wurden zur Beobachtung der Sternenbahnen angelegt, um eine Zeiteinteilung für die wichtigsten landwirtschaftlichen Arbeiten zu ermöglichen. »Vor uns liegt«, sagt er, »das größte Astronomiebuch der Welt.«

Was bedeuten dann aber die zahllosen anderen Linien und Zeichnungen? Paul Kosos stellte beispielsweise auch fest, daß manche der Zentren, von denen die Linien strahlenförmig ausgingen, von kleinen Hügeln gebildet wurden, auf denen Spuren von wahrscheinlich sehr alten Bauten zu finden sind. Entstanden sie zur gleichen Zeit wie die Linien, oder wurden sie erst später errichtet, um ihnen nachträglich eine sakrale Bedeutung zu verleihen? Leider wird sich darauf nur schwer eine Antwort finden lassen. Jedenfalls sind die meisten Furchen breit genug für eine feierliche Prozession, was manche Forscher zu dem Schluß verleitete, sie hätten religiösen Zwecken gedient.

Mir erscheint keine der von den Archäologen vorgebrachten Erklärungen wirklich überzeugend. Mag sein, daß einige der Linien in Nazca eine astronomische Bedeutung haben. Was aber ist von der überwältigenden Mehrzahl zu sagen, die in alle Richtungen laufen? Ist man hier einer geheimnisvollen Kultur auf die Spur gekommen? Dies ist wenig wahrscheinlich, denn die Gegend scheint immer arm und wenig entwickelt gewesen zu sein.

Aber was wissen wir schon über unsere Vergangenheit? Finden sich doch nur 300 Kilometer weiter im Süden, zwischen den Vulkanen Ampato, Chachani und Misti, östlich von Arequipa, Tausende Riesenzeichnungen in den Stein gehauen, die Schlangen, Hirsche, Jaguare, Vögel, Sonnen und Sterne darstellen. Vielleicht gibt es eine Verbindung zwischen den Zeichnungen von Nazca und jenen von Arequipa.

Die geometrische Präzision der Linienführung und ihre Ausmaße lassen fast auf das Werk von Riesen oder Demiurgen schließen, die aus großer Entfernung von der Erde entweder Markierungszeichen (sozusagen Bojen) angebracht haben oder eine Botschaft für die Erdenbewohner in den Stein zeichnen wollten. Gewiß, dies ist eine phantastische, unwahrscheinlich klingende Erklärung, doch angesichts des Phänomens scheint der Griff ins Übermenschliche, also wahrscheinlich Außerirdische, gerechtfertigt.

Es ist doch merkwürdig, daß Nazca fast auf demselben Breitengrad wie Tiahuanaco liegt, wo den Überlieferungen zufolge die Urmutter der Erde, Orejona, von der Venus kommend, gelandet sein soll. Orejona kam auf einer Flugmaschine, »die strahlender glänzte als die Sonne«, schrieb Garcilaso de la Vega. Die außerirdischen Zeichen von Nazca wurden auf halbem Weg zwischen dem Ozean und dem Titicacasee angebracht, also in der Nähe des Landeplatzes von Tiahuanaco (so erzählen die Überlieferungen der Andenvölker). Sollte es vielleicht eine Botschaft für das Land der Orejona gewesen sein?

Auch die Tatsache, daß die Linien von Nazca dem Horizont zustreben und dabei die Höhen der Kordilleren überwinden, ohne wegen einer tiefen Schlucht oder einer schroffen Spitze abzuweichen, scheint dafür zu sprechen, daß das Bild aus großer Höhe gesehen wurde, also von einem Beobachter, der sich entweder in einem Flugkörper oder auf einem anderen Planeten befand.

Im Jahre 1962 hat man von der Erde aus Signale zum Mond und in den entferntesten Kosmos gesandt, und zwar mit mächtigen Laserstrahlen, die bekanntlich von großer Stärke, Reichweite und Genauigkeit sind. Das Geheimnis von Nazca fände eine einfache und plausible Lösung, wenn man sich vorstellte, außerirdische Wissenschaftler hätten mit Hilfe eines Lasers oder auf andere Weise diese rätselhaften Zeichnungen angefertigt, die vielleicht die geometrische Schrift (ähnlich dem gälischen Ogham) einer hochentwickelten Zivilisation darstellen. Die Zeichnungen von Pflanzen, Tieren, Rechtecken und Dreiecken einerseits und die Linien und unerklärlichen Zeichen anderseits wären als Analogien zu verstehen: Diese ist eure Schrift, jene unsere, versucht nur, sie zu entziffern!

Das Lexicon beweist es: Teleskope vor 1000 Jahren

In Paris gibt es eine Sekte, die die Religion der alten Peruaner unter der Bezeichnung *Kult der Inkasonne* wieder aufleben ließ. Diese Gemeinschaft gibt monatlich ein Bulletin heraus, das immer sehr interessant zu lesen ist, weil es von Gregori B. (Pseudonym des Eingeweihten Beltran Garcia), einem Nachkommen des spanischen Chronisten Garcilaso de la Vega, verfaßt wird.

Einem dieser Bulletins haben wir folgenden Abschnitt entnommen:

»Das LEXICON ist ein Wörterbuch, welches im Jahre 1540

von dem Dominikanermönch Domingo de San Tomas bei den Inkas verfaßt wurde. Es enthält Wörter in der Quechua-Sprache und ihre spanische Bedeutung. Das Lexicon wurde im Juni 1560 in Valladolid herausgegeben.

Man findet darin zahlreiche ungeahnt grandiose Dinge; zum Beispiel steht auf Seite 132 unter dem Stichwort *Quilpi* bei der spanischen Erklärung zu lesen: Apparat für *anteojos con espejuelos curvos.* Espejuelos curvos sind konvexe oder konkave Glasspiegel, anteojos bedeutet ›um weit zu sehen‹. Quilpi kann man also mit ›optisches Gerät zur Fernsicht‹ oder einfacher mit ›Teleskop‹ übersetzen.

Außerdem steht quilpi in etymologischem Zusammenhang mit dem Wort *quillcaquipo* = Apparat zum Zählen; ferner mit *quilcadaricum-gui* = lesen, lernen, und mit *quilla quiz* = Planet, kosmisches System.«

Teleskope 600 Jahre vor Galilei, wer hätte das gedacht?

Eine Pflanze, die Granit weich wie Butter macht

Im bolivianischen Museum von Cochabamba gibt es sogenannte »geknetete Steine«. Das sind Granitblöcke, in denen die Inkas Abdrücke ihrer Hände oder Füße hinterließen, so als wäre der Stein weich wie Butter gewesen. Ähnliche Abdrücke finden sich im peruanischen Felsgestein oder auch auf Tahiti, und zwar an einer Stelle, von der die Legende berichtet, der weiße Gott Hiro habe dort seinen Fuß niedergesetzt.

Ein ähnliches Phänomen stellen die riesigen Steinblöcke dar, aus denen die Inkas ihre Befestigungsanlagen errichteten. Das eindrucksvollste Beispiel hierfür ist Sacsayhuaman in der Nähe von Cuzco. Die Blöcke sind so akkurat bearbeitet und zusammengepaßt (manchmal sogar mit Verzahnungen versehen), daß sie sich vollkommen nahtlos aneinanderfügen: Man gewinnt den Eindruck, daß die Erbauer dieser kolossalen Anlagen den

Stein nicht behauen, sondern durch eine chemische Behandlung knetbar wie Lehm gemacht haben.

Im Juni 1967 machte der peruanische Pater Jorge Lira von sich reden. Er sei – so hieß es – dem Geheimnis der Inkas auf die Spur gekommen und habe ihr Verfahren entdeckt: Ein besonderes Kräuterextrakt mache den härtesten Stein so weich, daß er nach Belieben geformt werden könne. Angeblich hat Pater Lira einige Versuche gemacht, bei denen es ihm gelungen sein soll, kleine Steine in einer Flüssigkeit aufzuweichen, die er aus der Wunderpflanze gewonnen hatte. Der Name dieser Pflanze ist noch nicht bekannt. Es heißt, Gregori B. kenne das Geheimnis auch, sein Rezept werde jedoch mit drei verschiedenen Kräutern hergestellt. Auch eine in Frankreich wachsende Pflanze soll die Eigenschaft haben, Steine zu erweichen, nämlich der Portulak, »vorausgesetzt, daß das Extrakt auf bestimmte Weise angewendet wird«.

Wenn die Entdeckung des Pater Lira bestätigt wird, werden die Mineralogen vielleicht ihre Kenntnisse über die Entstehung des Granits revidieren müssen. Man weiß, daß sich die Erdkruste an der Oberfläche zersetzt, jedoch von den inneren magmatischen Kräften neu gebildet wird. Wenn Mergel und Ton in den Bereich des Magmas gelangen, verwandeln sie sich unter dem Einfluß des Druckes und der hohen Temperaturen in Schiefer; ebenso wird Kalk zu Marmor. Da die Stärke der Gesteinsumwandlungsprozesse mit der Tiefe zunimmt, entstehen neue Strukturen bis zur Kristallisation zu Granit. Kennt man diesen natürlichen Vorgang, so steigt noch die Bewunderung für das höchstwahrscheinlich empirische Wissen der Inkas, denen es gelang, diesen im Schoß der Erde entstandenen Granit weich und formbar zu machen.

Die Entdeckungen des Christos Mavrothalassitis

Mein Freund Christos Mavrothalassitis hat mir von zahlreichen Überlieferungen berichtet, die heute noch in Griechenland in Umlauf sind. Einige davon sollen hier wiedergegeben werden.

Vor langer, langer Zeit – wann genau, weiß man nicht – konnten die Griechen das Gestein mit »flüssigem Feuer« schneiden (man nimmt an, daß es sich um eine Säure gehandelt hat). Eine ganze Stadt, nämlich Ampurias im Golf von Rosas (Spanien), soll von den Griechen mit Hilfe dieses »Feuers« erbaut worden sein.

Auf Symi, einer kleinen Insel des Dodekanes, hat ein Bauer eines Tages eine kleine Vase gefunden, deren Inhalt dem Geräusch nach flüssig war. Vermutlich zerschlug der Bauer die Vase, denn man hörte den Donner einer ungeheuren Explosion. Von dem armen Teufel war keine Spur mehr zu finden. An der Unglücksstelle aber war ein tiefes Loch entstanden, aus dem noch einige Zeit ein Geysir aufstieg.

Ebenfalls in Symi, ungefähr 1911 oder 1912, drang ein Hirte in eine bis dahin unbekannte Höhle ein. Im Inneren erblickte er eine goldene Krone auf einem Grab, das von einer Art Eisengitter umgeben war; rundherum lagen mehrere Skelette. Der Hirte kehrte wieder um und erzählte dem Doktor der Insel von seinem Fund. Dieser ließ das Eisengitter entfernen, doch da ihm die Sache nicht ganz geheuer war, rührte er das Geschmeide nicht an. Er sollte mit seiner Vorsicht recht behalten, denn unter dem Totenhügel fand man zwei Tonbatterien, die zwar keinen Strom mehr lieferten, einst aber die Krone elektrisch aufgeladen hatten.

Wir werden leider nie erfahren, ob dies nur eine Legende ist, doch Christos Mavrothalassitis beteuert den authentischen Wahrheitsgehalt dieses und auch des folgenden Abenteuers, das ich mit seinen eigenen Worten wiedergebe:

»Es war im Jahre 1919. Mein Vater besaß ein Tauch- und

Schwammfischunternehmen und arbeitete gemeinsam mit seinem Kompagnon Zalakhos im Gebiet der griechischen Inseln. Ich war damals zwar noch ein kleiner Junge, doch mein Vater erlaubte mir, ihn auf seinen Fahrten zu begleiten. Eines Tages kamen wir zu einer unbewohnten Insel, die recht merkwürdig aussah. Das Ufer war von Granitfurchen gebildet, die ins Meer zu fließen schienen, so als ob vor langer Zeit einmal etwas vom Himmel gefallen wäre, das die Felsen zum Schmelzen gebracht hätte.

Zalakhos tauchte im Norden, umschwamm die Insel bis zu ihrer Südspitze und kehrte dann schreckensbleich auf das Boot zurück.

›Gabriel‹, sagte er zu meinem Vater, ›es ist wie Feuer unter dem Meer, und wenn man einen Schwamm berührt, verbrennt einem der aufsteigende Sand die Hand. Wenn man ihn mit dem Fuß berührt, durchzuckt einen eine unsichtbare Flamme. Es ist, als gäbe es Strahlungen unter dem Wasser.‹

Mein Vater war neugierig und wohl auch ein wenig ungläubig, denn er nahm sein Schwammnetz und tauchte an der Stelle ins Meer, wo Zalakhos das Feuer gesehen haben wollte. Als mein Vater wieder auftauchte, sah ich, daß in seinem Netz einige Schwämme hingen und auch ein großes irisierendes Metallstück, das manchmal dunkelblau und dann wieder hellblau glänzte.*

Die Matrosen baten meinen Vater, rasch auf das Boot zurückzukehren, da sich Zalakhos nicht wohl fühlte und klagte,

* Das Material konnte damals nicht identifiziert werden. Doch sei daran erinnert, daß die Wikinger, um sich jederzeit auf dem Meer orientieren zu können, den sogenannten »Sonnenstein« benützten, der die genaue Position der Sterne angab. Kürzlich entdeckte man, daß dieser geheimnisvolle Stein ein Kordierit war, ein Kristall, der sich von Gelb bis Dunkelblau verfärbt, wenn die Reihe seiner Moleküle – wie bei den changierenden Textilien – mit der Polarisationsebene des Sonnenlichtes einen Winkel von 90° bildet (Science et Avenir, Sept. 1967). Vielleicht war das von Christos M. geschilderte Metall eine Kordieritart.

sein ganzer Körper brenne. Man konnte leider dem Armen nicht helfen: er schrie vor Schmerz und rief immer wieder, er brenne; im Laufe des Nachmittags starb er. Mein Vater beschloß, nach Symi zurückzukehren, um seinen Kompagnon bestatten zu lassen.

In der Nacht wollte ein Matrose den Körper von Zalakhos sehen, der in ein Tuch gehüllt auf der Brücke lag. Er stieß einen Schreckensschrei aus und weckte die ganze Mannschaft, denn der Leichnam warf ein phosphoreszierendes Licht: Gesicht, Rumpf, Hände und Füße von Zalakhos glänzten in einem goldenen Schein. Da befahl mein Vater, Steine an dem Tuch zu befestigen und den Körper so rasch wie möglich ins Meer zu versenken.

Im Jahre 1921 verkaufte mein Vater einem Chemiker in Bordeaux um 18 000 Drachmen das blaue Metallstück, das er aus den Meerestiefen geholt hatte und in dem das geheimnisvolle Feuer brannte. 1926 kehrte er in die Hauptstadt der Gironde zurück, um den Arzt, der ihn fünf Jahre vorher behandelt hatte, neuerlich zu konsultieren. Denn seit der Tragödie, die Zalakhos das Leben gekostet hatte, hatte mein Vater entstellte, an den Gelenken stark geschwollene Finger.

›Sie müssen etwas berührt haben, das Sie gebrannt hat und das stärker war als Radium‹, sagte der Arzt.

Wenn ich mich recht erinnere, war der Name des Doktors Professor Fromagé. Als mein Vater aus der Ordination kam – ich hatte ihn begleitet – sagte er:

›Ich wußte es ja! Nördlich der Insel liegen Krüge aus diesem blauen Metall im Meer, das in Wahrheit weder Metall noch Glas, sondern etwas mir völlig Unbekanntes ist. Vor langer Zeit haben die Menschen dieses Material verwendet, aber auf welche Weise? Zalakhos hatte recht, als er sagte, daß aus dem Boden Strahlungen kämen; und meine Hände haben etwas abbekommen, weil sie nicht wie der übrige Körper durch den Gummi des Taucheranzuges geschützt waren.‹

Das also ist die Geschichte, die meinem Vater zugestoßen ist«, schloß Christos. Zu seiner jungen Frau gewandt, sagte er dann noch: »Nicht wahr, M'Barka, so habe ich es doch immer erzählt?«

M'Barka ben Nasser, eine glutäugige Beduinin, deren geschmeidiger Körper die ganze Grazie der echten Wüstentöchter ausdrückt, nickte zustimmend und fügte noch hinzu: »Ja, du hast sonst auch noch gesagt, bei dem Metall könnte es sich um den geheimnisvollen Oreichalkos von Atlantis handeln.«

»Vielleicht«, erwiderte Christos vielsagend. »Jedenfalls werde ich jetzt oder im nächsten Jahr rund um die Insel Stichproben sammeln. Die Krüge auf dem Meeresgrund sind allein ein Vermögen wert!«

Diese phantastische Geschichte erzählte mir der frühere Tiefseetaucher Christos Mavrothalassitis in seiner Villa »Griechische Kirche« in Houmt Souk auf der Insel Djerba. Hierher hat er aus Griechenland und Frankreich herrliche Töpfereien gebracht, die M'Barka voll Stolz den Freunden des Hauses zeigt.

Hat Christos das Abenteuer von der Insel mit den strahlenverseuchten Tiefen übertrieben?

»Nein! Ich schwöre es bei der heiligen Helena und beim heiligen Konstantin«, und seine Stimme schien gleichzeitig auch die anderen Heiligen im Paradies und alle Götter des Olymps als Zeugen anzurufen. Aber wir dürfen nicht vergessen, daß Christos ein Grieche ist wie einst Homer, Achilles und Odysseus: schlau, weise und ein wenig prahlerisch.

»Alles war genauso, wie ich sagte. Der Beweis dafür ist, daß zahlreiche andere Taucher auf dieselbe Weise ums Leben gekommen sind. Der griechische Reeder Tsavardenis, der seinen Sohn an diesem verfluchten Ort verloren hat, glaubt, daß es um die Insel herum tötende Vulkane gibt. Aber das stimmt ganz und gar nicht...«

Die astronomische Uhr von Antikythera

In der Nähe einer anderen Insel – ist es wirklich eine andere? – zogen griechische Schwammfischer zu Ostern des Jahres 1901 einen Aal aus grünlichem Metall sowie Bruchstücke von Statuen und Krügen aus dem Meer. Es stellte sich heraus, daß man damit eine der erstaunlichsten archäologischen Entdeckungen des Jahrhunderts gemacht hatte.

Als die Archäologen die grünliche Metallmasse genau untersucht, von Schlamm, Korallen und Kalkablagerungen befreit hatten, zeigte sich ein interessantes Gebilde mit Räderwerk, Unruhen, Achsen, exzentrischen Federhäusern und auf das feinste bearbeiteten Zeigern, die in ein Gehäuse mit drei Zifferblättern eingebaut waren.

»Das ist eindeutig eine Uhr«, sagten die Archäologen, »sie muß aus einer antiken Galeere stammen.«

»Unmöglich«, entgegneten unbelehrbare Skeptiker, »der Apparat ist für ein antikes Gerät viel zu perfektioniert. Ebensogut könnte man behaupten, Perikles habe die Zeit auf seiner Armbanduhr abgelesen!«

Nach offiziellen Gutachten war der Fund tatsächlich aber noch weitaus sensationeller. Es war eine astronomische Uhr, die man auf 80 bis 50 v. Chr. datiert hat. Sie funktionierte wie unsere modernen Uhren und zeigte den Stand der Tierkreiszeichen, die Gezeiten, die Bahnen von Merkur, Mars, Jupiter und Saturn, das laufende Jahr, den Monat und die Stunde an. Noch nie zuvor hatten die Archäologen einen so komplizierten und ausgeklügelten Mechanismus gefunden.

Vor 1901 war die älteste bekannte Uhr jene des Mönchs Gerbert, der unter dem Namen Sylvester II. Papst wurde, und von der man gar nicht wußte, wie sie funktionierte. Gewiß war man schon zu Aristoteles' Zeiten auf die Idee gekommen, die Zeiger eines Zifferblattes mit Hilfe von Gewichten zu drehen, aber es gelang nicht, die Bewegung unter Kontrolle zu bringen. Die

Uhren der Antike waren Sonnen- oder Wasseruhren. Die erste mechanische Uhr wurde wahrscheinlich 1370 von Henri de Vic im Palais de Justice von Paris eingebaut.

Die astronomische Uhr von Antikythera hat das aus Vorurteilen engstirniger Wissenschaftler aufgestellte Gebäude ins Wanken gebracht. Und der Tag ist nicht mehr fern, an dem die Menschen erfahren werden, daß die 2000 Jahre der Uhr von Antikythera gar nichts sind im Vergleich zum Alter von Atomuhren, die Physiker in grauer Vorzeit erfunden und konstruiert haben. Denn vieles, das uns heute noch phantastisch und absolut unvorstellbar erscheint, wird in einigen Jahren als integrierender Bestandteil der Geschichte der Menschheit gelten.

Raumraketen vor 3000 Jahren?

Die Chinesen haben in Lhasa Sanskritdokumente gefunden, die – so behaupten die Hindus – Aufzeichnungen über das Herstellungsverfahren für Raumfahrzeuge beinhalten. Der Antrieb dieser Fahrzeuge soll von der Schwerkraft unabhängig gewesen sein und sich auf ein System gegründet haben, das dem *laghima,* einer unbekannten inneren Kraft, ähnelt, die im physiologischen Komplex Mensch »eine zentrifugale Kraft auslöst, deren Stärke die Aufhebung der Schwerkraft ermöglicht«.

An Bord dieser *astras* genannten Flugkörper konnten die alten Arier angeblich eine kleine Delegation auf einen fremden Planeten entsenden. Auch Ruth Reyna von der Universität Chandigarh hat vor kurzem ähnliche Vermutungen geäußert.

Angeblich enthalten die Manuskripte von Lhasa auch das Geheimnis des *antima,* das unsichtbar macht, und des *garima,* das »so schwer wie einen eisernen Berg« macht.

In indischen Gelehrtenkreisen war man über den Wert dieser Entdeckung zunächst sehr skeptisch. Doch seitdem die Chinesen erklärt haben, sie würden daraus gewisse Angaben für ihr

Raumfahrtprogramm verwerten, beginnt man sich ernsthaft mit ihr auseinanderzusetzen.

In diesen Manuskripten wird zwar nicht gesagt, daß interplanetare Verbindungen realisiert werden konnten; es ist darin aber von einer Reise zum Mond die Rede, von der man allerdings nicht genau zu sagen weiß, ob sie nur geplant war oder tatsächlich stattgefunden hat.

IV. Gedächtnischromosomen

Der Mensch wird in seinem tiefsten Inneren, im Unbewußten, durch den Instinkt oder die biologische Gesetzmäßigkeit gelenkt, ohne daß sein Intellekt an der Entscheidung oder am Fortgang der Handlung aktiv teilnimmt. Dieser Vorgang wird durch zwei Faktoren bestimmt: 1. den spezifischen Merkmalen und Eigenschaften der Gattung, die den Menschen grundsätzlich vom Tier und von der Pflanze unterscheiden; 2. dem Erbgut der Menschheit, das im biologischen Aufbau verankert ist.

Die Wunschbilder

Utopien, die aus den dunklen Abgründen des Unbewußten aufsteigen, nennt der Philosoph Martin Buber »Wunschbilder«. Die Götter, die *Civitas Dei*, die apokalyptischen Zeiten, das Eldorado, die Erscheinungen und Gespenster, der sagenhafte Kontinent Atlantis, die Interplanetarreisen, die fliegenden Untertassen – das alles seien solche Wunschbilder. Die ersteren gehören zu einem Schöpfungsbild, dem die Suche nach Zuflucht und das Streben nach einem Ideal wesentlich sind; das Problem der anderen Bilder liegt tiefer und ist weit wissenschaftlicherer Natur.

Für den Biologen sind Utopien wie Atlantis, interstellare Reisen, fliegende Untertassen, der Glaube der Zugvögel an einen Landeplatz mitten im Atlantik und jener der Lemminge an einen Kontinent in der Nähe von Norwegen (bekanntlich verlassen zu bestimmten Zeiten Scharen von Lemmingen ihre Schlupfwinkel und stürzen sich ins Meer, wo sie sich zu Tode schwimmen) keine selbstbetrügerischen Phantastereien. Sie sind vielmehr Ausdruck einer unbewußten Erinnerung an authentische Tatsachen und eines Wissens um Wahrheit, die für immer in den Tiefen ihres Gedächtnisses eingegraben ist.

Neue Erinnerungen werden aufgenommen, andere wiederum verblassen oder verschwinden gänzlich. So fürchtet man zum Beispiel im Französischen Institut für Landwirtschaftsforschung, daß das Huhn und andere mit industriellen Methoden gezüchteten Tiere durch das weitgehende Selektionssystem ihre ursprünglichen Stammgene verlieren werden. Es wäre sozusagen möglich, daß die natürliche Spezies Huhn von einer analogen, aber nicht identischen Art ersetzt werde.

Die Theorie der Wunschbilder entbehrt gewiß nicht der Grundlage; sie hat vor allem im religiösen Bereich Gültigkeit. Die Erscheinungen von Christus, dem heiligen Michael oder der heiligen Katharina sind Wunschbilder; dazu gehört auch ein Teil der Erscheinungen der Heiligen Jungfrau. Ich sage »ein Teil«, weil diese wahrscheinlich mit einem Geschehen zusammenhängen, das tatsächlich stattgefunden hat: In uralten Zeiten ist eine Urmutter der Menschheit auf die Erde gekommen, die von den Inkas Orejona, von den Kelten die Große Göttin und von den Römern und Griechen Ops und Kybele genannt wurde.

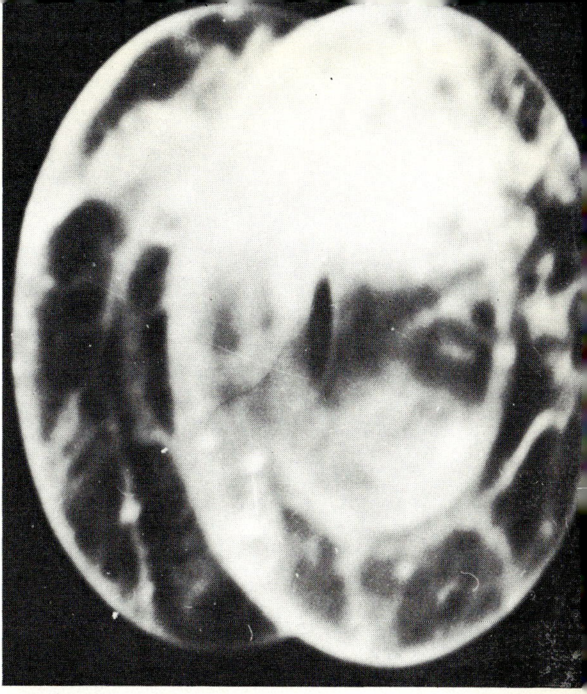

[4 und 5] Angeblich haben die Mayas das Rad nicht gekannt. Das Museum von Oaxaca bewahrt Räder aus Stein und Rollen aus Obsidian auf

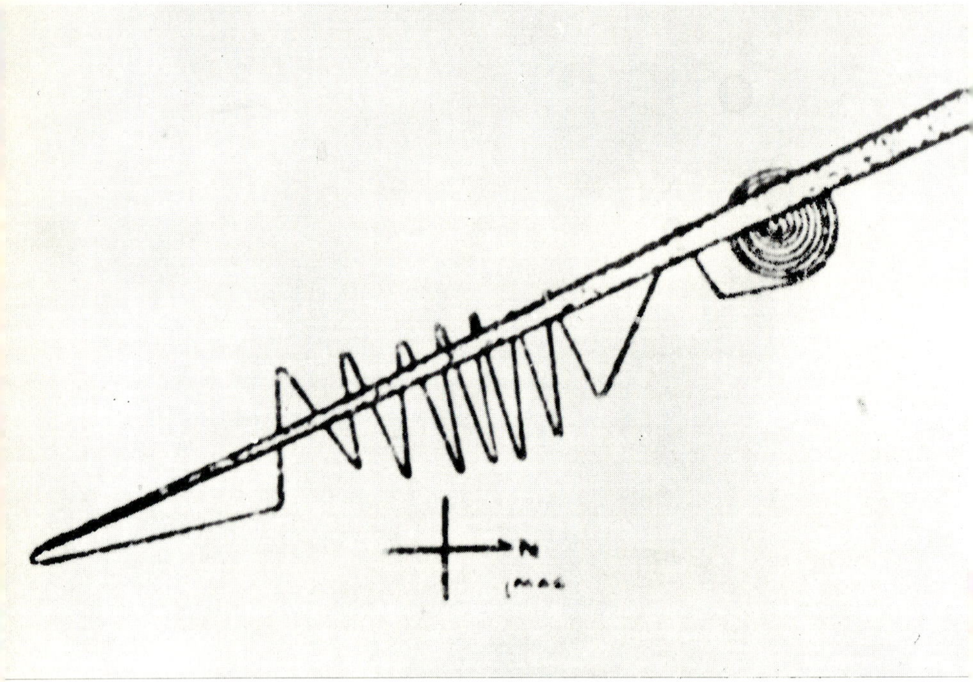

[6] Blick vom Flugzeug auf die phantastische Ebene von Nazca. Ließen hier Außerirdische eine Botschaft an die Bewohner der Erde zurück? *(oben)*. [7] Zeichnung eines geometrischen Nazca-Scharrbilds *(unten)*

Das Wunder der Gedächtnischromosomen

Das menschliche und das tierische Gedächtnis ist schon vor dem Zeitpunkt der Geburt aktiv. Die Experimente von Professor Konrad Lorenz haben zum Beispiel ergeben, daß ein Küken jene Stimmen und Laute wiedererkennt, die es noch im Ei vernommen hat, und daß die Vögel die Sprache ihrer Gattung bereits während der Brutzeit erlernen. Auch das Kind im Mutterleib nimmt gewisse Geräuschwellen der Außenwelt wahr.

Was man früher unter dem Begriff Instinkt (angeborenes Urwissen) zusammenfaßte, ist in den meisten Fällen eine ererbte Erinnerung, die von den Gedächtnischromosomen an das Nervensystem weitergeleitet wird. Manche Biologen gehen sogar so weit zu sagen, daß sich das Phänomen der Gedächtnischromosomen auf alle Bereiche der Natur und den Kosmos erstreckt.

Die Chromosomen (*khrôma* = Farbe, *sôma* = Körper) sind Bestandteile des Zellkerns. Es sind kugel-, stab- oder fadenförmige Gebilde, die in gleichbleibender, gerader Zahl in allen Zellen eines Einzelwesens und aller Wesen einer Gattung vorhanden sind. Sie bestehen aus Desoxyribonucleinsäure (DNS), die man als die Grundlage allen Lebens betrachtet.

Jedes Lebewesen wird vom Plan seiner Zellen bestimmt, denn darin sind die Merkmale seiner Art registriert. Deshalb wird aus einem Getreidekorn ausnahmslos Getreide, aus einer Eichel eine Eiche und keine Ulme wachsen, und aus einem Vogelei wird wieder ein Vogel und kein Säugetier schlüpfen.

Sein Erbgut ermöglicht es dem Menschen, zu sprechen, zu bauen, Werkzeuge zu erfinden und schließlich Raumfahrzeuge zu konstruieren und alles, was in seinen Zellen bereits programmiert ist.

Nehmen Sie doch einmal ein Schwalbenei aus seinem Nest, legen Sie es in einen Brutkasten und sondern Sie die junge Schwalbe vollkommen ab, so daß sie keinen ihrer Artgenossen hört oder sieht. Im Oktober, wenn alle Schwalben nach Nordafrika oder in den Kongo geflogen sind, lassen Sie Ihren inzwischen erwachsen gewordenen Vogel frei, und Sie werden sehen, wie er seinen Eltern nach Afrika folgen und nicht woandershin fliegen wird. Ist dies nur der Instinkt der Tiere? Nein! Es ist vielmehr das unfehlbare Wirken der Gedächtnischromosomen.

Nun versteht man auch, warum die Bibel, die Hebräer und die Eingeweihten mit so starkem Nachdruck für die Reinerhaltung des Blutes eingetreten sind: *Die Menschheit sollte ihr Schicksal erfüllen.* Zu Moses' Zeiten war dies die Mission des jüdischen Volkes.

Das Individuum als solches erfindet nichts Wesentliches. Seine Intelligenz (Arbeit, Erfahrung, Überlegung) dient nur der sozialen Entwicklung im Sinne einer Progression, einer Regression oder einer Mutation, je nach den Leitlinien des Gattungsplanes, der wiederum höchstwahrscheinlich von universellen Gesetzen bestimmt wird, die man Gott, das Ewige Gesetz oder auch anders nennen mag. Die Intelligenz, welche die freie Entscheidung und das schöpferische Denken zu ermöglichen scheint, hängt wesentlich von dem ab, was auf der Erinnerung beruht. Zusammenfassend kann man sagen, daß die arteigenen Merkmale jeder Gattung ein erbliches Initialgedächtnis bilden, das in den Chromosomen aufgezeichnet ist.

In Amerika hat die International Business Machines Corp. (IBM) im Jahre 1967 eine Bibliothek errichtet, die ähnlich komplex ist wie unsere Gedächtniszellen. Die Elemente dieser Bibliothek werden durch einen Farblaser und einen Wellenlängenselektor gebildet, der 100 Millionen Daten auf einer Fläche von weniger als 7 Quadratzentimeter registriert.

Bisher ist es den Biologen noch nicht gelungen, den physikalisch-chemischen Vorgang genau zu analysieren, durch den die Erinnerung in den Chromosomen aufgezeichnet wird. Sowohl ererbte als auch in jüngerer Zeit erworbene Erinnerungen durchdringen die Zellen und werden durch den häufigen Gebrauch verstärkt. Sie werden undeutlich, wenn die Zellen nicht beansprucht werden oder wenn der physische Verfall des Körpers ihr Funktionieren beeinträchtigt.

Ein Greis ist oft nicht mehr in der Lage, seine Erinnerungen aus kurz zurückliegenden Zeiträumen zu ordnen, und verliert sie daher; hingegen bleiben viel ältere Ereignisse frisch in seinem Gedächtnis erhalten, weil diese von seinen Chromosomen zu einem Zeitpunkt aufgezeichnet wurden, als sein Gehirn noch in der Lage war, sie richtig zu registrieren.

Die Welt der Träume

Biologen und Physiker konnten mit Hilfe von Enzephalogrammen und experimentellen Beobachtungen den Traum und seinen Ablauf genau ergründen. So ist erwiesen, daß der Säugling träumt, ebenso auch die höheren Tiere – Hunde, Katzen, Pferde, Löwen, Delphine, Affen – bis zur Ebene der Vögel. Theoretisch ist es also möglich, daß die ganze Schöpfung träumt: Mensch, Tier, Baum, Berg... aber wir verfügen noch nicht über die technischen Möglichkeiten, es festzustellen.

Der Traum äußert sich folgendermaßen: Die Augäpfel beginnen von einer Seite zur anderen zu rollen, die Glieder zukken; bei den Katzen zittert der Schnurrbart. Während des Schlafes läßt die Spannung der Muskeln vollkommen nach, doch mit Beginn des Traums setzt sie wieder ein.

Im Enzephalogramm läßt sich der Zeitpunkt, zu dem Traum und Muskeltätigkeit beginnen, genau ablesen, denn dann erhöht sich die Amplitude der Schwingungen in der Nähe des verlängerten Rückenmarks, wo das motorische Zentrum des Traums liegt.

Zahlreiche Halluzinationen oder angeblich mysteriöse Erscheinungen – fliegende Untertassen beispielsweise – können durch das Fehlen von Träumen erklärt werden. Personen, die nicht träumen oder die man versuchsweise am Träumen hindert, werden das Opfer von Wachträumen: Sie sprechen mit einem Baum, mit der Heiligen Jungfrau oder mit Kosmonauten; sie sehen den Teufel, den heiligen Michael oder Riesen; sie glauben Leute zu erkennen, die sie nie in ihrem Leben gesehen haben...

Das Baby saugt an der Mutterbrust, es lacht und weint, so wie der Distelfink sein Nest baut, die Termite mauert, die Zugvögel im Herbst abfliegen, die Katze ihren Kot vergräbt, der Hund der Freund des Menschen ist: Dieses Wissen, diese Eigenschaften werden durch die Gedächtnischromosomen vererbt.

Unsere Träume sind nützlicher als der Schlaf und auch für unser seelisches Gleichgewicht wichtiger. Sie scheinen einen geheimen Sinn zu haben, der vielleicht darin liegt, uns mit dem Ursprung der Schöpfung zu verbinden oder den Kontakt mit dem ersten Wesen unserer Art aufrechtzuerhalten.

Erinnerungen an frühere Leben

Ein einprägsames Beispiel soll meine These erhärten: Auf einem Bauernhof gab es mehrere Tränken, die von derselben Quelle gespeist wurden. Eine Hündin hatte die Gewohnheit, immer nur an einer davon zu trinken; ebenso fraß sie ausnahmslos aus einem blauen Napf, obwohl ihr drei verschiedenfarbige Töpfe zur Auswahl standen. Sie starb während eines Wurfes, doch einige der Welpen konnten gerettet werden. Als sie größer waren, tranken sie fast ausschließlich an der Stelle, wo ihre Mutter getrunken hatte, und ebenso wie diese wählten sie immer den blauen Freßnapf. Diese Erinnerung hatten die Hunde ganz ohne Zweifel ererbt.

Ohne den Vorgang genau zu kennen, wissen die Biologen heute, daß in den Chromosomen die Erinnerung an Vergangenes und auch an Zukünftiges aufgezeichnet ist. Die Menschen vermehren sich durch Teilung, und nach diesem Gesichtspunkt sind sie unsterblich, das heißt, ein Teil ihres Körpers und ihrer Seele ist unvergänglich und überdauert die Zeiten in den Nachkommen.

Dieses von den Chromosomen übertragene Gedächtnis – wahrscheinlich ist der Vorgang elektrischer Natur – macht erklärlich, daß man manchmal zu erfinden glaubt, in Wahrheit aber nur sehr alte Ideen wiederentdeckt, die auf dem Grunde unseres ewigen Ichs schlummern. Jemand ruft beim Anblick einer Landschaft aus: »Es ist doch nicht zu fassen, diesen Ort kenne ich, ich habe ihn so oft im Traum gesehen, ich erinnere mich genau!« Und das stimmt dann auch in gewisser Hinsicht, denn ein Urahn dieser Person hat lange Zeit an dem Ort gewohnt oder sich besonders gern dort aufgehalten und die Erinnerung daran weitervererbt. Die Chromosomen haben ihm einen kleinen Streich gespielt.

Auf diese Weise erklärt sich nun, warum wir für manche Dinge eine Vorliebe, gegen andere wieder eine Abneigung hegen: Wenn Sie Apfelkonfitüre verabscheuen, so wurde vielleicht einer Ihrer Ahnen damit vergiftet. Oder: Sie lieben Ihren Hund Ajax, die Farbe Orange, die norwegischen Fjorde... vielleicht weil es Veranlagung ist, aber wenn das Gefühl stark ausgeprägt ist, sollten Sie die Gründe dafür eher in einer ferneren Vergangenheit suchen.

Das Phänomen der Gedächtnischromosomen erklärt auch das Auftreten von Genies wie Leukippos, Alexander, Descartes, Mozart...

Die Reinkarnation

Phantasie und Traum sind auf geheimnisvolle Weise mit der Vergangenheit verbunden. Nicht umsonst sprechen wir von unseren »früheren Leben«, obwohl wir genau wissen, daß unser vertrautes Ich unter gar keinen Umständen vor einem oder mehreren Jahrhunderten in genau derselben Form gelebt haben kann.

Diese Ansicht ist falsch, wenn eine ununterbrochene oder auch unterbrochene Kontinuität des bewußten Ich angenommen wird. Sie ist richtig, wenn man tausend Abbilder dieses Ich annimmt, die durch das Spiel der Liebe vermehrt, durch den Tod vernichtet und durch den Zufall entwertet werden. Kurz, man könnte sagen, daß sich alle Menschen in der Ur-Eva wiederfinden; wenn wir die Zeit mit ihren zahlreichen Neuorientierungen zurückverfolgen, kommen wir vielleicht auf Vercingetorix, aber wir wären Tausende oder gar Millionen, die guten Glaubens behaupten: ich war Vercingetorix.

Das Spiel der Gedächtnischromosomen liefert auch eine vernunftbegründete und esoterische Erklärung für das Phänomen der Reinkarnation: Es ist denkbar, daß in Ausnahmefällen ein Chromosomengedächtnis ohne die geringste Verfälschung an ein anderes Individuum weitergegeben wird.

Wenn ein Ereignis das Leben eines Menschen besonders gezeichnet hat, prägt es sich unauslöschlich in seine Chromosomen ein. Die Nachkommen der Überlebenden der *Titanic* – vorausgesetzt, daß sie nach dem Unglück gezeugt wurden – werden beim Anblick von Wasser, Schiffen und Eisbergen unangenehm berührt sein. (Die Titanic lief südlich von Neufundland auf einen Eisberg auf und sank am 14. April 1912, während das Orchester spielte und die Passagiere das religiöse Lied *»Näher zu dir, mein Gott«* sangen.) Dabei ist es durchaus möglich, daß sie bewußt von der Katastrophe nichts wissen; aber mit größter Wahrscheinlichkeit erleben sie im Unbewußten, in diesem Fall im Traum, die wichtigsten Episoden wieder. Doch ein solcher Traum, vor allem wenn er mit einer Fülle von Einzelheiten geschmückt ist, kann nur von einem Erwachsenen geträumt werden, und auch da kommt es höchst selten vor. Die Klarheit der Erinnerung setzt nämlich voraus, daß sie durch nichts verfälscht wurde, was schier unmöglich ist, da sich die Ahnen auch mit anderen Geschlechtern verbunden haben, und außerdem mit der Zeit die Kraft des Bildes nachläßt.

Auch im Falle der elektronischen Bibliothek von IBM ist zu befürchten, daß gewisse Interferenzen und Imponderabilien Störungen in den 100 Millionen Informationen bewirken, die von Laser und Wellenlängenselektor gespeichert wurden. So entstehen Fehler in den vom Elektronengehirn gelieferten Daten und auch in den historischen Bildern der meisten Träume.

Die Migration der Tiere

Manche Zoologen erklären das Phänomen der Migration (der Wanderung) im Tierreich zum Großteil mit dem unbewußten Bedürfnis, innerhalb der Art eine Auslese zu schaffen. Dies würde zum Beispiel für die Lemminge gelten, die sich im Meer ertränken, sobald sie in einem Land in zu großer Zahl vorhanden sind. Dies wäre auch der Fall bei den Schwalben, von denen 50 Prozent beim Überfliegen des Mittelmeeres zugrunde gehen.

Mir erscheint diese Erklärung nicht stichhaltig. Selbst wenn nur jede zweite Schwalbe ihr Ziel erreicht, spielt hier die Selektion keine Rolle, denn die vier bis sechs Eier, die oft sogar zweimal im Jahr gelegt werden, sorgen für eine starke Vermehrung.

Die sonst so gescheiten Zoologen haben ganz übersehen, daß die Tiere nicht eine übermäßige Vermehrung fürchten, sondern daß ganz im Gegenteil ihre Hauptsorge darin besteht, den Fortbestand der Art mit allen Mitteln zu sichern. Denn das Ziel ihres Lebens heißt *leben*! Die natürliche Auswahl wird – wie schon der Name sagt – von der Natur selbst besorgt: Gibt es zu viele Insekten, nimmt die Zahl der Vögel zu; gibt es nicht genügend Insekten, sinkt auch die Zahl ihrer Feinde.

Daß hingegen das Ziehen der Tiere mit den Jahreszeiten, der Temperatur und den Lebensbedingungen zusammenhängt, ist gewiß in vielen Fällen zutreffend. Deshalb glaube ich aber noch lange nicht, daß der Sturmvogel den Atlantik überquert, um ausgerechnet in Amerika seine Nahrung und ein besseres Klima zu suchen, wo ihm doch das nähere Afrika seine Wälder, Felder, Wüsten und Oasen anbietet. Und davon, eine Auslese zu schaffen, kann auch keine Rede sein, da sich der Sturmvogel keineswegs allzu rasch vermehrt. Nein, der Sturmvogel fliegt über die endlosen Weiten des Ozeans, weil ihm sein Unterbewußtsein den Befehl dazu erteilt: Er wird von seinen Gedächtnischromosomen geleitet.

Panorama der westlichen Welt

Die Geschichte der Schwalben, Lemminge, Bisons und aller anderen ziehenden Tiere kann teilweise rekonstruiert werden, wenn man ihre biologischen Imperative in Betracht zieht. Erstaunlicherweise kamen die Historiker nie auf die Idee, diese Methode auch auf die Geschichte der Menschheit anzuwenden.

Daß die Basken und Iren vorzugsweise nach Amerika auswanderten, daß sie als erste den Atlantik überquerten, daß die Bretonen Kanada entdeckten und die Inkas als erste nach Polynesien kamen, sollte doch zu denken geben. Die Wanderungen der Völker haben dieselben Beweggründe wie das Ziehen der Tiere. Und die Geschichte der Kulturen ist meiner Ansicht nach nichts anderes als die logische, natürliche und notwendige Entfaltung der Möglichkeiten, welche die Menschen seit Jahrtausenden in ihren Zellen tragen.

Geht man von dieser These aus, wird die Erforschung der Geschichte der Völker in ihrem tatsächlichen Ablauf zu einem faszinierenden Unterfangen.

Vor 12 000 Jahren hat die große Sintflut alle Kulturen des Planeten Erde verschlungen. Nur wenige Menschen überlebten auf den fünf Hochplateaus des Globus: im Iran, auf dem Himalaja und den Rocky Mountains, in Abessinien und auf dem peruanischen Altiplano. Von dort nahmen dann die Weißen, Gelben, Schwarzen und Roten von neuem ihren Ausgang.

Die Weißen, die die Sintflut im iranischen Hochland überlebt hatten, überwanden große Schwierigkeiten, vermehrten sich und wanderten schließlich – von ihrer einstigen Heimat angezogen – wahrscheinlich um das Jahr 9000 vor unserer Zeitrechnung in den Westen aus.

Die zahllosen Aufsplitterungen dieser Gruppe verwirren das Bild unserer frühesten Vergangenheit, deshalb möchte ich die verschiedenen Völker gleichen Ursprungs unter der Bezeichnung Kelten zusammenfassen, da dieser Zweig der wichtigste war.

Die Kelten also zogen in den europäischen Westen, von Island bis Dakar auf der (vergeblichen) Suche nach dem überfluteten Kontinent ihrer Väter, auf der Suche nach Atlantis. Aus diesem Grund finden sich die Megalithbauten der Kelten (Dolmen, Menhire) vom hohen Norden bis nach Senegal. Einige Volksgruppen ließen sich in Mitteleuropa nieder, andere am Rand des Ozeans, und zwar jeweils weit voneinander entfernt: in Irland, auf der Insel Man, in Wales, in der Bretagne, im Poitou-Charente, in Galizien ...

Sie waren von jeglichem Einfluß, der ihre Entwicklung gefördert hätte, abgeschnitten und von den Durchzugswegen anderer Völker weit entfernt. In diesen Gebieten ging ein Großteil der überlieferten Kenntnisse verloren, die Bevölkerung versank in Unwissen und verfiel dem Glauben an die Zauberei. Schuré berichtet, daß ein Teil der bretonischen Bevölkerung der schwarzen Magie abgeneigt war, deshalb nach Indien auswanderte und dort eine bemerkenswerte Kultur schuf.

Jene Kelten, die sich das Mittelmeerbecken zum Ziel wählten, erlebten eine noch raschere Entwicklung. Sie trafen mit Völkern anderer Art und Hautfarbe zusammen, vermischten sich mit ihnen und konnten einige Jahrtausende vor den reinblütigen Kelten glänzende Kulturen in Ägypten, Phönizien und Assyrien errichten.

Die Weißen im Nahen Osten und in Indien waren also die ersten, welche sich vom Barbarentum frei machten. Doch da ihre Gedächtnischromosomen nicht mehr unbeschädigt waren und das von ihren vorsintflutlichen Ahnen, den Atlantern und Hyperboreern, ererbte Wissen nur mehr unvollständig war, konnte ihre kulturelle Entwicklung über ein gewisses Niveau nicht hinausgelangen.

Es blieb unserem Jahrhundert vorbehalten, die Kulturen des Metalls und des Atoms wieder zu jener Blüte zu bringen, die sie zu Zeiten der Hyperboreer und Atlanter erreicht hatten.

Wir haben heute sozusagen das Stadium der großen vorgeschichtlichen Zivilisationen erreicht, und gleich unseren Ahnen steuern wir einer Katastrophe zu. Der Evolutionsprozeß steht im Einklang mit den biologischen Gesetzen und den Gesetzen des Universums.

Dolmen, Kathedralen und Fußballplätze auf einem anderen Planeten

Den Angelpunkt meiner These bildet die Annahme, daß außerirdische Wesen mehrfach in unsere Welt eingegriffen, sich mit den Menschen vermischt und sie dadurch in ihrer Entwicklung höhergeführt haben. Dies muß in fernster Vergangenheit geschehen sein und dürfte wohl auch in Zukunft noch geschehen. Versichern denn nicht die Überlieferungen und die heiligen Schrifttexte, daß die Menschen von den Göttern, den Elohim, den Engeln abstammen, also von Wesen, die vom Himmel kamen?

Unser ererbtes Wissen verdanken wir zu einem Gutteil Erfahrungen, die auf anderen Planeten gemacht wurden. Wir Erdenbewohner, die wir uns so viel auf unsere technischen Errungenschaften einbilden, haben wahrscheinlich nicht viel mehr als die Werkzeuge aus Feuerstein erfunden.

In den Gedächtnischromosomen des Menschen war das Wissen der außerirdischen Wesen verankert, und so entwickelte er sich unbewußt in dieselbe Richtung wie jene Elohim. Er baute zuerst Dolmen, dann Hütten, später Häuser, Tempel und Laboratorien und schließlich Raketenabschußrampen. Die Geschichte der Menschheit verläuft ohne Zweifel nach diesem Prozeß der Aufwärtsentwicklung.

Demnach hätte es also irgendwo im Weltall einen Planeten mit einer der unseren ähnlichen Kultur gegeben: Seine Bewohner kannten natürlich die Raumfahrt, doch zuvor hatten sie auch die Buchdruckerkunst entdeckt, gotische Kathedralen erbaut, Dampfmaschine, Auto, Radio und Fernsehen erfunden, sich im Stadion für Fußballspiele begeistert, Automaten und natürlich auch die Atombombe gekannt.

Die Bibel des Jahres 3000

Wahrscheinlich steht in den heiligen Texten eines fernen Planeten nichts von Engeln zu lesen, die vom Himmel kamen, dafür aber von »Wissenden«, die sich eines Tages in den Kosmos aufmachten, um den Samen ihrer Zivilisation zu säen. Für uns wäre es natürlich interessant zu wissen, ob es die Völker auf jenen Millionen Kilometer entfernten Planeten noch gibt oder ob ihr Lebenszyklus bereits abgeschlossen ist. Wissen sie, daß ihre Kultur weiterbesteht, vielleicht Tausende von Lichtjahren entfernt, daß sie von Menschen getragen wird, die ihnen ähnlich sind, weil ihr Blut in ihren Adern fließt? Es ist kaum anzunehmen, daß sich jene »Auswanderer« ins Ungewisse begeben haben; es ist viel eher wahrscheinlich, daß es irgendwo im Kosmos Menschen oder Wesen gibt, die wissen, daß die Erde ihre Kolonie ist und wir ihre Blutsverwandten sind. Wahrscheinlich versuchen sie, mit uns in Verbindung zu treten, aber ist der Mensch in seinem blinden Stolz bereit, sie wiederzuerkennen?

Es gibt doch genügend Anzeichen für das Eingreifen unbekannter Mächte, und immer wieder werden wir Zeugen von unerklärlichen Erscheinungen. Die Riesenzeichnungen von Nazca, die Funksignale aus dem Weltraum, das geheimnisvoll-unbekannte Reich der Spiritualisten, Medien und Parallelwelten könnten als Versuche von Außerirdischen angesehen werden, mit den Erdenbewohnern in Kontakt zu treten.

Die Überlieferungen der Hindus, der Völker des Nahen Orients und Amerikas erzählen von Halbgöttern, die vom Sirius, vom Großen Bären oder von der Venus gekommen sind. Vielleicht steht in der »Bibel« der Siriusbewohner geschrieben, daß die Elohim eines Tages in einem Raumschiff zu einem Planeten des Sonnensystems gefahren sind. Vielleicht auch wird in der zukünftigen Bibel der Erdenbewohner – also nach der nächsten großen Katastrophe – geschrieben stehen, daß die Elohim die Erde verließen und sich auf einen anderen Planeten begaben.

Außerirdische Wesen greifen ein

Aus den heiligen Schrifttexten der Hindus erfährt man, daß die Ahnen der Weißen nicht auf der Erde, sondern auf einem Stern der Milchstraße (Sirius ist ein Stern der Milchstraße) geboren wurden. Nach diesen Berichten ist unser Ahnherr Aryaman.

»Der Weg des Aryaman ist der Weg von einem Stern zur Erde«, kann man in einem wedischen Text lesen. Die ältesten Quellen der Überlieferungen sprechen also von einer außerirdischen Herkunft der Menschen weißer Hautfarbe und führen aus, daß die erste Reise im Weltall auf der Strecke vom Sirius zur Erde stattfand. Mit einigem Vorbehalt können zwei mögliche Daten für dieses Ereignis genannt werden: 13 000 vor unserer Zeitrechnung, das wäre zur Zeit der Kultur der Atlanter, oder 10 000, also nach der großen Sintflut vor 12 000 Jahren.

Das zweite, in zahlreichen Texten erwähnte Eingreifen war jenes der Venusbewohner vor ungefähr 5000 Jahren. Lange Zeit dachten die Astronomen, der Planet Venus gehöre seit Jahrmilliarden dem Sonnensystem an. Aufgrund meiner, dem Pariser Observatorium vorgelegten Unterlagen, bestätigte man mir, daß die Venus einen Sonderfall darstellt, der neuerlich untersucht werden müßte. Ich weiß auch, daß manche Astronomen heute schon die Wahrheit kennen, die in Kürze von allen akzeptiert werden wird und lautet: Die Venus ist vor 5000 Jahren als Komet in unser Sonnensystem eingebrochen.

Eine dritte Heimat unserer Ahnen finden wir in der These des geheimnisvollen MnY.: Es ist der Planet Baawi von Proxima Centauri.

Die wissenschaftliche Theorie der Übertragung von Kenntnissen und Erinnerungen durch die Gedächtnischromosomen hat den gewohnten Bereich unseres Denkens beträchtlich erweitert. Lange Zeit glaubte man, die Geschichte der Menschheit stehe in den Sternen geschrieben, dann suchte man sie in den Büchern, bis eine Entdeckung auf dem Gebiet der Biologie dieses System über den Haufen warf. Die Gedächtnischromosomen führten uns in die ersten Tage der Menschheit, das heißt bis zu unseren keineswegs irdischen Ahnen zurück, bis zu jenem Ur-Adam, der bestimmt kein Hebräer, aber auch kein Kelte oder Ägypter war.

Am Anfang war der Mensch ein Wesen auf einem seit Milliarden von Jahren erloschenen Stern, der über andere aus unserem Universum bereits wieder entschwundene Sterne schließlich auf die Erde gelangte.

Hyperboreer und Atlanter

In meinem kurzen Panorama des Okzidents erwähnte ich im Zusammenhang mit den Wanderungen der Arier auch die Hyperboreer und die Atlanter. Es ist schwierig, die beiden auseinanderzuhalten, und die Meinungen über den Ursprung dieser Völker gehen stark auseinander.

In den Überlieferungen werden die Hyperboreer, auch Große Ahnen der Weißen genannt, im nördlichen Teil der Erde angesiedelt: im blühenden Land »über den Boreas hinaus«, in dem das Klima angenehm war, obwohl es in einem von eisbedeckten Bergen umgebenen Tal lag. Die Hauptstadt hieß Tula oder Thule (im Buch Henoch, bei Platon und Diodorus Siculus wird davon berichtet).

Die Atlanter wiederum bewohnten einen Kontinent, dessen Zentrum bei den heutigen Azoren lag, der sich aber weit in den Norden und in den Westen erstreckte, vielleicht bis zum Land der Hyperboreer. Dieser Kontinent war Atlantis.

Das Sanskrit und die Wedas

Die einzigen wirklich alten Schriftquellen unserer Ahnen finden sich bei den Indoeuropäern: es sind die Wedas, die wesentlich älter sind als die skandinavischen Eddas. Diese heiligen Schriften (sie sind noch nicht gänzlich übersetzt) enthielten ursprünglich die Geschichte unserer Ahnen vor der Sintflut; sie sind aber von unterschiedlichem Wert, da sie an manchen Stellen nachträglich abgeändert wurden.

Die Chromosomenveränderungen der Hindus, ihre Vermischung mit anderen Völkern haben die ursprüngliche Botschaft so stark verfälscht, daß die Wedas schließlich zur Geschichte der Arier in Indien geworden sind. Der Komplex der Wedas umfaßt vier Teile: Rigweda, Yayurweda, Samaweda und Atharwaweda. Nur der Rigweda ist tatsächlich sehr alt; er berichtet über die Kosmogonie, über den Kult der Arier, über die *dam* (Dame, Frau), Gegenstand der Verehrung bei allen Völkern, über das *sôma,* das Getränk der Eingeweihten (ähnlich dem gallischen Honigwasser), und über eine Mythologie, die den meisten europäischen Mythologien als Vorbild gedient hat.

Die Wedas sind in Sanskrit geschrieben, der Ursprache aller Idiome der indoeuropäischen Sprachenfamilie, welche wahrscheinlich von allen Völkern verstanden wurde, die mit den Kulturen der Hyperboreer und der Atlanter verbunden waren. Man schätzt die Wedas auf 4000 Jahre, in Wahrheit dürften sie wesentlich älter sein. Von den Grammatikern wird das Sanskrit als die vollkommenste Sprache der Welt bezeichnet, da in keiner anderen Sprache die Übereinstimmung von Wort und Idee in so hohem Maße möglich ist. Adolphe Pictet hat die Verwandtschaft mit den keltischen Sprachen betont (De l'Affinité des Langues celtiques avec le Sanskrit, 1837).

V. Das Rätsel der Megalithbauten

Zweitausend Jahre hindurch wurden keltische Bauwerke, Dokumente und Überlieferungen vernichtet, verheimlicht oder in ihrem ursprünglichen Sinn verfälscht, so daß es äußerst schwierig geworden ist, die echten Spuren zurückzuverfolgen. Glücklicherweise sind uns einige Überreste der keltischen Kultur erhalten geblieben, insbesondere jene riesigen Steine mit großer Aussagekraft: die Megalithe. Tumuli, Dolmen, Menhire und Kromlechs markieren die Wege der großen Völkerbewegungen von Norwegen bis Dakar, in Mitteleuropa und auch in Indien und Amerika.

Die Dolmen waren nicht, wie Auguste Rodin annahm, die ersten französischen Kathedralen. Die Kathedrale der Kelten war der Wald. Die Dolmen erfüllten vielmehr einen mysteriösen Zweck, der mit Tod und Bestattung zusammenhing. Sie bildeten sogenannte *allées couvertes* (gedeckte Gänge), die mehrere Grabhöhlen verbanden und den Tumuli als Unterbau dienten.

Carnac und der mysteriöse Menec

Die Steinblockreihen von Carnac im Morbihan sind so bekannt, daß es nicht nötig erscheint, sie im Detail zu beschreiben. Die *alignements* vom Menec und die von Kermario und Erdeven sind in ihrer Art einzig auf der Welt: Auf einer Länge von 3000 Metern stehen Reihen von 2813 Menhiren, deutlich west-östlich ausgerichtet. Die größten Steine erreichen eine Höhe von sechs Metern, und manche von ihnen stecken wie auf den Kopf gestellte Kegel in der Erde. Insgesamt ergeben die Steinblöcke ein etwas plumpes, aber gigantisches Bild mit starker magischer Ausstrahlung.

Über die Etymologie des Wortes Carnac wurden die verschiedensten Thesen aufgestellt. In der Zeitschrift *Atlantis* Nr. 203 nennt G. C. Honoré (LES DEUX CARNAC – Die beiden Karnak) verschiedene Möglichkeiten: *car* oder *ker* bedeutet in der gälischen Sprache Besitztum; *carn* oder *cairn* heißt Hügel, Tumulus; das gallische Suffix *ac* zeigt den Besitz an, was eine Wiederholung wäre. G. C. Honoré würde Carnac mit »Hügel der Steine« übersetzen.

Daneben gibt es noch zahlreiche andere Hypothesen: von Carnac, der Göttin der Gesundheit; von carnarium, Beinhaus; vom Volk der Karnuten, das in der Gegend von Chartres seßhaft war, wo sich das Zentrum des Druidenkultes befand; und auch vom nordischen Gott Kar, dem Herr der Stürme. Oder vielleicht von Cernunnos oder Kernunos – Gottvater? Solange man den genauen Ursprung des Wortes Carnac nicht kennt, wird es schwierig sein, das Rätsel dieses Ortes und seiner Megalithe endgültig zu lösen.

Allerdings eröffnet die Bedeutung des Wortes Menec (es ist dies der Name der längsten Steinblockreihe) überaus interessante Perspektiven: Gewiß heißt *mené* auf bretonisch ganz einfach Berg, aber es dürfte schwerfallen, unbedeutende, kaum zehn Meter hohe Erhebungen in der flachen Heidelandschaft von

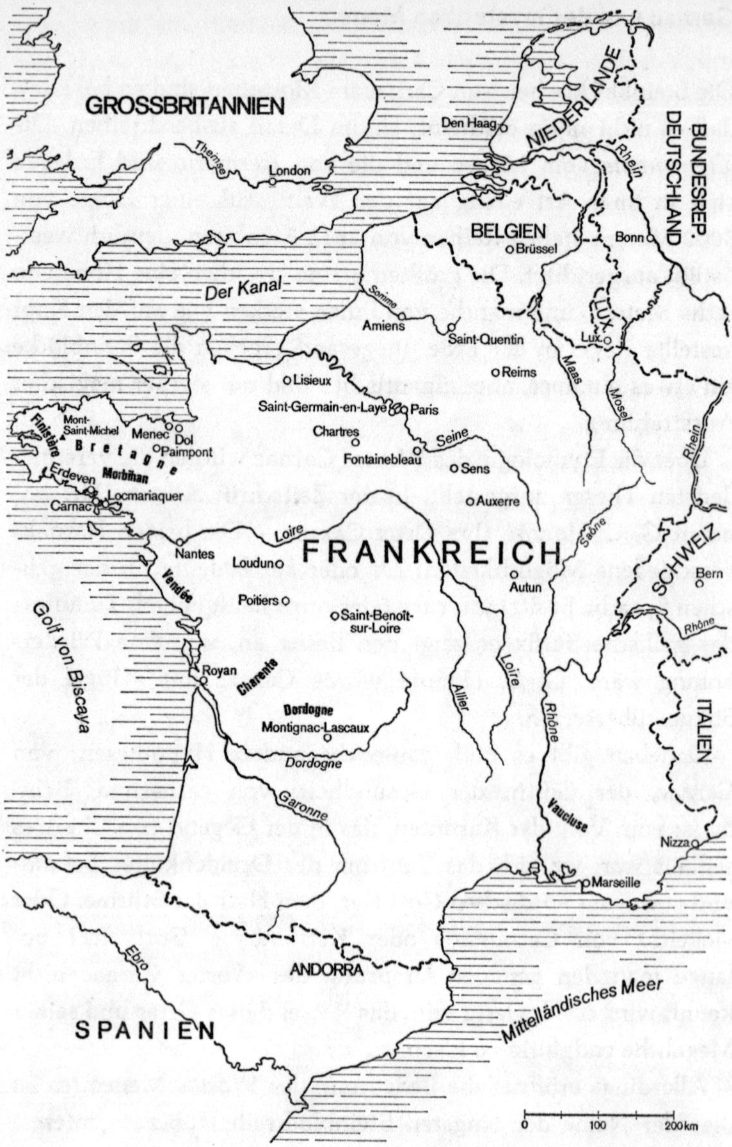
GROSSBRITANNIEN
Themse
London
Den Haag
NIEDERLANDE
BUNDESREP. DEUTSCHLAND
Rhein
BELGIEN
Brüssel
Bonn
Der Kanal
Somme
Amiens
Saint-Quentin
LUX.
Lux.
Maas
Reims
Mosel
Lisieux
Saint-Germain-en-Laye
Paris
Finistère
Mont-Saint-Michel
Menec
Dol
Chartres
Seine
Bretagne
Paimpont
Fontainebleau
Sens
Erdeven
Morbihan
Locmariaquer
Carnac
Auxerre
Saône
Loire
FRANKREICH
SCHWEIZ
Nantes
Loudun
Autun
Bern
Vendée
Poitiers
Saint-Benoît-sur-Loire
Rhône
Golf von Biscaya
Royan
Charente
Allier
Loire
Rhône
ITALIEN
Dordogne
Montignac-Lascaux
Dordogne
Garonne
Vaucluse
Nizza
Marseille
Ebro
ANDORRA
Mittelländisches Meer
SPANIEN
0
100
200 km

Carnac als Berge zu bezeichnen. Dazu kommt, daß der Menec praktisch flach ist, denn der Boden neigt sich an dieser Stelle nur unmerklich. Man ist daher versucht, das Wort Menec vom gälischen *manac* herzuleiten, was soviel heißt wie Berechnung, Angabe. Wird damit der Zeitbegriff verbunden, ergibt sich für Menec (el Menech würde ein Araber sagen) die Bedeutung von Kalender. Damit jedenfalls dürfte man viel eher auf der richtigen Spur sein.

Carnac und der Trojanische Krieg

In einem interessanten Werk mit dem Titel LES CELTES ET LES ATLANTES (Die Kelten und die Atlanter, 1906) schreibt der bretonische Prähistoriker H. Hirmenech, daß die Veneter an der Adria vom gleichen Stamm gewesen seien wie die Bevölkerung der Armorique und zu den Urvölkern, wahrscheinlich zu den Pelasgern, gehört haben. Die Pelasger selbst bezeichnet er als »Kelten des Orients«.

Der Autor berichtet, daß sich nach dem Versinken von Atlantis unter der Dynastie des ersten ägyptischen Königs Menes die Zentralgewalt der Atlanter im Niltal befand. Nach seiner Theorie wären die früheren Bewohner von Atlantis in ganz Europa und rund um das Mittelmeer verstreut gewesen.

Als der Trojanische Krieg ausbrach, standen diese Völker unter der Herrschaft eines Nachfolgers von Menes, des Erneuerers der Menschheit nach der Katastrophe. Sie wollten dem belagerten Troja zu Hilfe eilen, doch als sie in Troas ankamen, war die Stadt bereits seit langer Zeit gefallen, und die von Homer besungenen Kämpfe waren jene des zweiten Krieges gegen den Feind, der die Stellung hielt.

Die Veneter führten – ebenso wie die anderen Stämme – ihre toten Helden mit sich in die Heimat zurück und bestatteten sie dort feierlich. Dies ist, so behauptet Hirmenech, der Ursprung einiger großer Tumuli in der Bretagne. Zur Unterstützung seiner Theorie zitiert er Hesiod, der in seinem Buch »Werke und Tage« nach der Schilderung der Belagerung von Troja und der gefallenen Helden schreibt:

»Jupiter Saturnalis gestattete ihnen, abseits von den Menschen zu leben; er siedelte sie am Ende der Welt, fern von den Unsterblichen (Olymp), unter dem Zepter des Saturn an. Diese glücklichen Helden genießen den Frieden inmitten des stürmischen Ozeans auf den Inseln der Seligen ...«

Als die Kelten ihre Bestattungsfeierlichkeiten abgeschlossen hatten, schrieben sie ihre Heldentaten auf, doch taten sie dies in verschlüsselter Form. Die berühmten und geheimnisvollen Steinreihen von Carnac bildeten »einen Rebus, und dieser Rebus, dessen Schlüssel im alignement des Menec liegt, bezieht sich auf den Trojanischen Krieg.

An den großen alignements kann man eine merkwürdige Eigenart feststellen: Der Kromlech steht außer der Reihe und stellt eindeutig einen Hodensack dar, der zu einer Phalluszeichnung gehört, die durch die umstehenden Steine gebildet wird. Es ist unzulässig zu behaupten, dies sei ein schlecht gezeichneter oder nicht zentrierter Kreis. Außerdem stellen die Reihen, welche außerhalb des Kromlechs enden, das weibliche Element dar, oder genauer gesagt Monumente, die Heldinnen errichtet wurden. Jeder Menhir kennzeichnet die Lage einer Grabstätte ...«

Der Tempel als Sende- und Empfangsstation

Der Tempel, in den man sich begibt, um mit Gott zu sprechen und sein Wort zu hören, ist eine elektrische Anlage, die die Verbindung mit dem Himmel herstellt, also eine Art Sende- und Empfangsstation. Unsere Prüfgeräte können Art und Intensität der Wellen nicht feststellen, weil sie Produkte einer unvollkommenen Wissenschaft sind; aber vielleicht waren die ersten Druiden und alten Priester genau mit den technischen Einzelheiten des Vorgangs vertraut.

Das Gebet steigt auf und wird von der Station in Wellen von universaler Resonanz umgewandelt; das göttliche Wort steigt herab und wird durch den Transformator-Priester oder durch die Eingeweihten in Klartext verwandelt.

Die Station besteht aus folgenden Elementen: 1. einem Sende- und Empfangssaal, dem Chor, der nach dem Muster des Zauberkreises als Echokammer gebaut ist; 2. einer Antenne (Kirchturm, Spitze, Obelisk, Menhir); 3. einer Erdung (Krypta, Grotte, Schacht, Höhle, Labyrinth), welche durch die unerläßliche heilige Quelle befeuchtet wird.

Die Energieversorgung der Station erfolgt durch die tellurischen Ströme, die wie in einer Batterie von den Kondensatoren (Statuen, Kreuz, Hostie in den christlichen Kathedralen; Schreine, Figurinen, Bücher, Totems und verschiedene magische Gegenstände in den anderen Tempeln) gespeichert werden können. Auch wird von den Gläubigen Massenenergie erzeugt, vorausgesetzt, daß ihr Glaube echt ist.

In jenen Heiligtümern, in denen der Sende- und Empfangsvorgang funktioniert, kann das Gebet zu Gott aufsteigen, wenn es auf der Wellenlänge des Universums gesendet wird; umgekehrt kann das Wort Gottes den Gläubigen durchdringen. Ein Pantheist würde den Prozeß so formulieren: Es kommt zur Syntonisation zwischen dem Menschlichen und dem Universalen mit gleichzeitiger Aussendung von Strahlen.

Das Trio Menhir-Dolmen-Grab bildete also für die Druiden eine Sende- und Empfangsstation, die so lange funktionierte, als man einen Menhir neben den Dolmen stellte. Als diese Einheit zerstört und nur mehr durch die tellurischen Ströme gespeist wurde, spielte der Dolmen oder der Zauberkreis nur mehr die Rolle eines Akkumulators mit einem Plus- und einem Minuspol.

Die radioaktive Couhard-Pyramide

Der *Winkelmeister* (Pseudonym eines Eingeweihten, der nicht genannt werden möchte) konnte durch intensive Beschäftigung mit der Materie erstaunliche Entdeckungen machen, die das Geheimnis der Pyramiden in ganz neuem Licht erscheinen lassen.

Die Couhard-Pyramide (bei Autun), die ursprünglich 33 Meter hoch war, ist heute eine Ruine. Sie wurde aus Steinen erbaut, die man mit einem radioaktiven Mörtel verbunden hatte. Das Monument sandte also Strahlungen aus, was ein Beweis mehr dafür ist, daß die Kelten in einem uns heute unvorstellbaren Ausmaß in die Geheimnisse der Natur eingeweiht waren. Die Pyramide bestand aus einer ungeheuren Masse von »blättrigem« Material, das genau horizontal gelagert war und mit dem Schacht, dessen Öffnung sich an der Spitze der Pyramide befand, einen rechten Winkel bildete. Dieser Schacht war – manchen überlieferten Texten zufolge – mit einem tiefen Erdspalt verbunden, der ihn mit Feuchtigkeit und negativen »vitalen Strahlen« versorgte. (Die »vitalen Strahlen« oder Wellen sind jene elektromagnetischen Kräfte, die von den traditionellen Physikern Coulombsche Kräfte genannt werden.)

Das Innere der Pyramide stellte eine riesige Batterie dar, in der sich ein alkalischer Elektrolyt (Ätzkalk und Ätznatron) befand, der die Kieselsäure des Orthoklases angriff. Daraus ergab sich eine doppelte Strahlung: Einerseits durch die Gammastrahlen, anderseits durch die sehr intensiven »vitalen Strahlen«; beide Strahlungen hatten dieselbe Beschleunigung, und da sie in Form von Schwingungen frei wurden, war ihre Wellenlänge sehr groß.

Auch heute noch sendet der Orthoklasmörtel der Couhard-Pyramide K-41-Gammastrahlen und die Schwingungswelle vom Bruch des Molekularaufbaus im Orthoklaskristall aus.

Es ist eine bekannte Tatsache, daß eine starke, gegen den Himmel gerichtete Gammastrahlung eine Ionisierung der Atmosphäre bewirkt: Es bilden sich Heliumkerne und unmittelbar darauf Wasserdampf. Die afrikanischen Regenmacher kennen dieses Phänomen; sie zünden große Buschfeuer an.

Aufgrund der Strahlungsstärke vermute ich, daß die Couhard-Pyramide und wohl auch andere keltische Bauwerke, die ägyptischen und mexikanischen Pyramiden mit eingeschlossen, Bojen gewesen sein könnten, die über den Planeten Erde verstreut waren und Raumfahrern den Weg wiesen. Vielleicht waren sie sogar Batterien zum Aufladen von Raumschiffen, deren Antriebsprinzip wir zur Zeit noch nicht kennen.

Jedenfalls scheint die Entdeckung des Winkelmeisters eindeutig darauf hinzuweisen, daß die keltischen Monumente eine elektrische Bestimmung hatten, die von unseren wissenschaftlich gebildeten Vorfahren des Jahres 3000 vor der Zeitrechnung rationell und von den Druiden und ägyptischen Tempelpriestern empirisch genützt wurde.

Der Schriftsteller Guy Tarade nimmt an, daß »die Kelten das Wesen der heute unerklärlichen Phänomene des Kosmos genau kannten und die *space people* durch ihre energiegeladenen, radioaktiven Bauwerke anzogen. Vielleicht konnten die Druiden eindrucksvolle religiöse Feiern abhalten, in deren Verlauf sie einen geheimnisvoll leuchtenden heiligen Geist vor den Augen ihrer gläubigen Anhänger vom Himmel herabsteigen ließen ...«

Die Phallussymbole von Filitosa

Um das 7. oder 8. Jahrtausend nach der Sintflut (3000 bis 2000 v. Chr.) hatten die keltischen Priester die ursprüngliche Bedeutung der Megalithbauten vergessen. Aus dieser Zeit etwa dürften die phallusförmigen Menhire von Filitosa auf Korsika stammen.

An der erst vor kurzer Zeit entdeckten Fundstätte von Filitosa fand man in den Grabkammern neben den Gebeinen auch Nahrung, Schmuck und Waffen, die auf den Glauben an ein Weiterleben nach dem Tode hinweisen; in unmittelbarer Nähe befand sich jeweils ein Menhir als Zeichen der Auferstehung, der die Form des Zeugungsorgans, des Phallus, hatte.

Der Historiker Roger Grosjean (LA CORSE AVANT L'HISTOIRE – Korsika vor der Geschichte) konnte nachweisen, daß die Menhire in späterer Zeit immer weiter von der Grabstätte entfernt aufgestellt wurden. Man behaute sie dann auch in menschenähnlicher Form und gruppierte sie zu Reihen. Dasselbe war höchstwahrscheinlich auch in Carnac geschehen, wo man bei den Steinblockreihen keine Gebeine gefunden hat. Man darf hier allerdings eine wichtige Tatsache nicht außer acht lassen: Im allgemeinen zerfallen Gebeine, wenn sie länger als 2000 oder 3000 Jahre in der Erde liegen.

Als die Megalithe von Carnac errichtet wurden, kannten vielleicht die Druiden noch den Symbolgehalt der ursprünglichen Riten, doch die Künstler aus dem Volke waren nur imstande, aus dem Granit ganz grobe Steinsäulen zu hauen; sie wurden neben ausgehöhlte Steine gestellt und symbolisierten Phallus und Vagina.

Dennoch bin ich der Meinung, daß es irrig wäre, an einen besonderen symbolischen oder wissenschaftlichen Wert dieser Monolithe zu glauben. Auch die ägyptischen Tempel dieser Epoche in Carnac, Luxor, Esna und Edfu waren niemals große Initiationsheiligtümer. Alles weist darauf hin, daß die Kelten im Laufe der Zeit ihren Bauwerken eine Bestimmung gaben, die von der ursprünglichen weit entfernt war; sie machten daraus Grabstätten oder magische Armeen von steinernen Kriegern, die ihnen eine zweifelhafte Macht verliehen. So sind nach und nach alle die Radars, Akkumulatoren und elektrischen Apparate zweckentfremdet worden, die einst von Irland bis zum Oberen Nil vom profunden Wissen der letzten Priester von Atlantis Zeugnis gaben.

Die Schlangen von Gavr'inis

Auf Gavr'inis (Insel im Golf von Morbihan) haben Druiden in den Granit Zeichen gemeißelt, die konzentrische Kreise und Schlangen darstellen; ähnliche Steingravierungen finden sich in Skandinavien, auf der Iberischen Halbinsel, auf Malta, in Lough Crew, Grafschaft Meath, und auf dem Schwellenstein des Tumulus von New-Grange in Irland.

Für die Druiden war die Schlange das heiligste aller Symbole, stellte sie doch wie in Ägypten, Phönizien, Assyrien, Griechenland, Mexiko und Peru die Flugmaschine dar, die außerirdische Initiatoren auf die Erde geführt hatte; das Schlangenzeichen hatte für die Druiden außerdem noch eine höhere Bedeutung: Es symbolisierte gleichzeitig die Urwelle der Schöpfung. Die konzentrischen Kreise und Spiralen waren Sinnbilder des Unendlichen Seins und des expandierenden oder kontrahierenden Universums, des Übergangs vom Kleinsten zum Größten.

Im Gegensatz zu den meisten anderen Kulturen, die uns eine Unzahl von Malereien und in Stein, Lehm, Holz oder Kiesel gravierte Zeichnungen hinterlassen haben, waren die Kelten mit graphischen Darstellungen sehr sparsam; doch jene, die uns verblieben sind, haben alle eine symbolische Bedeutung.

Nach ihrer Häufigkeit geordnet, verwendeten die Kelten folgende Symbole: konzentrische Kreise, die Spirale, die Schlange mit dem Widderkopf, den Phallus, den gehörnten Gott, den fliegenden Greif, das geflügelte Pferd, das Pferd, den achtstrahligen Stern, die Axt und das Schwert, den Stier, die Swastika.

Das Studium dieser Symbole ermöglicht es, die Geschichte des Abendlandes, die Überlieferung der Kultur von Atlantis, neu erstehen zu lassen. Denn Atlantis war das ursprüngliche Zentrum von Wissenschaft und Kunst, der wahre Ausgangspunkt der Religionen und Überlieferungen der Weißen. Unsere Welt entstand im Westen.

VI. Die Kultur der Kelten

Mit der Darstellung der traditionellen Meinungen über die keltischen Megalithbauten glaubte ich keineswegs, ihr Rätsel endgültig lösen zu können; ich wollte vielmehr die verschiedenen Theorien darlegen, weil sich zwischen den teilweise falschen Erklärungen auch interessante und sicherlich richtige Thesen verbergen.

Es blieb einem echten Eingeweihten, dem bereits mehrfach erwähnten *Winkelmeister*, vorbehalten, die wissenschaftliche Erklärung vorzubringen, die heutzutage allein den vernünftigen Forscher überzeugen kann. Kurz gesagt, der Winkelmeister beweist, daß die ältesten Tumuli in Gallien Pyramiden aus Beton waren! Auf den ersten Blick schien mir diese These völlig unglaublich und unannehmbar; aber nach genauer Überlegung und strenger Analyse überzeugte mich die Stichhaltigkeit der Argumente.

Ein glücklicher Zufall half mir, in den Büchern des Historikers Eugène Beauvois ein geheimnisvolles Amerika zu entdecken, dessen Spuren durch den Prunk der spanischen Eroberung verdeckt worden waren. Die Geschichte dieses unbekannten Amerika stimmte völlig mit jener der Kelten, der Tumuli und Menhire überein. Daraus ergab sich, daß zum Verständnis des keltischen Galliens und des keltischen Großbritanniens eine Wiederentdeckung von Mexiko und den Mexikanern, diesen »Pelasgern Amerikas«, wie sie der große Naturforscher Alexander von Humboldt nannte, notwendig war. Mit einem Schlag erhielt das Bild von der Vergangenheit der Kelten eine neue, ungeahnte Dimension, die unzählige Möglichkeiten mit sich brachte und ein Postulat herausstrich, das von überzeugten Keltophilen bereits früher aufgestellt worden war: Die keltische Kultur ist die älteste Kultur der Welt und die Mutter aller Kulturen der Weißen.

Ich brauchte nur nach Mexiko zu fahren, um dort die Beweise zu sammeln und zu überprüfen, die ich vorzufinden hoffte.

In Mexiko gibt es keine Pyramiden

In Mexiko erlebte ich eine große Überraschung: Es gibt dort keine einzige Pyramide, darüber läßt sich nicht streiten. Dies ist wieder einmal ein Beweis dafür, wie sehr die Irrtümer der engstirnig-konservativen Historiker die geschichtliche Wahrheit verfälscht haben.

Fragen wir uns zunächst einmal: Was ist eine Pyramide? Ein Monument von geometrisch gesehen pyramidaler Form, das nach oben spitz zuläuft und in dem sich ein Hohlraum beziehungsweise eine Grabkammer befindet. Eine Pyramide ist dazu da, betreten und nicht erstiegen zu werden. Sie weist nur in seltenen Fällen Stufen auf und dient nicht als Unterbau für ein anderes Bauwerk.

Gibt es in Mexiko Monumente wie die eben beschriebenen? Kein einziges. Die mexikanischen Pseudo-Pyramiden erwecken zwar den Anschein, als würden sie wie die keltischen Tumuli oder wie die christlichen Kathedralen (Krypten) Grabstätten bergen; doch in hundert Prozent der Fälle bestehen diese Bauwerke aus einem mehr oder weniger hohen pyramidenähnlichen

Unterbau, der einen großen Tempel oder ein Schloß trägt, zu dem man über eine riesige Stiege gelangt, die oft ebenso breit ist wie die großen Pariser Boulevards.

Es gibt wohl einige Ausnahmen, so zum Beispiel die sogenannten Sonnen- und Mond-Pyramiden in Teotihuacan: Diese wurden erst vor nicht allzu langer Zeit rekonstruiert, und die Restauratoren hatten den Tempel, der sich ursprünglich an ihrer Spitze befand, nicht wieder aufgebaut. Darin sind sich übrigens alle Archäologen einig.

Man kann also sagen, daß alle mexikanischen »Pyramiden« Piedestale, also Sockel, sind. Sie sind oft nur 5 bis 6 Meter hoch, während der Tempel eine Länge von 10 bis 30 Metern hat und auf einer Grundfläche ruht, die häufig die Größe eines Fußballplatzes übersteigt. Alle mexikanischen Monumente sind durch diese Plattformbauweise gekennzeichnet: In Teotihuacan und Monte Alban erstrecken sie sich über mehrere Hektar.

Es kann nicht oft genug betont werden: Jene mexikanischen Monumente, die entfernt Pyramiden ähneln, sind entweder Bauten unseres Jahrhunderts oder gehen frühestens auf das Jahr 1000 unserer Zeitrechnung zurück. Sie haben keine glatte Oberfläche, und wenn sie breite Prachtstiegen aufweisen, so ganz offensichtlich deshalb, weil den Gläubigen der Aufstieg zum Tempel erleichtert werden sollte.

In dem Buch L'Archéologie au Mexique liest man auf Seite 12: »Die Pyramiden wurden nach dem Beginn der Besetzung erbaut und dienten als Basen für die Tempel.« Unter »Beginn der Besetzung« ist die sogenannte Teotihuacan-I-Periode von 1000 bis 500 vor Christus zu verstehen.

Teotihuacan wurde von Völkern erbaut, die vom Golf gekommen waren, vielleicht von Mayas oder Olmeken, also von Nachkommen der Kelten. Später, unter der Herrschaft der Azteken, dürften die Pyramiden ihre Tempel verloren haben. Als die Spanier im Jahre 1519 ins Land kamen, waren sie vollkommen überwachsen, sie hatten sich in Tumuli verwandelt.

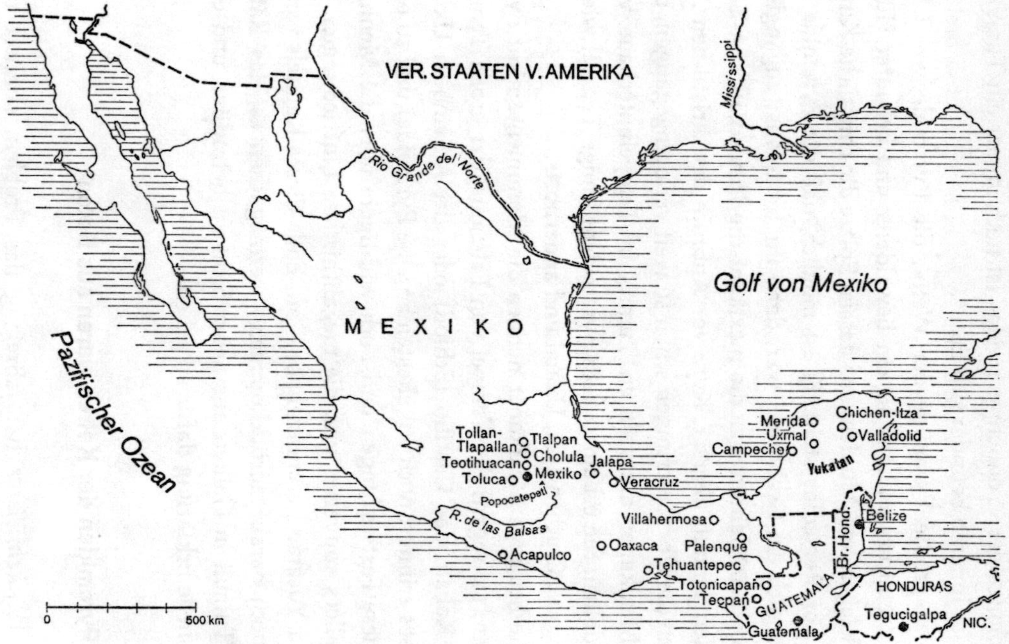
VER. STAATEN V. AMERIKA
Mississippi
Rio Grande del Norte
Golf von Mexiko
MEXIKO
Pazifischer Ozean
Tollan-
Tlapallan
Tlalpan
Cholula
Teotihuacan
Toluca
Mexiko
Jalapa
Veracruz
Popocatepetl
R. de las Balsas
Acapulco
Oaxaca
Villahermosa
Palenque
Tehuantepec
Totonicapan
Tecpan
GUATEMALA
Guatemala
Merida
Uxmal
Campeche
Chichen-Itza
Valladolid
Yukatan
Br. Hond.
Belize
HONDURAS
Tegucigalpa
NIC.
0
500 km

Die Spitze der »Sonnenpyramide« ist noch immer ein Tumulus, und im Inneren befindet sich Erde*.

Die »größte Pyramide der Welt«, die Pyramide von Cholula, ist nichts anderes als ein bewaldeter und bebauter Hügel mit Wegen und Mulden, auf dessen Spitze die christliche Kirche von Los Remedios steht. Es ist möglich, daß die Pyramide ursprünglich ein Grabhügel war, denn ihr Inneres ist zugänglich.

Vor 5000 Jahren war die mexikanische Landschaft von Tausenden Tumuli übersät. Kurz vor Anbruch der christlichen Ära waren die Überlieferungen schon so weit verlorengegangen, daß die Mexikaner die größten Tumuli in Tempelunterbaue verwandelten. Sie erbauten auch pyramidenförmige Tempel wie in Palenque, Chichen-Itza, Uxmal und andernorts.

Die heutigen Mexikaner nennen die Monumente nicht Pyramiden; sie sagen: der Tempel von Palenque, der große Tempel von Kabah, das Castillo (Schloß) oder del Adivino in Uxmal (dieses erinnert noch am ehesten an eine Pyramide) und so fort.

Diese Feststellungen und noch wichtigere über die Menhire, die allées couvertes und die megalithischen Einfriedungen, die ich in Yucatán gefunden habe – am Ende dieses Kapitels werde ich noch darauf zurückkommen –, ermöglichen es, das Rätsel der Tumuli in Gallien aus neuer Sicht zu betrachten und eine rationelle Erklärung dafür zu geben.

Die Pyramiden der Kelten waren aus Beton

Der *Winkelmeister* hat jahrelang das Problem studiert und Dutzende von Bodenanalysen in unmittelbarer Nähe der Monumente in Gallien durchgeführt. Schließlich gelangte er zu der

* Der Tumulus ist oft nichts anderes als eine verfallene Pyramide, wie der Winkelmeister bewiesen hat. Tumulus und Pyramide sind Grabkammern, wenn sie eine religiöse Bestimmung haben. In ganz seltenen Fällen, wie zum Beispiel in der chinesischen Provinz Schansi, sind die Pyramiden Monumente zu Ehren der Berge, die die Menschen vor der Sintflut retteten.

Lösung, die schon Henri de Clouzion und der Historiker Henri Martin geahnt hatten: Die Tumuli sind alte, verfallene Pyramiden. Der *Winkelmeister* ist von Beruf Chemiker und Mineraloge, was nicht nur seinen Analysen Gewicht verleiht, sondern auch eine streng sachliche Vorgangsweise garantiert.

Zunächst klingt es phantastisch, daß unsere biederen Hügel, die gleich Lämmern in den Wiesen des Poitou oder des Morbihan liegen, vor Jahrtausenden als stolze Pyramiden ihre Spitzen gegen den Himmel gereckt haben sollen. Wären diese Pyramiden wie jene von Gizeh oder Sakkara aus Stein erbaut worden, hätten sie allen Stürmen getrotzt und stünden noch heute unversehrt da. Doch aus einem im folgenden noch zu untersuchenden Grund wurden diese Pyramiden aus Beton gebaut*.

*Die chemische Analyse der Umgebung der Tumuli und Dolmen ergibt, welche Bestandteile die alte Verkleidung hatte. Es handelt sich eindeutig um Beton, d. h. um Wasserzement, Sand, Wasser und Stein. Es ist eine erwiesene Tatsache, daß die Kelten Mörtel und Zement kannten. Die Menschen des Paläolithikums verwendeten diese Materialien, wie von Abbé Breuil und Professor Lantier in dem Werk LES HOMES DE LA PIERRE ANCIENNE (Die Menschen der Altsteinzeit) bei der Beschreibung der Backöfen von Noailles (Corrèze) berichtet wird. Dies darf nicht verwundern, da die Kelten als Erben der Atlanter auf den Gebieten der Astronomie, der Mathematik und der theoretischen Physik über noch viel bedeutendere Kenntnisse verfügten.

Wie stellten sie den Zement her, und warum zogen sie den Beton dem in Gallien ausreichend vorhandenen Gestein vor? Hören wir dazu die Meinung des *Winkelmeisters:* Der versunkene Kontinent Atlantis bestand hauptsächlich aus erstarrter, schwer zu bearbeitender Lava, die eine Härtung erfahren hatte und riesige Puzzolanflächen bildete, die sich rasch in gallertartigen Lehm verwandelten. Auf diesen kalksteinarmen, aber an Puzzolanerde und Muschelkalk reichen Böden gingen die Atlanter den Weg des geringsten Widerstandes und erfanden den Zement und den mit kleinen flachen Steinen »armierten« Beton. Die Kelten übernahmen dieses Material, das sich mit der Zeit zersetzte, so wie sich bereits jetzt die um 1920 errichteten Betonmaste der elektrischen Leitungen zersetzen.

Was wird von unseren Kirchen, Fabriken, Wassertürmen, Wohnhäusern, Brücken und Staudämmen aus Spannbeton in 3000 Jahren noch übrig sein? Sie werden entweder ganz verschwunden oder nur mehr Anhäufungen von Erde und Steinen ... also Erdhügel sein!

Der Boden um die Dolmen und Menhire herum ist sehr kompakt, denn er besteht im allgemeinen aus kristalliner Kieselerde oder aus einem Zement aus Kieselerde und Kalk. Man kann daraus folgern, daß die im Boden verankerten Steinsäulen dem Beton als Gerüst und dem äußeren Verputz als Stütze dienten. Der umliegende Boden verhärtete sich durch das langsame Eindringen von gallertartiger Kieselerde, die das Produkt der Auflösung von Mörtel und Beton war.

So waren also die Erbauer der Dolmen und Kromlechs in Wahrheit Erbauer von Pyramiden, Tempeln und Alleen aus poliertem und sicher auch verziertem Beton.

Diodorus Siculus meinte wahrscheinlich Stonehenge, als er schrieb, er habe einen prächtigen runden Tempel gesehen, mit reichen Opfergaben geschmückt, der sich dem Land der Kelten gegenüber befunden habe.

Und der griechische Geograph Scymnus von Chios bezieht sich wohl auf den bretonischen Obelisken von Locmariaquer, wenn er sagt: »Am äußersten Ende des Keltenlandes befindet sich eine Säule, die ›Säule des Nordens‹ heißt...« Es muß ganz offensichtlich eine echte Säule gewesen sein, für die der heute noch sichtbare Stein nur das Gerüst bildete. Dasselbe gilt auch für den Menhir von Oblicamp in Bavelincourt (Somme), dem *obelisci campus* der Römer.

Überall haben sich Beton und Beschichtung aufgelöst, sind in die Erde eingedrungen und haben den Boden verhärtet, wie es die physikalisch-chemische Analyse beweist. Es handelt sich hier keinesfalls um eine mehr oder weniger phantastische These, sondern um Schlußfolgerungen, die aus der Untersuchung von Beton gezogen wurden, der tatsächlich mindestens 3000 Jahre alt ist und durch Zufall entweder zwischen zwei Marmorblökken – wie in der keltischen Siedlung von Tourette-sur-Loup – oder im Schutze eines Steinpanzers – wie bei der Couhard-Pyramide – konserviert wurde. Auch die ägyptischen Pyramiden waren ursprünglich mit einer Schicht überzogen.

Tumuli, Pyramiden und Erdhügel

Man mag nun einwenden, daß die alten Schriftsteller nichts von Pyramiden in Gallien berichten. Sie schreiben aber ebensowenig von Steinnadeln oder Steintischen, was darauf hindeutet, daß sie nur Tumuli und Hügel aus Erde und Stein gesehen haben, denen sie keinerlei Bedeutung beimaßen.

Da Menhire und Dolmen ursprünglich Obelisken und Pyramiden aus Beton waren, müssen wir unser gesamtes Wissen über die abendländische Kultur revidieren. Insbesondere ist interessant, daß die großen Kromlechs Kuppeltempel aus Beton waren, ähnlich den in Afghanistan gefundenen Stupas; einige davon sind heute schon so weit verfallen, daß sie nur mehr wie Steinhaufen aussehen.

Der Tumulus ist an und für sich eine konische Pyramide, die ein orientiertes Grabgewölbe umschließt. In Ägypten hat die älteste Pyramide, jene von Sakkara, nur mehr sehr verschwommene Kanten, und die umliegenden, ebenso alten Pyramiden haben genau dieselbe Form wie die keltischen Tumuli. Die Pseudo-Pyramide von Cholula in Mexiko ist entweder ein Erdhügel oder ein Tumulus, und dasselbe kann man von der kürzlich freigelegten pyramidenförmigen Plattform von Cuicuilco sagen, von der die Archäologen berichten, sie habe »einen Kern aus Erde (früher Beton), der von großen steinernen Pfeilern getragen wird«. Nach dem »Cerro del Tepacalte« ist dies das älteste Bauwerk des amerikanischen Kontinents*.

* L'ARCHEOLOGIE AU MEXIQUE, C. V. de Pemex. *Revista mexicana de estudios anthropologicos.* Die Pyramide von Cuicuilco liegt in der Nähe von Mexico City zwischen der Universitätsstadt und der Ortschaft Tlalpan. In den traditionellen Archäologiewerken, die alle der *Verschwörung von Sumer* hörig sind, wurde die Tumulus-Pyramide von Cuicuilco mit 450 v. Chr. datiert. Nun ist aber das Bauwerk von den Lavamassen des Vulkans Xitle bedeckt gewesen, und die Analyse dieses Gesteins bewies, daß der Ausbruch vor ungefähr 8000 Jahren stattgefunden hat. Ebenso wurde noch bis vor kurzem behauptet, Teotihuacan (die Stadt der Götter – der Name stammt

In Lydien (Kleinasien) liegt das Grab des Algattes (Vater von Krösus), ein pyramidenförmiger Hügel, dessen Basis aus Stein, der Rest aber aus Erde besteht. Ebenfalls in Kleinasien, in Nemrut Dag, zeigt sich das angebliche Grab von Nimrod als ein richtiger Berg aus Steinen und Erde.

In Peru findet man zahlreiche Pyramiden; einst gab es auch eine in Tiahuanaco, es war eine Plattform mit Stufen (und Dolmen). Sie war – den Überlieferungen zufolge – von Menschen göttlichen Ursprungs, mit weißer Haut, blauen Augen und rötlichem Haar, erbaut worden, die die letzten Nachkommen der Viracocha waren. *Viracocha* bedeutet Meerschaum und ist mit dem Wort *pelagos* verwandt, das soviel heißt wie »von den nördlichen Meeren kommend«. Die Ähnlichkeit zwischen den Baustilen der Pelasger, den Erbauern von Baetylen, und jenem der Viracocha, Ägypter, Mayas und Kelten, den Erbauern von Tumuli und Pyramiden, ist noch bezeichnender.

Thor Heyerdahl erzählt in AKU AKU – DAS GEHEIMNIS DER OSTERINSEL, daß in den Überlieferungen der Osterinsel von einem Viracocha-König mit Namen Kon Tiki berichtet wird, der von Peru auf die Osterinsel gekommen sei und mit ihm Männer mit langen Ohren und roten Haaren, *orejones* genannt,

aus jüngerer Zeit) sei im zweiten Jahrtausend vor Christus erbaut worden. Die Arbeiten von Professor Joseph Michels von der Universität von Pennsylvania, die sich auf die Wasseraufnahmefähigkeit des Obsidians gründeten, beweisen, daß Teotihuacan bereits 5000 Jahre vor unserer Zeitrechnung entstand; die Stadt der Götter ist also mit ihren Tumuli und ihren rekonstruierten Tempel-Pyramiden – so wie man sie heute sieht – 7000 Jahre alt. Dies entspricht etwa dem Alter des Tempels von Abydos in Ägypten.

Die Eruption des Xitle und das Obsidian von Teotihuacan ermöglichen es uns, das ungefähre Alter der mexikanischen Kultur zu bestimmen: Demnach dürfte sie vor mindestens 9000 Jahren entstanden sein. Dies würde bedeuten, daß vor 10 000 bis 11 000 Jahren (wenn nicht mehr) ein Zweig der Kelten nach der Sintflut nach Amerika auswanderte, zweifellos auf der Suche nach der Heimat Atlantis. Und da gibt es noch Leute, die allen Ernstes behaupten, die Sumerer hätten vor 4000 bis 5000 Jahren die Zivilisation erfunden!

die die bekannten großen Statuen mit rotem Haarknoten erbauten. Diese »Emigranten« brachten die Batate (eine Knollenpflanze) auf die Insel, die die Insulaner ebenso wie die amerikanischen Indianer *kumara* nannten, und den *totora,* auch als »Süßwasserrohr vom Titicacasee« bekannt. In Rapaiti (Polynesien) hat Thor Heyerdahl zwölf Schloß-Pyramiden auf den Berggipfeln gefunden.

Das Buch der dunklen Kuh

Der größte Bestseller aller Zeiten ist die Bibel. Kein anderes Buch wurde wie sie in Milliarden von Exemplaren gedruckt. Die Ladenhüter in den Buchhandlungen sind hingegen jene Werke, in denen von der Geschichte unseres Landes und unserer Ahnen berichtet wird. Wir wissen nicht, wer der erste französische König war, die Gallier sind für uns Unbekannte, die Dolmen Rätsel, und selbst die Merowinger des 6. Jahrhunderts kennen wir kaum. Aber die Enkel dieser Gallier und Merowinger leiern in der Religionsstunde fehlerlos die Genealogie der Bevölkerung einer Wüste herunter, die sie nie gesehen haben und wahrscheinlich auch nie sehen werden: Jakob, Sohn des Isaak, Sohn des Abraham, Sohn des Sem, und so weiter und so fort, bis zum »ersten Menschen« der Schöpfung, einem gewissen Adam, den Gott aus einer Handvoll Lehm erschaffen hat, wie die einen behaupten, oder der der Sohn eines Ur-Adams und der Lilith war, wie die anderen sagen ... Alter: 18 000 Jahre, Staatsbürgerschaft: hebräisch; blaue Augen, blondes Haar ...

»An seinen Wundertaten und seinen schönen Worten werdet ihr ihn (den Antichrist) erkennen ...« Der Antichrist wird also gewiß kein Keltophile sein, dessen geflüsterte Thesen von den traditionellen Historikern als häretisch verurteilt und mit eiserner Faust zum Schweigen gebracht werden.

Dennoch, die Geschichte der abendländischen Kelten steht in

krassem Gegensatz zur biblischen Geschichte, denn sie ist friedlich und sanft, über ihr schwebten der Zaubernebel unbekannter Meere und die Wohlgerüche paradiesischer Blüten.

Nehmen wir als Beispiel das BUCH DER DUNKLEN KUH, so genannt, weil das Pergament aus der Haut einer dunkelfarbigen Kuh hergestellt worden war. Es ist die älteste gälische Sammelhandschrift, die um 1100 von Moelmuire Mac-Celechair im Kloster Clonmacnoise aufgezeichnet wurde. Es werden darin die Abenteuer von Condla, genannt Ruadh (der Rote) oder der Schöne, Sohn des Cond cet-chathac (von den hundert Schlachten), eines irischen Königs, der von 123 bis 153 n. Chr. regierte, berichtet. Lauschen wir der Geschichte dieser Ahnen:

»Eines Tages, als sich Condla, genannt Ruadh, mit seinem Vater auf dem Gipfel des Berges Usnech in Meath befand, erblickte er eine Frauengestalt in sonderbarer Kleidung, die sich ihnen näherte, und er fragte sie nach ihrer Herkunft.

›Ich komme‹, sprach sie, ›aus dem Land der Lebenden, wo es weder Tod noch Sünde gibt; unser Leben dort ist ein einziges Fest, wir üben alle Tugenden, und Zwietracht kennen wir nicht. Wir wohnen auf einem großen Hügel, darum nennt man uns *Aes side* (Volk von den Hügeln).‹

(Das Land der vielen Hügel könnte sehr wohl Mexiko sein, denn dort gibt es Erdhügel und Tumuli zu Zehntausenden.)

Condla allein sah die Erscheinung, darum fragte ihn sein Vater, mit wem er spreche.

›Ich spreche‹, antwortete Condla, ›mit einer jungen, liebenswürdigen und edlen Dame, die weder den Tod noch das Alter zu fürchten braucht.‹

›Ich liebe Condla-den-Roten‹, setzte die Stimme fort, ›und ich bitte ihn, mir in die Gefilde der Glückseligkeit (Mag Meld) zu folgen, wo König Boadag (der Siegreiche) lebt; er wird zum ewigen Herrscher dieses Landes erhoben werden, frei von Leid und Schmerz, sobald er das Zepter nimmt.

Komm mit mir, Condla-der-Rote, mit dem gefleckten Hals,

dem schönen Antlitz und den blühenden Wangen. Wenn du mich begleitest, wirst du nichts von deiner Jugend und deiner Schönheit verlieren, bis zum Tag des schrecklichen Gerichts.‹

Alle hörten diese Worte, konnten jedoch die Person, die sie sprach, nicht sehen.

Cond cet-chathac bat seinen Druiden Coran um Hilfe. Dieser wandte verschiedene Zauber und mächtige Beschwörungsformeln an und bereitete schließlich dem Spuk ein Ende, so daß die schöne Dame für Condla nicht mehr wahrnehmbar war; bevor sie sich zurückzog, konnte sie ihm noch einen Apfel zuwerfen.

Von da an verweigerte der junge Prinz Speise und Trank und aß nur von dieser Frucht, die trotzdem ganz blieb. Doch große Traurigkeit erfüllte ihn.

Nach einem langen Monat war er mit seinem Vater in Mag Archomin und sah dieselbe Erscheinung wieder, die zu ihm sprach:

›Du, der du bei den Menschen bleibst, denen ein kurzes Leben vor einem schrecklichen Tod beschieden ist, die Unsterblichen fordern dich auf, der Führer des Volkes von Tethra (der Ozean) zu werden, denn sie beobachten dich Tag für Tag in den Versammlungen deines Landes, inmitten deiner treuen Gefährten.‹

Als Cond cet-chathac die Stimme vernahm, rief er den Druiden, um sie zum Schweigen zu bringen, doch sie konnte noch hinzufügen:

›O Fürst, das Große Ufer der Gerechten mit seinen verschiedenen Rassen schätzt das Druidentum wenig; wenn eines Tages seine Gesetze gelten, wird es den Zaubereien der Druiden und den Lügen des schwarzen Dämons ein Ende bereiten.‹*

Cond war überrascht, daß sein Sohn zu niemandem sprach, und fragte ihn, wieso die Worte der Unbekannten eine solche Macht über seinen Geist ausübten.

* Man spürt hier deutlich den christlichen Einfluß.

›Ich bin selbst überrascht‹, sagte Condla, ›ich liebe die Meinen über alles, doch Kummer quält mich wegen der Dame.‹

Um seine Entscheidung herbeizuführen, sagte sie noch: ›Schöner junger Mann, wenn du dich von der Traurigkeit frei machen willst, die die Seher dir auferlegt haben, dann müssen wir in mein kleines Boot aus Perlen steigen und zum Hügel des Boadag fahren.

Es gibt eine andere Welt, die es wert ist, gesucht zu werden; wenn sie auch weit entfernt ist und die Sonne schon sinkt, können wir sie doch noch vor Einbruch der Nacht erreichen. Es ist das Land, das jeden bezaubert, der sich mir zuwendet. Es gibt dort keine anderen Bewohner als Frauen und junge Mädchen.‹

Kaum war der Gesang beendet, sprang Condla in das Perlenboot und entfernte sich. Man blickte ihm nach, solange er zu sehen war, bis er im fernen Nebel entschwand. Niemals wurde Condla wiedergesehen, und die Götter allein wissen, was mit ihm geschehen ist.«

Dies also ist die Legende vom Land der Ewigen Jugend. Sie hat ihren Ursprung in den Erzählungen der nord- und mittelamerikanischen Indianer, die von der wunderbaren Quelle von Bimini und einem Fluß in Florida berichteten, die jeden verjüngten, der in ihren Wassern badete.

10000 Jahre vor Kolumbus: Die Kelten entdecken Amerika

Im allgemeinen herrscht die Ansicht vor, das alte Volk der Mayas gehöre der roten Rasse an und sei in keiner Weise mit unserer weißen Rasse verwandt. Bei näherer Betrachtung des Problems stellt sich jedoch heraus, daß Weiße und Rote einen gemeinsamen Nenner haben, nämlich die Atlanter; ebenso gibt es ein Band zwischen manchen Völkern Nordafrikas und den Kelten: Die Dolmen. Man gelangt daher zu dem Schluß, daß alle weißen Völker Europas und Afrikas derselben Rasse angehören und daß die Geschichte der alten Mexikaner in direkter Verbindung mit jener der Kelten steht und sie sogar in vielen Punkten erklärt.

Ehe ich mich den Traditionen der Mayas zuwende, sei – der chronologischen und geographischen Ordnung halber – ein kleiner Exkurs in die Mythologie der Indianer Nordamerikas gestattet, also jenes Landes, das der Insel Thule und damit der Wiege der Weißen und der Hyperboreer geographisch am nächsten liegt.

Ich habe nicht die Absicht, eine zusammenhängende und endgültige Lösung für das Problem der Zivilisation der weißen Völker in seiner Gesamtheit zu bringen, doch möchte ich für die Historiker kommender Generationen die schwer auszumachenden Verbindungen aufdecken, die zwischen dem arisch-keltischen Stamm im Iran und im Land der Hyperboreer einerseits und den Ägyptern, Griechen, Mexikanern und amerikanischen Indianern andererseits bestehen.

Im Zuge dieser Darstellungen wird man auch feststellen können, daß Christoph Kolumbus, der offiziell in die Geschichte als Entdecker Amerikas eingegangen ist, in Wahrheit nichts anderes getan hat, als einem Weg zu folgen, den Jahrtausende zuvor zahllose Kelten und Hyperboreer auf ihrem Exodus benutzt hatten.

Die kanadischen Algonkins, insbesondere der Stamm der Wapanachkis (der Name bedeutet »östlich« und »weißes Volk«), bewohnten Großirland und Hvitramannaland, das Land der Weißen der skandinavischen Sagas. Nach den Überlieferungen der Algonkins sind zwar nicht ihre Ahnen, aber ihre Zivilisatoren aus dem Osten gekommen. In den Erzählungen der Wapanachkis, auch Abenakis genannt, war der Herrscher über Menschen und Tiere Glusgahbe (Gilgamesch?), der Gott des Goldenen Zeitalters. Manche berichten, daß Glusgahbe im Osten des Landes der Abenakis geboren wurde, andere, daß er »auf einem großen Boot aus Granit kam, das mit Bäumen (Masten) bedeckt war« (zitiert nach Leland: THE ALGONKINS LEGENDS OF THE NEW ENGLAND, 1884).

Er reiste viel im Lande herum und hinterließ wie Herkules überall seine Spuren: gigantische Straßen, künstliche Seen, zertrümmerte Felsen. Er lehrte das Volk, Waffen herzustellen und ein einfaches, tugendhaftes Leben zu führen. Eines Tages entfernte er sich wieder auf seinem Boot, aber er versprach zurückzukommen, wenn ihn sein Volk brauchte.

Die Ähnlichkeit dieser Überlieferung mit den Erzählungen über Quetzalcoatl-Kukulcan, Gilgamesch und Herkules ist nicht zu übersehen.

Manabouch, Held und Stammvater mehrerer anderer Algonkinstämme, vollbrachte ähnliche Großtaten und entschwand ebenfalls in Richtung »der aufgehenden Sonne, über den großen Ozean, in ein felsiges Land, in dem er seine Wohnstätte hatte«.

Der Jesuitenpater Allouez schreibt: »Die Illiniouek, die Outagami und andere Eingeborene im Süden glauben, daß es einen großen guten Geist gibt, der über die anderen Geister herrscht, Himmel und Erde erschaffen hat und gegen Sonnenaufgang lebt.«

Die Chanouanons und die Shaunees oder Meridionalen wußten zu berichten, daß ihre Ahnen aus dem Osten über den Ozean gekommen waren, indem sie das Wasser zu Fuß überquerten.

Der Stamm der Leni-Lenapes hatte die gleiche Überlieferung. Im Jahre 1890 gab es nur mehr vierundneunzig Stammesangehörige, die von Delaware nach Kansas und weiter nach Texas vertrieben wurden. Sie hatten die Erinnerung an ihren Ursprung von jenseits des Atlantik bewahrt, denn einer dieser Indianer erzählte dem schwedischen Ingenieur Lindström:

»Einst kam eine Frau von eurer Rasse (d. h. eine Europäerin) in unser Land und ward schwanger, nachdem sie aus einer kleinen Bucht getrunken hatte. Sie schenkte einem Sohn das Leben, der so weise und geschickt war, daß ihm niemand gleichkam und er von allen bewundert wurde. Er vollbrachte auch viele

Wunder. Eines Tages verließ er uns und stieg in den Himmel hinauf; er versprach wiederzukommen, doch keiner hat ihn jemals wiedergesehen.«

Andere Leni-Lenapes erzählen auch, daß dieser außergewöhnliche Mann sie die Jagd und das Handwerk gelehrt habe. Er sei von ferne gekommen und habe sie wieder verlassen. Er sei jedoch nicht gestorben oder in ein anderes Land gezogen, sondern zu den Wolken aufgestiegen. Er habe einen langen Bart getragen, und die Ahnen hätten geglaubt, daß ihr Wohltäter aus dem Osten wiederkehren würde; als dann später die Weißen gekommen seien, hätten sie diese als Götter betrachtet und verehrt.

Die zitierten Überlieferungen müssen in uralter Zeit entstanden sein, da sie von der Sintflut berichten. Sie schreiben diese einer mächtigen Schlange zu, die die Wasser bis zu den Gipfeln der Berge aufpeitschte und die Menschheit fast gänzlich vernichtete*.

Die Überlebenden gingen nach Tula, auf die Insel ihrer Urahnen, und baten um Rückgabe ihres Landes. Die gälischen Auswanderer, Papas genannt, bevölkerten Island und später Mexiko und Mittelamerika, schreibt Eugène Beauvois in seinem Buch LA TULA PRIMITIVE (Das ursprüngliche Tula). Er ist jedoch nicht der einzige, der diese These vertritt: Sie wird von allen Kennern der Geschichte der amerikanischen Indianer und der überlieferten Schrifttexte unterstützt.

Daraus ergibt sich, daß die Mayas, die einst den Norden Amerikas bewohnten, Nachkommen der Großen Weißen Ahnen waren, die aus dem Land der Hyperboreer über Thule nach Amerika gelangt waren. Die früheste Geschichte der Mexikaner ist in Ideogrammschriften und Mayahieroglyphen aufgezeichnet, die zu übersetzen noch nicht gelungen ist, auch nicht mit der

* Der Golfstrom könnte ein Überrest der mächtigen Schlange sein. Es ist nicht ausgeschlossen, daß die große Sintflut eine Flut von warmem Wasser war.

(fragwürdigen) Hilfe von Elektronengehirnen. Insbesondere haben die Russen mit ihrem großangekündigten Versuch einen totalen Mißerfolg erlitten.

Das Popol Vuh wurde gefälscht

Das wichtigste dieser Dokumente, das POPOL VUH oder BUCH DES RATES, enthält eine Darstellung der Ereignisse vor der Sintflut. Es ist im 16. Jahrhundert von einem »weisen Quiche«, wahrscheinlich einem katholischen Spanier, ins Lateinische übertragen worden. Davon gibt es eine gute deutsche Übersetzung, die wir Wolfgang Cordan verdanken; ihr Titel: DAS BUCH DES RATES – MYTHOS UND GESCHICHTE DER MAYAS, 1962.

Es ist allgemein bekannt, daß die Religion der Mayas im Zeichen des Planeten Venus stand, wahrscheinlich seit dem Eintritt dieses Planeten in unser Sternensystem vor ungefähr 5000 Jahren. Die meisten Pyramiden sind der Venus geweiht; Quetzalcoatl und Kukulkan, die beiden wichtigsten Götter im Pantheon der Mayas, sind Personifizierungen des strahlenden Planeten; in allen Manuskripten der Mayas prangt das Zeichen der Venus auf jeder Seite... Und dennoch – mit Ausnahme des Abbé Brasseur de Bourbourg – verschweigen alle Autoren die Rolle der Venus in der Kultur der Mayas, und manche bringen es sogar fertig, nicht einmal den Namen des Planeten zu erwähnen.

Die Bibel bildet dazu einen erstaunlichen Parallelfall: Der von den rückfälligen Ketzern unter den Hebräern gleichzeitig mit dem Stier (der fälschlicherweise als »goldenes Kalb« bezeichnet wurde) verehrte »Stern« wird systematisch verschwiegen. Dieser Stern ist kein anderer als die Venus, und der Stier, das Symbol der Zeugungs-»Engel«, symbolisiert bei den Mayas, Phöniziern, Assyrern, Babyloniern und Inkas die von der Venus gekommenen Stammväter.

Es sieht fast so aus, als gäbe es seit 3000 Jahren eine Verschwörung, deren Ziel es ist, eine Wahrheit zu verheimlichen, die für unsere Institutionen und Religionen gefährlich wäre. Eine Wahrheit, deren Schlüssel Venus heißt.

Die Mexikaner kamen aus Europa

E. Beauvois leitet aus den Hieroglyphen des Popol Vuh ab, daß die Ahnen der Mexikaner einst jenseits des Meeres im Osten gelebt haben, wo sie mit weißen und schwarzen Menschen zusammengetroffen sind, die keinen festen Wohnsitz hatten (waren es Nomaden?). Diese Ahnen hätten ihre Heimat verlassen, um in Tulan-Zuiva Götter zu suchen. Sie mußten einen weiten Weg bis dahin zurücklegen. Einer dieser Götter war Yolcuat-Quitzalcuat (Quetzalcoatl). »Sahagùn sagt, der erste Wind kommt von Osten, wo sich das Irdische Paradies befindet.« Dieser Satz ist von großer Bedeutung.

Hatten die Mayas von ihren europäischen Ahnen oder Zivilisatoren den Brauch übernommen, ihre großen Toten unter Stein- oder Erdhügeln zu begraben? Wo befand sich das *Land der vielen Hügel* der irischen Tradition: in Atlantis, in Hyperborea, in Nordamerika oder in Mexiko? Im Inneren dieser Tumuli waren wie in Europa Grabkammern eingerichtet.

Die Mayas des Quichestamms verließen während der im Popol Vuh beschriebenen vierten Epoche in Scharen ihr Land und ließen sich in Tulan nieder – »das nahe bei Mexiko liegt, wie man jetzt sagt«, ist in der Übertragung des heiligen Buches der Mayas zu lesen. Als sie aufbrachen, sagten sie: »Wir gehen in das Land, wo die Sonne aufgeht, in das Land unserer Väter.« Die Quiche-Mayas meinten damit nicht Afrika, das auf derselben geographischen Breite liegt wie Yucatán, sondern Europa; denn ihre ursprüngliche Heimat war Nordamerika.

Auch im Grand Dictionnaire Universel du xixe Siècle steht, daß »nach uralter, vom Vater an den Sohn weitergegebener Überlieferung die mexikanischen Völker aus dem Norden gekommen waren. Die Tatsache, daß mitten in den kalifornischen Steppen und in den Prärien des Mississippi antike Bauwerke gefunden wurden, und in noch stärkerem Maße das vergleichende Studium zahlreicher amerikanischer Idiome haben die Richtigkeit dieser Überlieferungen bestätigt.«

Vor 10 000 Jahren verließen die Mexikaner auf den Rat ihrer Priester die Gebiete Nordamerikas, von denen manche heute »Täler des Todes« heißen. Welche Katastrophe hat sie vertrieben? Wir wissen heute nur, daß die Stämme ihre Wanderung bis an jenen Ort fortsetzen mußten, an dem sie einen Adler fanden, der auf einem Baum hockte und eine Schlange fraß. Dies war dort, wo heute Mexiko liegt.

Als die Großen Ahnen Europa verließen, fuhren sie nicht direkt nach Amerika, sondern machten auf der Insel Thule halt. »Sie trennten sich ... Die einen kehrten in den Osten zurück (nach Europa). Tohil sprach zu den Quiches und ihren Stammesbrüdern: Hier ist nicht eure Wohnstätte, brechen wir zu unserem Bestimmungsort auf.«

Der Erzähler gibt zu, daß er nicht genau weiß, auf welche Weise das Meer überquert wurde, ob auf verstreuten Steinen oder auf dem Sand, nachdem sich die Wasser geteilt hatten ...

»Sie waren in Hakavitz, als ihre vier Anführer auf geheimnisvolle Weise verschwanden. Obwohl sie schon recht alt waren und eine lange Wanderung hinter sich hatten, waren sie keineswegs krank, als sie sich von ihren Kindern mit den Worten verabschiedeten, ihre Mission sei beendet, und sie würden in ihre Heimat zurückkehren. Sie trugen ihren Nachfolgern auf, in das Land zurückzukehren, aus dem sie gekommen waren; als Erinnerung hinterließen sie ihnen ein verschlossenes Paket, das dem *quimilli* der Völker des Nahua-Idioms entspricht.

Lange Zeit danach zogen drei ihrer Söhne über den Ozean, um sich vom Großen Fürsten des Ostens, dem höchsten Richter

Nacxit, die Zeichen der Königswürde verleihen zu lassen. Sie brachten die Kunst der Geschichtsschreibung aus Tulan zurück. Dort hatten die Auswanderer Nacxit mit seinen Yaquis zurückgelassen.«

Auch ein anderes Quiche-Dokument, das in den Archiven von Totonicapan aufbewahrt wird, besagt, daß Tulan im Osten jenseits des Meeres lag. In diesem Schriftstück wird berichtet, daß die Quiche von ihrem Ahnen und Gott Nacxit bei ihrer Abreise aus Tulan ein geheimnisvolles, *Giron-Gagal* genanntes Paket erhielten, in dem sich ein Zauberstein befand. Dieser ist wahrscheinlich mit dem Obsidiantäfelchen identisch, das in der Kirche von Tecpan in Guatemala aufbewahrt wird. Der Stein wurde als Amulett getragen, als Orakel befragt und schließlich in den Hauptaltar der genannten Kirche eingebaut.

Als die Quiche-Mayas Tulan verließen, sagten ihre Väter: »Eure Heimstätte ist nicht hier; jenseits der Meere werdet ihr eure Berge und Täler finden. Belch (Bêl, Belinus?) und Toh (Thot, Thor?) werden euch beistehen.«

Im Jahre 1581 wurde auf Befehl Philipp II. in allen Distrikten des Yucatán eine Enquete durchgeführt, bei der die Eingeborenen erklärten, der erste Herrscher von Mutul, Zak Mutul (= der Weiße), sei aus dem Osten gekommen; sie konnten nicht genau sagen, aus welchem Land, wußten aber, daß er ein Indianer gewesen ist. Pater Diego de Landa leitet daraus ab, daß die Mayas von den Juden abstammten.

Der berühmteste toltekische Stammvater war Quetzalcoatl, ein Weißer, der über den Ozean aus dem Osten gekommen war.

Die grönländischen Eskimos glauben, daß der Aufenthaltsort der Unsterblichen weder auf der Erde noch im Wasser liegt, sondern »in einem unterirdischen Paradies, wo es sehr warm und Nahrung in Hülle und Fülle vorhanden ist« (zitiert nach Sahagùn).

Die Irokesen wiederum glaubten, daß ihr Gott Tarenyawago auf einem Zauberkanu vom Himmel gekommen sei. Glusgahbe hingegen, der Zivilisator der Abenakis und Micmacs, lebte im Osten auf einer fernen Insel des Ozeans.

Die keltischen Megalithbauten von La Venta

Das also waren die Anfänge der Geschichte der Mayas und Kelten: Es ist die Geschichte zweier Völker gleichen Stammes und gleichen Ursprungs.

Andere wichtige Beweise werden das Gemeinsame dieser beiden Kulturen noch hervorheben. In den archäologischen Lehrbüchern und in den Touristenführern wird Mexiko als das Land der Tempelpyramiden dargestellt, doch nirgends wird erwähnt, daß es dort auch Tumuli und Megalithe gibt, obwohl sie in den zentralen Provinzen und in ganz Yucatán in großer Zahl vorhanden sind. Tumuli gibt es nachgerade überall: im Dschungel, entlang den Straßen und an den archäologischen Fundstätten. Sie sind so zahlreich wie die Maulwurfshügel auf einem Feld.

Entlang der *Totenallee* in Teotihuacan sieht man einige Dutzend solcher Hügel, ebenso viele gibt es in Chichen Itza und weit mehr noch in Palenque. Zu Zehntausenden errät man sie im Dschungel von Yucatán und Guatemala, wo man keine hundert Meter gehen kann, ohne auf verwachsene Erhebungen, Tempel oder Überreste von Siedlungen zu stoßen.

Ungezählte Tumuli, Erd- und Steinhügel, wohin das Auge blickt: Mexiko ist das *Land der vielen Hügel* der keltischen Tradition.

In Uxmal steht direkt am Fuße des Castillo (auch Pyramide des Zauberers genannt) ein Kreis von grobgehauenen Phallussteinen, der gleich beim ersten Anblick an Wales oder Filitosa in Korsika erinnert (siehe Abbildung 16).

Im Park von La Venta in Villahermosa steht man überwältigt vor der geschichtlichen Wahrheit des unbekannten, des keltischen Mexiko: Menhire, Steinsäulen, eine *allée couverte* aus wahrscheinlich basaltischen Steinblöcken und Menhir-Einfriedungen reihen sich aneinander, so daß man sich unwillkürlich nach Carnac oder in eine kleine Ortschaft des Finistère versetzt fühlt.

Fassungslos vor Staunen betrachtet der Besucher die Spuren einer Zivilisation, deren Existenz er wenige Stunden zuvor nicht einmal geahnt hatte. Phalluskreise, Kromlechs, Menhire, Tumuli, allées couvertes, megalithische Einfriedungen, hier, 10 000 Kilometer von Gallien entfernt? Man traut fast seinen Augen nicht! Und gleichzeitig drängt sich die Frage auf: Warum wird diese keltische Kultur von den Geschichtsbüchern verschwiegen?

Thule

Das Popol Vuh, die Überlieferungen und die Monumente beweisen, daß das Ursprungsland der Stammväter eine Insel war, deren Standort im allgemeinen im nördlichen Atlantik auf der Höhe des arktischen Polarkreises angegeben wird.

Manche Historiker vertraten die These, Thule könnte mit Island oder den Orkney-Inseln identisch sein. Die Amerikaner haben einen ihrer Stützpunkte im Polargebiet an der Ostküste von Grönland Thule genannt. Doch kann man darin wohl nur eine Verbeugung vor ihren Ahnen sehen und keine echte Verbindung zur einstigen Hauptstadt der Hyperboreer.

Wo immer Thule gelegen haben mag, gewiß ist, daß es die Insel einst gegeben hat. Ich vermute, daß sie durch die heftigen Erdbeben im dritten Jahrtausend vor unserer Zeitrechnung versunken ist.

Die alten Quiche-Mayas pilgerten nach Thule und betrachteten die Insel als Heimat ihrer Ahnen, obwohl die Wahrscheinlichkeit groß ist, daß sie aus den keltischen Gebieten von Skandinavien, Großbritannien, Germanien und Gallien stammten. Der Mythos von den weißen Göttern Quetzalcoatl und Kukulcan ist viel jünger als die Fahrt nach Thule, denn er ist nur 5000 Jahre alt: Er fällt mit dem Eintritt des Planeten Venus in unser Sonnensystem zusammen und mit der Ankunft von Zivilisatoren, von denen man mit gutem Grund annehmen kann, daß sie außerirdischer Herkunft waren. Die Venus wird im Popol Vuh nicht erwähnt, was als Bestätigung für das Gesagte gewertet werden kann. Damit fügt sich dieses Buch harmonisch in die Geschichte ein, wie sie von mir dargestellt wurde.

Waren die Inkas Kelten?

Über die Mayastämme in Yucatán und Guatemala hat man zahlreiche Vermutungen angestellt und behauptet, sie seien vor weniger als tausend Jahren verschwunden, »ohne irgendwelche Spuren zu hinterlassen«. Dabei ist das Geheimnis so leicht zu lüften! Die Mayas haben sich nämlich nicht plötzlich und ohne sichtbaren Grund in Luft aufgelöst. Tausende von ihnen sind im Land geblieben, aber man weiß ja, daß die Spanier zwischen Mexiko und Merida wahre Massaker unter den Eingeborenen angerichtet haben.

Außerdem muß auch noch ein religiöser Faktor in Rechnung gestellt werden, der teilweise den Wandertrieb der alten Kelten erklärt, die in acht Jahrtausenden von Thule nach Nordamerika, dann nach Mexiko und Yucatán und schließlich nach Südamerika gezogen sind. Die alten Mayas vertrauten den Prophezeiungen ihrer Priester und glaubten, daß es alle 52 Jahre zu einem Weltuntergang kommen könne.

Manche Völkerschaften blieben ihrer Heimat treu und begnügten sich damit, zu den angeblich schicksalhaften Zeiten den Göttern als Zeichen der Verehrung und des Danks Monumente zu errichten. Andere Stämme hingegen wanderten periodisch aus, um dem Unglück zu entgehen. Auf diese Weise gelangten sie immer weiter in den Süden, bis nach Kolumbien und Peru.

[8] Der schönste Dolmen in Frankreich ist der lanzenförmige »Pierre Pèse« bei Saint-Saviol (Vienne), der von Norden nach Süden ausgerichtet ist *(oben)*. [9] Der größte Dolmen von Frankreich steht in Bournand/Loudun (Vienne). Er ist 17 Meter lang. Der größte Stein wiegt ca. 160 t *(unten)*

[10] Die Schlangenlinien im Tumulus von Gavr'inis (Bretagne). Die konzentrischen Kreise symbolisierten bei den Druiden die Erschaffung des Universums *(links)*. [11] Der Schwellenstein des Tumulus von New Grange (Irland) mit Spiralen, die in der Kosmogenese der Kelten die Erschaffung des Universums darstellen *(unten)*

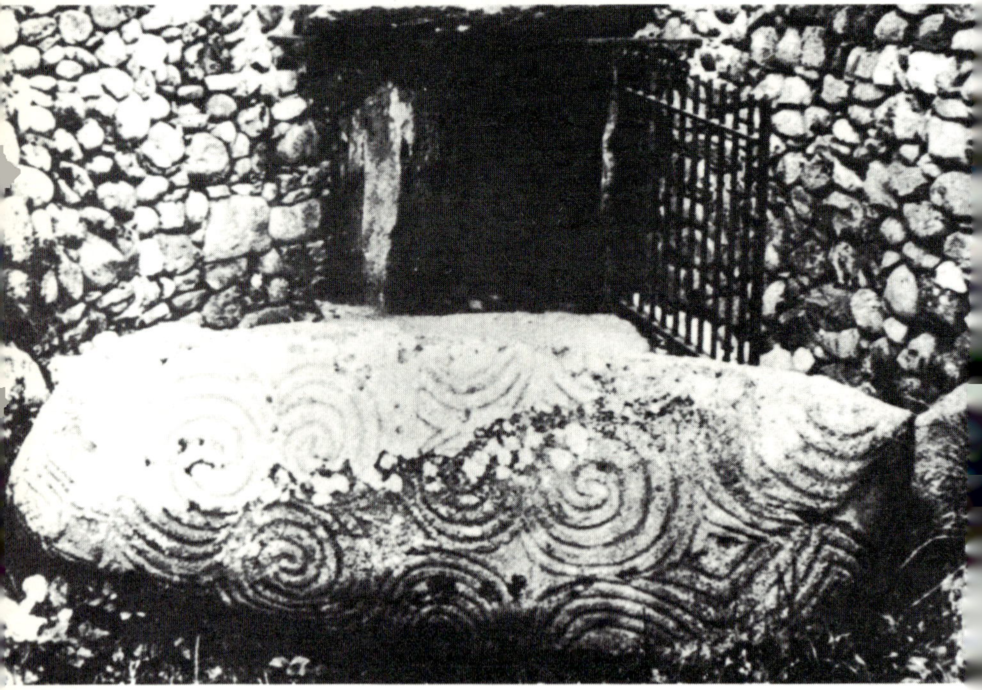

Man findet ihre Spuren in Nicaragua, wo es in der Provinz Chontales vierzehn Stumpfpyramiden gibt, und in Kolumbien an der archäologischen Fundstätte von San Agustin, wo Tumuli, Grabhügel, Steinsäulen sowie Götterdarstellungen unter Dolmen, die selbst unter einem Tumulus begraben sind, in großer Zahl zu sehen sind. Nach meiner Meinung sind die peruanischen Pyramiden und Dolmen das Werk dieser Auswanderer. Selbst wenn sich die Inkas mit den Eingeborenen in Südamerika vermischt haben, ist es nicht ausgeschlossen, daß sie keltischen Ursprungs waren.

Bemerkenswert ist noch, daß es zur Zeit der Eroberung durch die Spanier zahlreiche blonde, weißhäutige Menschen in Peru gab, die man *idolos* nannte, was soviel heißt wie »Nachkommen der großen weißen Ahnen«. Die Geschichte dieser idolos wurde vor einiger Zeit etwas erhellt, als der Polizei-Inspektor Carlos Aliaga Silva in der Provinz San Martin im Norden von Peru Mauern und Befestigungsanlagen, Rundtürme und dreistöckige Bauwerke fand, die an die geheimnisvolle Stadt Simbabwe in Rhodesien erinnern. Drei Städte konnten identifiziert werden: La Joya, Atuen und Cochabamba. Die Prähistoriker nehmen an, daß sie vom legendären Volk der Chachapoyas erbaut wurden, das sich noch vor den Inkas, vielleicht zur Zeit der Aymaras, in Peru niedergelassen hatte. Die Chachapoyas gehörten einer Rasse an, die durch helle Haut, blaue Augen und blondes Haar gekennzeichnet war.

Die Ethnologen finden also Kelten in Peru vor, geben es aber nicht zu, weil sie keine Erklärung dafür parat haben, wie das Volk dorthin gekommen sein könnte!

Die Amerindianer haben europäische Ahnen

Prähistoriker und Ethnologen irrten, als sie die These aufstellten, die Urbevölkerung Amerikas stamme von mongolischen

Völkern ab, die in grauer Vorzeit über die vereiste Behringstraße eingewandert seien. Es gibt nicht den geringsten Beweis für diese Behauptung. Es sei denn die Tatsache, daß manche Mexikaner leicht geschlitzte Augen haben, was aber wiederum kein Beweis ist, denn diese Besonderheit trifft man in vielen Gegenden an, zum Beispiel auch bei manchen Bretonen, im Limousin und im Poitou, um nur von Frankreich zu sprechen. Im übrigen könnte man mit weit größerer Berechtigung behaupten, die Chinesen stammten von den amerikanischen Indianern ab, nachdem diese den umgekehrten Weg beschritten hätten (im nordöstlichen Sibirien wurden 1964 indianische Skelette und Schmuckgegenstände gefunden, deren Alter auf mehr als 15 000 Jahre geschätzt wird).

Obwohl ich über stichhaltige Beweise verfüge, daß die amerikanischen Indianer teilweise von nordeuropäischen Völkern abstammen, scheint es mir wichtig, das Rätsel der Schlitzaugen näher zu betrachten.

Die einzelnen Entwicklungsstufen des Lebens auf der Erde vor dem Auftreten des ersten Menschen sind uns nicht bekannt. Der Naturforscher Darwin vertrat die Meinung, daß alle Arten aus der Entwicklung der verschiedenen Reiche der Natur hervorgehen. Andere Wissenschaftler sind der Ansicht, der Mensch sei ein Sonderfall, das Produkt einer glücklichen Mutation; wieder andere sagen, der adamitische Mensch sei von Gott und allein auf unserem Planeten geschaffen worden.

Aber es gibt noch eine Hypothese: Der Mensch könnte eine außergewöhnliche, sozusagen göttliche Art im Universum darstellen, die die Planeten bevölkert und seit Anbeginn – nach Maßgabe seiner geistigen Entwicklung – intergalaktische Reisen durchführt. Aufgrund der ältesten Überlieferungen nimmt man an, daß die Erdenbewohner mehrmals von außerirdischen Wesen Besuch erhielten, die höher entwickelt waren als sie.

Die Völker der Erde haben heute wohl verschiedene, aber nie grundlegend unterschiedliche Merkmale, und sie können in

Weiße, Rote, Gelbe und Schwarze unterteilt werden, die allesamt reflektierende Säugetiere sind.

Es ist eine bekannte Tatsache, daß Kinder von Weißen, die in China leben, manchmal leichte Schlitzaugen haben. Nach zwanzig, dreißig oder dreihundert Generationen wären die Nachkommen dieses Paares von den anderen Chinesen überhaupt nicht mehr zu unterscheiden.

Ist es nicht in anderen Ländern genauso, daß der Boden Aussehen und Denkweise der Bevölkerung in irgendeiner Form prägt? In Frankreich zum Beispiel ist der Bauer in der Umgebung von Paris egoistisch, der Burgunder ist rundlich und jovial, der Provençale schlau, der Bewohner von Périgord gastfreundlich, der Bergbewohner vierschrötig, der Mann in der Ebene größer als der in den Bergen ...

Daraus kann man folgern, daß die Verschiedenheit der Menschengruppen durch die geologischen Bedingungen, den Breitengrad, das Klima, die Ernährung usw. bedingt ist, die ihrerseits vom magnetischen Gradienten des Standortes abhängen.

Der Einfluß der magnetischen Remanenz des Bodens ist eindeutig: Er betrifft Pflanze, Mensch und Tier in gleicher Weise. Auf den mexikanischen Hochebenen wachsen Dornensträucher, Kakteen, Riesendisteln, abweisende und nicht ungefährliche Pflanzen; die Hunde sind halb verwildert und schließen sich nicht an die Menschen an; und die Eingeborenen, die früheren Azteken, waren wegen ihrer grausamen und blutrünstigen Sitten berüchtigt. In den fruchtbaren Ebenen des Yucatán hingegen ist die Natur freundlich, der Hund der Gefährte des Menschen, und die Mayas selbst waren von allen mexikanischen Völkern das friedlichste und gastfreundlichste.

Auch heute, in unserer rasch fortschreitenden, technisierten Zeit, beeinflussen die geologischen Gegebenheiten alle Lebewesen.

Haben Pythagoras, Herodot und Aristoteles gelogen?

Ich glaube nun genügend Beweise dafür erbracht zu haben, daß das Volk der Mexikaner und die europäischen Kelten einen gemeinsamen Ursprung haben. Zusammenfassend sei noch einmal gesagt, daß die mexikanische Geschichte zweifellos verfälscht, zum Teil glatt erfunden wurde mit der Absicht, die Geschichte unserer Ahnen ins Dunkel der Vergangenheit tauchen zu lassen. Die Kultur des Planeten Erde ist nicht in Sumer entstanden, wie man uns gern glauben machen möchte; sie ist außerirdischen Ursprungs. Diese Tatsache war für die Griechen, die wir als die Väter aller abendländischen Kulturen betrachten, eine Selbstverständlichkeit.

Aristoteles sagte: Die Philosophie hat bei den Druiden begonnen. Für Herodot, der Griechenland, Ägypten, Libyen, Phönizien, Babylonien, Persien, Thrakien und Skythien bis zur Donau bereiste, »hatten die Druiden eine Kenntnis des Himmels, die Zeugnis vom hohen Stand ihres Wissens ablegte« (HISTORIEN, 14-III).

In Olympia gekrönt und zum »Vater der Geschichte« erhoben, zählt Herodot zu den wenigen Genies, die weltweit anerkannt werden. Und Aristoteles, der »Fürst der Philosophen«, wird auch heute noch als die Verkörperung des wissenschaftlichen und philosophischen Geistes betrachtet.

Die Aussagen dieser beiden großen Griechen sind nur eine Bestätigung dessen, was der größte Meister aller Zeiten, Pythagoras, sagt. Dieser hatte versucht, während mehr als zwanzig Jahren in die ägyptischen Mysterien einzudringen, und ging dann schließlich nach Gallien. Den Chronisten zufolge versicherte Pythagoras, »die Druiden waren die wissenschaftlich gebildetsten Menschen der Welt«.

Diese Zitate lassen keine Fehldeutungen zu und beweisen ganz klar, daß die Zivilisation der Kelten die erste in Ost und West war, also älter als die Kulturen in Ägypten, Griechenland,

Assyrien und Babylonien. Die Druiden verfügten über bedeutende Kenntnisse auf dem Gebiet der Astronomie und der Philosophie; sie betrachteten die Materie als ebenso ewig wie den Geist, und sie glaubten an einen einzigen Gott als Schöpfer der sichtbaren Welt und des Jenseits.

Das Urteil eines Pythagoras, eines Herodot und eines Aristoteles wird man wohl kaum anzweifeln dürfen; denn in all den vergangenen Jahrtausenden gab es keine größeren und universaleren Genies als diese. Wie kommt es aber dann, daß unsere so klugen Historiker von der keltischen Kultur nur sprechen, um sie als primitiv und uninteressant hinzustellen? Welche Erklärung gibt es dafür, daß die christliche Religion den keltischen Glauben an den einzigen Gott, der doch der Gott des Moses und Jesu Christi war, verteufelt hat? Warum wurden die Monumente der Druiden zerstört oder christianisiert? Warum wird von der Elementarschule bis zur Universität die politische und geistige Geschichte aller alten Völker mit Ausnahme der Kelten gelehrt? Wer fürchtet sich denn so sehr vor der Wahrheit?

Von Tag zu Tag werden immer mehr Stimmen laut, die frei von politischen und religiösen Vorurteilen sind und endlich die Geschichte kennen wollen, wie sie wirklich war.

Die Studenten reiben dem Establishment revolutionäre Bücher unter die Nase und stellen an den Universitäten höchst unbequeme, weil präzise Antworten heischende Fragen. Einer von ihnen schrieb mir, er habe seinen Geschichtsprofessor um folgende Auskunft gebeten: »Herr Professor, stimmt es, daß im Musée de l'Homme gravierte Steine dem Publikum vorenthalten werden, auf denen Menschen des Magdalénien (15 000 v. Chr.) mit Hüten, Überröcken, Hosen und Schuhen dargestellt sind?« Die Antwort wurde mit einer Gegenfrage eingeleitet: »Wo haben Sie bloß den Unsinn her?« Der Student zitierte die Quelle, PHANTASTISCHE VERGANGENHEIT, worauf der Professor mit den Achseln zuckte und sagte: »Sie glauben doch nicht im Ernst an diese gravierten Steine? Das ist reine Erfindung!«

Eine reine Erfindung, die sich in den Geheimfächern der Museen versteckt und die, mit Reproduktionen belegt, im BULLETIN DE LA SOCIÉTÉ PRÉHISTORIQUE DE FRANCE, 1957, Nr. 10, an die Öffentlichkeit getragen wurde.

Der Tag ist nicht fern, an dem ein Schüler im Zusammenhang mit der Kultur der Kelten fragen wird: »Herr Professor, haben Pythagoras, Herodot und Aristoteles gelogen oder haben sie die Wahrheit gesagt?« Ich bin sehr gespannt, was der Professor darauf antworten wird!

Geheimnisvoll

VII. Versunkene Kulturen

»Vor Milliarden und aber Milliarden Jahren entfalteten sich im Universum Kulturen, die der unseren glichen...« So oder so ähnlich wird in einem halben Jahrhundert die Geschichte vom Abenteuer der Menschheit beginnen; doch im Augenblick muß man noch schön brav daran glauben, daß vor ungefähr 5000 Jahren »die Welt in Sumer ihren Anfang genommen hat«.

Natürlich gibt es schon heute Ketzer, Verfechter einer universaleren Wahrheit, die der festen Überzeugung sind, daß im Universum zu allen Zeiten und auf der Erde seit Dutzenden von Jahrtausenden Kulturen bestanden haben.

Ich gebe zu, daß ich über keine konkreten Beweise für die Existenz von anderen intelligenten Lebewesen im Kosmos verfüge (mit Ausnahme der an Sicherheit grenzenden Wahrscheinlichkeit, daß einst außerirdische Wesen der Erde einen Besuch abstatteten); aber ich bin der festen inneren Überzeugung – und gründe mich dabei auf die Vernunft und auf wissenschaftliche Kriterien –, daß auf den meisten Planeten des Universums Leben möglich ist und daß sich der Mensch auf manchen von ihnen in irgendeiner Form manifestiert hat.

Kultur in Frankreich seit 30 000 Jahren

Das älteste zivilisierte Land der Welt könnte Frankreich sein. Man hat hier Werkzeuge aus Feuerstein und Wohnhöhlen gefunden, die mindestens aus dem dreißigsten Jahrtausend vor unserer Zeitrechnung stammen. Aber anscheinend wird dieses Indiz für den Beweis einer Kultur – also einer Gemeinschaft, die Metall, behauene Steine und Bauholz zu verwenden verstand – als unzureichend abgewiesen. Als ob ein Haus oder ein Tempel, ein Werkzeug aus Stahl oder eine Schale aus Holz 30 000 bis 40 000 Jahre überdauern könnte!

Aber ist es vernünftig anzunehmen, daß die Schöpfer der Felszeichnungen von Montignac-Lascaux das Schmiedeeisen und die Maurerarbeit nicht gekannt haben? Vor 25 000 Jahren (das Datum wurde von zwei verschiedenen Laboratorien ermittelt) haben afrikanische Bergleute in Swasiland und Sambia rotes, an spiegelnden Einschlüssen reiches Hematiteisen abgebaut. Was taten sie damit? Wir wissen es nicht, aber die Bergleute und die Ingenieure, die sie anleiteten, mußten sich wohl etwas dabei gedacht haben.

Im Jahre 1964 entdeckte der Prähistoriker Otto Bader ungefähr 200 Kilometer nordöstlich von Moskau in Sungir mehrere Grabstätten, die der Bodenanalyse nach zu schließen 33 000 bis 40 000 Jahre alt sind. Die Körper waren unter dem gefrorenen Boden gut erhalten geblieben; neben ihnen fand man 7500 Schmuckstücke aus Knochen sowie perlenähnliche Gebilde, die auf die Kleider aufgenäht waren. Und diese Kleider waren nach Aussage der Forscher Hosen, vorne geschlossene Hemden und Lederschuhe. Die Urmenschen liefen demnach nicht in Lendenschurz oder Fellkleidern herum, sondern waren mit gut geschnittenen Anzügen bekleidet. Sie waren daher, so wird in dem Bericht betont, »vollwertige Menschen«. Diese Feststellung sollte endlich die Prähistoriker dazu bewegen, ihre starren und veralteten Theorien aufzugeben.

Glozel ist 15 000 Jahre alt

Obwohl die Echtheit der Funde von Glozel von vielen bestritten wird, habe ich nie an ihr gezweifelt. Ich weiß nicht viel über die Glozel-Kultur, außer, daß sie vor der großen Katastrophe (der Sintflut), die die Höhle von Lascaux verschloß und die Nekropole oder das religiöse Zentrum von Glozel mitsamt allen Bewohnern begrub, bestanden hat. Glücklicherweise besitzt mein Freund Émile Fradin in seinem Museum Tausende Fundgegenstände: Kiesel, Feuersteine, Vasen, Täfelchen, gravierte Knochen usw., die alle von einer relativ hochentwickelten Kultur Zeugnis ablegen. Die Glozel-Schrift ist die älteste der uns bekannten Schriften, wahrscheinlich das Vorbild der phönizischen Schrift.

Seit 1962 habe ich sehr viele begeisterte Briefe von Lesern erhalten, die sich die Mühe machten, das Museum zu besichtigen. Manche dieser Briefe waren anonym und enthielten nur ein einziges Wort: Danke! Keiner der Besucher hat mir geschrieben: »Sie haben mich getäuscht, Glozel ist nicht echt!«

Im November 1968 erzählte Émile Fradin: »Ich habe Herrn Delporte, den Konservator des Museums von Saint-Germain-en-Laye, empfangen, der sich sehr begeistert gezeigt hat. Als er wieder fortging, war er, so glaube ich, von der Echtheit der Fundstücke überzeugt ...« Wer wäre nicht durch einen Besuch des Museums überzeugt worden? Selbst jene, die zu den heftigsten Gegnern von Émile Fradin werden sollten, also der Doktor Capitan, der Abbé Breuil oder der Konservator des Museums von Les Eyzies, Peyrony, haben die Kultur von Glozel anerkannt.

Warum gibt es keine Felszeichnungen von Kaffeemühlen?

Der grundlegende Unterschied zwischen den Thesen der konservativen Historiker und meinen Behauptungen ist in erster Linie religiöser Natur: Weder in der Thora noch im Alten oder Neuen Testament findet sich eine Erwähnung von versunkenen Kulturen. Außerdem sind – nach den Auffassungen dieser konservativen Historiker – das Zeitalter des Feuersteins und der Höhle einerseits und das Zeitalter des Tempels, der Stadt, der Metallverarbeitung und der Luft- beziehungsweise Raumfahrt anderseits unvereinbar. Sie glauben fest daran, daß sich vor 20 000 Jahren der Mensch vom Affen noch nicht weit entfernt hatte, sich mit Fellen notdürftig bekleidete und von den Erträgnissen der Jagd und des Fischfangs lebte.

Denn wenn der Mensch damals schon Städte, Autos, Flugzeuge und Lokomotiven gebaut hätte, so müßten sich doch heute noch irgendwelche Spuren davon finden lassen, sei es auch nur in Form von Fels- oder Steinzeichnungen. Keine Spuren – keine Kulturen! Die Menschen, alle Menschen waren vor 20 000 Jahren Tiere, die eben zu denken begonnen hatten!

Manche Prähistoriker und Archäologen glauben wahrhaftig, daß es so und nicht anders war. Man muß ihnen Gerechtigkeit widerfahren lassen. Sie sagen: Man zeige uns in einer Höhle die gemalte oder gezeichnete Darstellung einer Kaffeemühle, eines Flugzeugs, eines Dampfschiffs oder wenigstens eines Sessels, und wir sind bereit, unsere Auffassung von der Urgeschichte neu zu überdenken und zu korrigieren. Doch welch ein Jammer, man findet nicht die allerkleinste Kaffeemühle!

Dafür findet man Raumanzüge, Motoren und Raketen in großer Zahl, die den heutigen Stand unserer Wissenschaft weit übertreffen: Im Fries des Sonnentores von Tiahuanaco, im Tempel von Palenque, auf den Mauern von Monte Alban . . .

Das gibt zu denken: Wäre es nicht logischer, in den Höhlen und auf den alten Bauwerken einfachere Darstellungen zu finden, zum Beispiel ein Fahrrad anstatt eines mit Sonnenenergie gespeisten Motors? Nein, bei genauerer Überlegung gelangt man zu dem Schluß, daß dem nicht so ist. Wir leben wohl heute im Atomzeitalter; aber vergessen wir nicht, daß dies nur für Europa und Nordamerika gilt. Gleichzeitig leben zahlreiche Stämme in Neuguinea, in Zentralafrika und im Amazonasgebiet noch in der Altsteinzeit; und selbst durch Spanien rollt noch so manches Fuhrwerk, dessen Räder nur aus Holz gebaut sind. Und auf die Felsen und Höhlen in Neuguinea, Afrika und im Amazonasgebiet zeichnen auch heute noch die Eingeborenen Tiere, Jagdszenen oder die Umrisse eines am Himmel vorüberziehenden Flugzeugs. Gabeln oder Louis-XV-Sessel sind freilich nicht dabei. Je nach ihrer Phantasie werden sie dem Flugzeug die Gestalt eines Vogels oder einer fliegenden Schlange geben.

Wenn diese Völker mit der modernen Zivilisation in Berührung kommen, gehen sie ohne Zwischenstadium von der Piroge zum Jeep und von der Urwaldtrommel zum Transistorgerät über. Warum soll es bei den primitiven Völkern vor der Sintflut anders gewesen sein?

Unsere Zivilisation mag noch so hoch entwickelt sein, sie ist darum nicht minder vergänglich. Käme eine Sintflut über uns, so würden unsere elektrischen Kaffeemühlen, unsere Autos, Lokomotiven, Kernkraftwerke und Raketen in Staub und Schlamm verwandelt, und dies in weit weniger als 5000 Jahren. Was würde von unserem großartigen 20. Jahrhundert übrigbleiben? Nichts ... oder doch: Die Feuersteine unserer Ahnen, die unsere Nachkommen des Jahres 10 000 in Les Eyzies (Dordogne), Saint-Germain-en-Laye und Paris finden würden. Angesichts dieser Funde würden sie – ebenso wie unsere gescheiten Prähistoriker – behaupten, daß vor der großen Katastrophe die Menschen – also wir – noch in Höhlen gewohnt und als einziges Material den Feuerstein gekannt haben. Diese Feststellung würde zwar in gewisser Hinsicht, doch nur im Verhältnis 1 zu 100 000 stimmen; denn Feuerstein ist unzerstörbar.

Auf dem Grund der Meere ruhen noch heute phönizische, griechische und römische Galeeren aus Holz, während der Stahl der ersten Steamer und Panzerschiffe vom Salzwasser bereits völlig zerfressen wurde. Als ich 1960 in der Bucht von Vigo Tauchversuche nach den Wracks der 1702 (also vor zweieinhalb Jahrhunderten) gesunkenen *Plata Flota* (Silberflotte) unternahm, konnte ich Bruchstücke von Galeonen aus dem Schlamm bergen, in denen Kanonenkugeln steckengeblieben waren. Das Holz der Galeonen war noch immer widerstandsfähig, während die Kanonenkugeln bei der geringsten Erschütterung in Staub zerfielen.

Das einzige Material, das den Untergang einer Kultur überdauern kann, ist also der Feuerstein. Außerdem ist erwiesen, daß der Feuerstein auch im Atomzeitalter noch verwendet wird, das heißt, daß zur gleichen Zeit an geographisch verschiedenen Orten einerseits hochzivilisierte und anderseits völlig primitive Menschen leben können.

Warum will es da niemand für möglich halten, daß es versunkene Kulturen gab, legen doch außer dem Fries von Tiahuanaco und den Steinzeichnungen von Mexiko noch genügend andere archäologische Funde und übereinstimmende Überlieferungen ein deutliches Zeugnis dafür ab. In fast allen Mythen der Welt werden indirekt hochentwickelte Kulturen erwähnt, wenn von den Kriegen berichtet wird, die höhere Menschen, seien es nun sogenannte Götter, Riesen oder Heroen, gegeneinander führten. Warum sollten die Völker aller Kontinente der Erde diese Überlieferung erfunden haben?

Die Riesen von Denis Saurat

Es ist kaum anzunehmen, daß die Menschheit in früheren Zeiten aus Riesen bestand. Aber die in allen Ländern wiederkehrenden Überlieferungen zu diesem Thema können auch nicht einfach als Ammenmärchen abgetan werden. So ziemlich überall auf der Welt, auf Java, in China und Transvaal zum Beispiel, wurden menschliche Gebeine von außergewöhnlicher Größe gefunden. In einer Nekropole der Sahara kann man sechs Meter lange Gräber sehen, in denen, so wird behauptet, Menschen ruhen, die eine Größe von drei Metern hatten.

In seinem Buch L'ATLANTIDE ET LE RÈGNE DES GÉANTS (Atlantis und die Herrschaft der Riesen) erklärt der Schriftsteller Denis Saurat, wie die Menschen zu diesen riesenhaften Körpermaßen gekommen sein könnten. Vor ungefähr 300 000 Jahren, so schreibt Saurat, war der Mond nur sechs Erdhalbmesser von unserem Planeten entfernt. Dessen Anziehungskraft war mithin so stark, daß die Meere um die Erde einen starken Ring bildeten, der in den Anden bis zu 3000 Metern anstieg. Die Schwerkraft auf der Erde war daher weitaus geringer als heute, und da die Größe eines Lebewesens im Verhältnis zu dem Gewicht steht, das es tragen kann, konnte in der Epoche des Sekundärs das Geschlecht der Riesen entstehen. Diese Riesen zivilisierten die Menschen des Tertiärs; sie waren gut und weise und halfen den Menschen, Bauwerke wie jene von Tiahuanaco, Baalbek, Ägypten, der Osterinsel und Atlantis zu errichten.

Die Theorie von Denis Saurat ist zwar sehr fesselnd, doch ist sie mit einigem Vorbehalt zu betrachten, da man nicht weiß, wie die Daten errechnet wurden. Daß Tiahuanaco 50 000 oder gar 100 000 Jahre vor Ende des Tertiärs entstanden sein soll, ist absolut unwahrscheinlich.

Das Reich der Giganten des Daniel Ruzo

Lange vor der Sintflut, behauptet der peruanische Prähistoriker Daniel Ruzo, gab es eine geheimnisvolle Kultur auf der Erde. Die Träger dieser Kultur meißelten Menschen- und Tiergestalten in Stein und errichteten Altäre auf Bergen und in Wäldern.

Lassen wir Daniel Ruzo seine Theorie selbst erklären: »Im Jahre 1952 fand ich in Peru auf dem Plateau von Marcahuassi, nördlich von Lima, räumlich eng beisammenliegend eine ganze Reihe von Felsen, die in Menschen- und Tierform behauen waren. Es gab dort lebensecht dargestellt einen Kopf, der nachträglich ›Kopf des Inka‹ benannt wurde, Schlangen, Seelöwen, einen Elefanten, einen Löwen, eine Eule, einen Hund und auch Tiere, die wir heute nicht mehr kennen.

Manche Felsen waren so behauen, daß sie je nach dem Blickwinkel, aus dem man sie betrachtete, mehrere Figuren zeigten, doch mußte man seinen Standort stets wechseln, um sie alle zu sehen. Außerdem waren die Bilder auf Grund des Spiels von Licht und Schatten nur an bestimmten Tagen des Jahres und zu einer bestimmten Stunde deutlich zu erkennen. Hunderte von Funden und Beobachtungen dieser Art in Südamerika überzeugten mich, daß man diese Skulpturen nicht einer Laune der Natur, sondern der bewußten Arbeit eines Volkes zuschreiben muß, dessen Kultur uns bisher unbekannt geblieben ist. Ich gab ihr den Namen *Masma-Kultur*.

Die Werke dieses Volkes haben gemeinsame Merkmale: Die Darstellung von Menschen- und Tiergestalten; die Verwendung bestimmter Motive; die Abbildung von mehreren Figuren auf einem einzigen Felsen, die allerdings in ihrer Gesamtheit nur zu bestimmten Zeiten unterscheidbar sind. In den Jahren zwischen 1953 und 1958 sandte ich mehrere Mitteilungen über meine Funde an die Akademien von Lima, Mexiko und Paris.

In England, und zwar in Stonehenge und Avebury (Grafschaft Wilts), machte ich dieselben Entdeckungen, mußte aber feststellen, daß die riesigen Steinblöcke erst in späterer Zeit behauen worden sind. Daraus kann man schließen, daß geheimnisvolle Künstler, die mit einer Art vierdimensionalen Kunst vertraut waren, im Laufe der Jahrtausende die Mission der Bildhauer der Masma-Kultur fortgesetzt haben.

Die Statuen der Osterinsel gehören einem ähnlichen vorsint-

[12] Im architektonischen System der alten Mexikaner wurde der sogenannte Plattform-Stil verwendet, wie hier in Monte Alban *(oben)*. [13] Die »Sonnenpyramide« von Teotihuacan diente als Unterbau für den Tempel, der einst auf ihrer Spitze gestanden hat *(unten)*

[14 und 15] Das Erbe der Vorfahren: ein keltischer Tumulus und eine allée couverte

flutlichen Stil an: Er ist dreidimensional, wenn man von der Bearbeitung des Steins im Berg ausgeht, er gewinnt aber eine vierte Dimension, sobald sich die Plastik auf ihrem endgültigen Standort befindet. Die Standbilder haben keine Augäpfel; durch das Spiel von Licht und Schatten sind diese aber zu einer bestimmten Jahreszeit deutlich erkennbar. Wahrscheinlich ist das dann die Zeit, zu der die alten Bewohner der Osterinsel die Helden feierten, die die Monumente darstellen.

Die mitunter unwahrscheinliche Größe der Steinkolosse in Peru, Brasilien und auf der Osterinsel läßt – wenn auch nur hypothetisch – darauf schließen, daß die Bildhauer einem Gigantengeschlecht angehörten, von dem übrigens die heiligen Bücher und Überlieferungen ausdrücklich berichten.

Im Jahre 1961 stellte ich erfolgreich zahlreiche Forschungen im Wald von Fontainebleau bei Paris an. Dank der freundlichen Mitarbeit von Edith Gérin, einer sehr begabten Künstlerin, habe ich mich überzeugen können, daß sich die Masma-Kultur auch auf Frankreich erstreckt hatte. In jahrelangen Bemühungen war es Madame Gérin gelungen, die Felsen zu fotografieren, deren Konturen nur bei einer ganz bestimmten Beleuchtung sichtbar wurden. Die Schildkröten der Felsen von Franchard, der Elefant von Apremont und vor allem die ergreifende *Mater* stellen Werke von großer künstlerischer Vollendung dar, die nicht der Erosion oder dem Zufall zugeschrieben werden können (siehe Abbildung 19).

Dasselbe gilt für die Riesenköpfe, die André Millou und Guy Tarade am Col de Vence in Südfrankreich gefunden haben.

In Indien, Indonesien und Ägypten entdeckte ich Darstellungen im gleichen Stil. Im Tal der Könige bei Theben befinden sich die Gräber der ägyptischen Könige an einem Berg, der von einem vorsintflutlichen Volk verehrt wurde. Die Grabstätten liegen stets am Fuße eines der Gottheit geweihten Gipfels.

Am Ufer des Nils finden sich im schwarzen Basaltgestein, das der Erosion und den Stürmen der Jahrtausende getrotzt hat, bemerkenswerte Masma-Skulpturen, die von den Ägyptern offensichtlich übersehen wurden. Auch in den rumänischen Karpaten traf ich auf entsprechende Darstellungen.

Meiner Meinung nach sind all diese Funde Zeugnisse einer Kultur, die sich vor der Sintflut über den ganzen Erdball erstreckt hat; es war mir aber nicht möglich, diese Kultur näher zu erforschen. Ich beschränke mich daher darauf, die fotografische Wiedergabe jener Kunstwerke vorzulegen, die von der Existenz, dem geistigen Niveau und dem Stand der künstlerischen und technischen Entwicklung dieser antiken Bildhauer Zeugnis ablegen. Sie kannten Tiere, die es heute nicht mehr gibt und von denen ich annehme, daß sie bereits vor dem Menschen auf der Erde gelebt haben. Sie stellten Verbindungen zwischen den Kontinenten her, deren Tierwelt, charakteristische Merkmale und Symbole sie zeigten. Die Karpaten liegen in jenem Gebiet, in dem nach heutigen Erkenntnissen das Zentrum der ältesten europäischen Kultur gelegen hat.«

Mit diesen Worten berichtet Daniel Ruzo von seinen interessanten Entdeckungen, die zum Geheimnis der versunkenen Kulturen gehören. Geologen weigern sich strikt, die Masma-Kultur des peruanischen Prähistorikers anzuerkennen. »Es ist«, so sagen sie, »die subjektive Interpretation von natürlichen Gebilden. Gewiß stehen wir hier vor einer erstaunlichen Leistung der Natur, doch finden wir sie im Sandstein sehr häufig. In diesen Gebieten findet man auch die sogenannten Mädchengestalten, Kapuziner, Schwämme, Riesentische und andere Felsen, die durch Frost, Sonnenbestrahlung und sonstige Erosionskräfte merkwürdige Formen erhielten.«

Ich glaube aber, daß die Theorie von Daniel Ruzo die größere Wahrscheinlichkeit für sich hat.

Das Land der vielen Hügel

In Nordamerika, vor allem im Staat Ohio, stößt man bei Fahrten durch das Land auf zahlreiche künstliche Erhebungen und riesige Erdschlangen, die aus grauer Vorzeit stammen. Diese Hügel bedecken zu Hunderten die amerikanische Landschaft, und es besteht kein Zweifel, daß es Tausende von ihnen gab, bevor sie abgetragen wurden, damit der Boden bebaut werden konnte. Ich habe deshalb oft überlegt, ob nicht das *wahre* Land der vielen Hügel der keltischen Ahnen Nordamerika und nicht Mexiko war, zumindest in den frühesten Zeiten. Möglicherweise wurde Mexiko mit seinen Tumuli erst sehr viel später das *Land der vielen Hügel.* Tatsache ist jedenfalls, daß die Zahl der *mounds* (Erdhügel) in den USA Legion ist.

In Chillicothe gibt es vierundzwanzig Hügel in konischer Form. Der Kolumbushügel am Ufer des Scioto ist einer der schönsten in ganz Amerika; er ist von einem Kreis unbehauener Steine und Säulen umgeben. Auch in Hillsboro, Bainbridge, Lebanon usw. gibt es solche Erdhügel. Besonders sehenswert ist Locust Grove, findet man doch dort eine jener gigantischen Erdschlangen, die für Amerika typisch sind. Angeblich wurde die Schlange von Locust Grove von den Adena-Indianern geschaffen, die in einer nicht genau bestimmbaren prähistorischen Epoche gelebt haben. Sie besteht aus Stein und gelbem Lehm, und ihre Windungen sind mehr als 400 Meter lang. Im offenen Maul hält die Schlange einen eiförmigen Erdklumpen, der 24 Meter lang und 9 Meter breit ist.

In Traumzeiten

Mitten in der australischen Wüste, in der Nähe von Lyndavale, wird die eintönige Weite des Sandmeers von drei Felskuppeln unterbrochen, die von Osten nach Westen ausgerichtet sind.

Die drei monolithischen Blöcke sind in Form und Aufbau voneinander vollkommen verschieden. Der erste, *Mount Conner* genannt, ist ein Quarzfels und erinnert an den Wehrturm eines mittelalterlichen Schlosses. Der zweite ist eine Granitkuppel, *Ayers Rock* genannt, die von den Australiern als ein Wunder der Gesteinswelt betrachtet wird. Der dritte schließlich, aus Sandstein und Granit, stellt eine Gruppe von Minaretten, Kuppeln und Säulen dar, die von den Einheimischen *Berg-mit-den-vielen-Köpfen* genannt wird. Die Monolithe stehen so genau in einer Linie, daß man von einem Standpunkt auf der Achse vor dem ersten oder dem letzten Block die anderen Blöcke nicht sehen kann.

Für die Geologen besteht kein Zweifel, daß die drei Erhebungen natürlichen Ursprungs sind und daß die Höhlen, bizarren Formen, Köpfe, Minarette und Kuppeln durch die Verwitterung zufällig entstanden sind. Ayers Rock sieht wie ein Wal aus; an seinen Seiten sieht man einen Känguruhschwanz und das genaue Bild eines menschlichen Gehirns ... alles nur Zufall natürlich ...

Es ist schade, daß Daniel Ruzo nicht in der australischen Wüste gewesen ist, denn er hätte vielleicht die Meinung der Einheimischen geteilt, die die sonderbaren Gebilde keineswegs einfach dem Wind und dem Regen zuschreiben ...

VIII. Atlantis

Was wir vom versunkenen Kontinent Atlantis wissen, verdanken wir vor allem einer Erzählung Platons. Aber auch zahlreiche andere Autoren, griechische und römische, berichten darüber: Homer, Hesiod, Euripides, Theopompos, Älian, Strabon, Diodoros Siculus, Proklos, Plinius, Tertullian, Jamblichos und andere berufen sich entweder direkt auf die Überlieferung oder erwähnen Einzelheiten, die für das einstige Bestehen des Kontinents sprechen.

Nach der meistverbreiteten Version, für die auch die größte Wahrscheinlichkeit spricht, lag der versunkene Kontinent im Atlantischen Ozean. Die tatsächliche Existenz von Atlantis war lange Zeit umstritten, doch heute gilt sie als so gut wie sicher. Ich möchte nicht die ganze Geschichte in allen ihren Details aufrollen. Mir liegt vielmehr daran, sie in ihren groben Umrissen in Erinnerung zu rufen, neue Faktoren aufzudecken und eine Bilanz aus den jüngsten historischen und archäologischen Entdekkungen zu ziehen. Ich folge damit den Spuren unseres Altmeisters Paul Le Cour, dessen Werk heute von der Zeitschrift Atlantis fortgesetzt wird.

Schlag nach bei Platon

In zwei Dialogen, nämlich im TIMAIOS und im KRITIAS, berichtet Platon von Atlantis.

Kritias, ein athenischer Staatsmann und Philosoph (um 450 v. Chr.), der ein Zeitgenosse und Verwandter Platons war, spricht zu Sokrates (Auszug aus dem Timaios):

»So höre denn, Sokrates, eine zwar seltsame, aber durchaus wahre Geschichte, wie Solon, der Weiseste von den Sieben, einst sagte... Zu den Ägyptern gereist, erzählte Solon, sei er von ihnen in hohen Ehren gehalten worden; als er über die Vorzeit diejenigen Priester befragte, die hierin am meisten erfahren waren, mußte er sich eingestehen, daß er selbst und auch die anderen Griechen so gut wie gar nichts von diesen Dingen wußten...

Einer der Priester, ein sehr bejahrter Mann, habe ausgerufen: ›O Solon, ihr Hellenen seid ewige Kinder, und einen greisen Hellenen gibt es nicht... Jung seid ihr alle durch den Geist; denn ihr habt in demselben kein auf langjähriger Überlieferung gegründetes altes Wissen, noch irgendeine durch die Zeit ergraute Kunde... Euer Staat (Athen) wurde um tausend Jahre früher gebildet als der unsere (Sais). Die Gründung des unseren geschah, wie in unseren heiligen Büchern verzeichnet, vor achttausend Jahren. Von euren Mitbürgern also, die vor neuntausend Jahren lebten, will ich dir nun kurz berichten, von ihren Gesetzen und den schönsten Taten, die sie vollbrachten...* Genauer und mit Muße wollen wir dies alles ein andermal der Reihe nach besprechen und dazu die Bücher selbst zur Hand nehmen...

Unsere Bücher erzählen von einer gewaltigen Kriegsmacht, die einst euer Staat gebrochen hat, als sie voll Übermut gegen ganz Europa und Asien vom Atlantischen Ozean heranzog. Denn damals war das Meer daselbst befahrbar, und vor der

* 9000 Jahre vor Solon = 9600 v. Chr.

Enge, die ihr in eurer Sprache die ›Säulen des Herkules‹ (Gibraltar) nennt, gab es eine Insel. Diese Insel war größer als Libyen und Asien zusammen, und von ihr konnten die Reisenden nach den anderen Inseln übersetzen und von den Inseln auf das ganze gegenüberliegende Festland, das jenes Meer umflutet, das mit Recht ein Meer genannt wird. Erscheint doch unser Gewässer hier, das innerhalb der genannten Meerenge liegt, nur wie eine Bucht mit einer engen Einfahrt. Jenes aber ist das wirkliche Meer, und das Land, das es umschließt, kann mit Fug und Recht ein Festland genannt werden.

Auf dieser Insel Atlantis bestand eine große und bewundernswerte Königsmacht, die Gewalt über die ganze Insel, aber auch über viele andere Inseln und Teile des Festlandes hatte. Zudem reichte ihre Herrschaft über Libyen bis nach Ägypten und in Europa bis nach Tyrrhenien (Süditalien). Diese gesammelte Macht versuchte einst, euer und unser Gebiet und den gesamten Raum innerhalb der Meerenge in einem einzigen Ansturm zu unterjochen... Damals nun, o Solon, tat sich die Macht eures Staates vor allen Menschen, glänzend durch Tapferkeit und Tatkraft, hervor. Denn ihr schlugt die Feinde...

Später aber entstanden gewaltige Erdbeben und Überschwemmungen, bis während eines einzigen schlimmen Tages und einer einzigen schlimmen Nacht euer ganzes streitbares Geschlecht unter die Erde versank und auch die Insel Atlantis im Meer verschwand. Darum ist auch das Meer dort jetzt unbefahrbar und undurchforschbar, weil hochaufgehäufter Schlamm im Wege ist, den die sinkende Insel zurückließ (Sargassomeer).‹

Da hast du nun in aller Kürze gehört, Sokrates, was mir mein Ahn Kritias nach Solons Bericht erzählt hat...«

Der Kritias ist die Fortsetzung des Timaios. Es spricht fast nur Kritias, und dieser erzählt Timaios und Sokrates vom hohen kulturellen Niveau, das die Atlanter erreicht hatten. Atlantis war reich an Metallen, Früchten und Tieren, die in der übrigen Welt unbekannt waren. Seine Bewohner waren selbstlos und vermehrten ihre Güter durch Tugend und Zusammenarbeit.

Leider erlagen auch sie dem unausweichlichen Gesetz der Dekadenz; das Menschliche in ihnen, die Gier nach immer größerem Luxus, gewann die Oberhand über das Göttliche. Sie führten Kriege, um ihr Gebiet zu vergrößern, und Gott strafte sie, indem er ihr Land zerstörte, dessen Ausmaße nach Platon 3000 Stadien (Länge) beziehungsweise 2000 Stadien (Breite) betrugen*. Diese Einzelheiten weisen deutlich darauf hin, daß der Bericht aus dem Munde des Kritias eine wahre Geschichte ist, und Platon legt Wert darauf, daß sie auch als solche anerkannt wird.

In der Politeia, einem seiner wichtigsten Werke, tritt Platon entschieden gegen Hesiod und Homer auf, »jene gefährlichen Erzähler«, die die historische Wahrheit verfälschen.

Die Schriften, aus denen der Priester von Sais sein Wissen schöpfte, gab es tatsächlich in Ägypten. Die Ereignisse haben sich vor nunmehr 12 000 Jahren zugetragen, und es ist bezeichnend, daß nach den jüngsten Erkenntnissen der Gletscherforscher die Sintflut gerade vor 12 000 Jahren stattgefunden hat.

* Hier liegt offensichtlich ein Irrtum vor: Es fehlt eine Null bei den Zahlen. Denn 3000 Stadien entsprechen 540 km und 2000 ergeben 360 km, was keineswegs den Ausmaßen eines Kontinents entspricht, der so groß wie Asien und Libyen zusammen ist. Dagegen entsprächen 5400 km genau der Länge der Narbe vom Tief des Nordatlantischen Beckens (zwischen Irland und Neufundland) zum Romanche-Tief zwischen Guinea und Brasilien. Ebenso wären 3600 km die ideale Breite für einen Kontinent zwischen Europa und Amerika und zwischen Afrika und Brasilien. Platon hat vergessen, die Zahlen zu korrigieren, bzw. er starb, bevor er den Kritias vollenden konnte.

Nach Platons Bericht lag Atlantis inmitten des Atlantischen Ozeans zwischen Amerika einerseits und Europa und Nordafrika anderseits. Seine Hauptstadt hieß Poseidonis. Man nimmt an – und stützt sich dabei auf das Bodenrelief des Atlantiks –, daß sich das Zentrum von Atlantis im Gebiet der Azoren befunden hat, denn dort hat das Meer nur eine geringe Tiefe.

Die Atlanter eroberten Großbritannien, Gallien, Spanien, Italien und den Rand des Mittelmeerbeckens. Wahrscheinlich auch, doch dies wird nicht ausdrücklich erwähnt, den Küstenstreifen des amerikanischen Kontinents. Und gerade in diesen Teilen der Welt findet man die meisten keltischen Megalithbauten: Tumuli, Pyramiden, Dolmen, Menhire; dies sei als Detail von großer Wichtigkeit festgehalten.

Vor der Sintflut gab es also mehrere bedeutende Kulturen: zunächst und vor allem in Atlantis und dann in Griechenland. Diese Kulturen wurden durch die große Flut zerstört, und als Atlantis im Meer versank, löste es eine weltweite Springflut aus, die alle Völker der Erde vernichtete.

Diese Betrachtungen stehen in Einklang mit dem Bericht der Genesis (6. Kapitel): Gott reute sein Werk, und er beschloß, die Menschen durch die Sintflut zu vernichten. Ein wichtiger Punkt fehlt allerdings: die Erwähnung der Riesen.

Beweise für die Existenz von Atlantis

Eine übersichtliche Aufstellung der zahlreichen und eindeutigen Beweise soll die letzten Zweifel über die tatsächliche Existenz des Kontinents Atlantis beseitigen:

– Die *Formigas,* kleine Inseln um die Azoren, könnten jene Hindernisse für die Schiffahrt bilden, die Platon erwähnt.

– Der Atlantische Rücken (auch Atlantische Schwelle genannt) ist eine narbenähnliche Bruchlinie, die von Island bis zur Antarktis verläuft.

– Zwischen dem Atlantischen Rücken und den Kontinenten findet man auf dem Meeresgrund das Bett zahlreicher Flüsse, z. B. des Hudson, der Loire, der Seine, des Rheins und anderer.

– Im Jahre 1898 holte ein Kabelverlegungsschiff im Atlantik aus einer Tiefe von 3000 Metern glasige Lava, die die chemische Zusammensetzung von Basalten (Tachylit) hatte. Diese Lava – sie wird im Museum der Montanistischen Hochschule von Paris aufbewahrt – konnte ihren festen Zustand nur bei normalem atmosphärischem Druck erlangt haben. 500 Meilen nördlich der Azoren mußte also der Boden des Atlantiks, als er noch über dem Meeresspiegel lag, mit Lavaströmen bedeckt gewesen sein. Die genauen Koordinaten der Fundstelle sind: 47° nördlicher Breite und 29° 40′ westlicher Länge.

– Die russische Professorin für Mineralogie und Geologie Maria Klionowa entdeckte auf einer Fahrt mit dem Forschungsschiff »Michael Lomonossow« im nördlichen Atlantik einen unbekannten Berg, den sie für den Überrest eines 15 000 Jahre alten Kontinents hält.

– Platon konnte unmöglich alle genannten Fakten erraten haben: die erstarrte Lava, den Atlantischen Rücken, den genauen Zeitpunkt der Sintflut (er ist erst seit 1964 bekannt), das Sargassomeer, den amerikanischen Kontinent jenseits von Atlantis und den Golfstrom (er spricht im Kritias von einer gleichzeitig kalten und warmen Quelle). Er kannte auch die Kontinentaldrifttheorie von Wegener nicht, derzufolge die Trennung der Kotinentalschollen das Versinken der großen, auf der Bruchlinie der Erdkruste gelegenen Insel erklärt.

– Die Sturmschwalben, braune Zugvögel, überqueren in den Monaten September und Oktober den Atlantik von Europa nach Amerika. Wenn sie ungefähr 600 Meilen südwestlich des Kap Verde angelangt sind, fliegen sie lange Zeit im Kreis, so als suchten sie etwas, um dann ihren Flug nach Brasilien fortzusetzen. Ihre Gedächtnischromosomen sagen ihnen, daß es einst an dieser Stelle einen Landeplatz gab: Atlantis.

– Das Inlandeis (Eismassen, die in polaren Breiten große Landgebiete bedecken) in Europa und Amerika erweckt den Eindruck, als wäre es jeweils nur ein Teil einer riesigen Inlandeisfläche, deren Mittelstück heute vom Meer bedeckt ist. Es besteht also die Gewißheit, daß sich in der Eiszeit ein Kontinent aus dem Atlantik erhoben hat.

– Die europäische Pflanzenwelt des Miozäns war ähnlich der jetzigen Pflanzenwelt an der Ostküste Amerikas.

– Die Aale, deren Weibchen nur im Süßwasser geschlechtsreif werden, überqueren zweimal den Atlantik, um schließlich im Sargassomeer zu laichen. Offensichtlich ist in den Gedächtnischromosomen der Aale das Wissen um ein näheres Festland verankert.

Geheimarchive

Nach den Mitteilungen des ägyptischen Eingeweihten Anubis Schenouda sei in den koptischen Geheimarchiven Ägyptens zu lesen, daß es an Stelle der Fluten des Nordatlantiks ein Festland gegeben habe.

»Wir Kopten«, schreibt Anubis Schenouda, »wissen auch, daß sich die Pole auf der Ebene der Ekliptik befunden haben, wie es der Tierkreis von Denderah zeigt, wo der Löwe auf dem Schwanz der Schlange dargestellt ist. Des weiteren wissen wir, daß drei Dynastien drei Gruppen himmlischer Geister entsprechen: Giganten, Titanen, Kabiren.«

Constant Basir bezieht sich auf Herodots MELPOMENE, wenn er von einer Person spricht, die im Jahre 2350 v. Chr. nach Atlantis ging. Basir spricht auch von einem Exodus der Atlanter nach Locmariaquer, jedoch ohne Quellenhinweis.

In POIKILE HISTORIA (3. Buch, Kap. XVIII) erzählt Älian, daß Theopompos von einem Zusammentreffen zwischen dem König von Phrygien und Silenos berichtet, bei dem letzterer von einem großen Kontinent jenseits des Atlantiks spricht, der größer als Asien, Europa und Libyen zusammen sei.

Dieser Bericht wird vom Historiker H. d'Arbois de Jubainville in LES PREMIERS HABITANTS DE L'EUROPE (Die ersten Bewohner Europas) noch ausführlicher wiedergegeben. Nach Theopompos, schreibt er, war die Geschichte von Atlantis ein Teil des Unterrichts, den der gefangene Silenos König Midas erteilte.

»Europa, Asien und Afrika bilden eine Insel, die vom Ozean umringt ist. Es gibt nur einen einzigen Kontinent, und der befindet sich anderswo. Seine Größe ist ungeheuer. Er ernährt große Tiere und Menschen, die doppelt so groß sind wie wir. Diese versuchten eines Tages, auf unsere Inseln zu gelangen, und nachdem zehn Millionen Mann den Ozean überquert hatten, kamen sie in das Land der Hyperboreer (d. h. in keltisches Gebiet, denn ein griechischer Autor und Zeitgenosse von Theopompos bezeichnet auch die Gallier, die Rom eroberten, als Hyperboreer).

Die Eroberer holten Erkundigungen über die Gegend ein, in der sie gelandet waren, und erfuhren, daß die Hyperboreer das glücklichste aller Völker von Europa, Asien und Afrika seien; doch da sie ihre armselige Lebensweise verachteten, hielten sie es unter ihrer Würde, weiter vorzudringen.«

Die Lehre der Druiden, wie sie vom griechischen Historiker Timagenos (1. Jh. v. Chr.) aufgezeichnet wurde, stimmt mit den Berichten von Platon und Theopompos überein.

In seinem Werk ETHIOPIQUES spricht ein gewisser Marcellus (wie d'Arbois de Jubainville zitiert) von sieben Inseln im Atlantischen Ozean nahe bei unserem Kontinent (Kanarische Inseln), und er fügt hinzu, daß deren Einwohner die Erinnerung an eine viel größere Insel, Atlantis, bewahrt hätten, da diese lange Zeit die anderen Inseln des Atlantiks beherrscht habe.

»Also gibt es«, schreibt Arbois de Jubainville, »vier Dokumente, die Überlieferungen verschiedenen Ursprungs bewahren und allesamt darin übereinstimmen, daß ein Teil der Alten Welt von fremden Bewohnern eines unbekannten Landes erobert wurde, das in zwei Texten Atlantis genannt wird.«

In den Überlieferungen der Druiden hieß es, die Bevölkerung der fernen Inseln sei nach Gallien gekommen, weil ihr Land vom erzürnten Meer überflutet worden war.

»Manchmal hebt sich die Erde, manchmal senkt sie sich«, schrieb ungefähr ein Jahrhundert vor unserer Zeitrechnung der Geschichtsschreiber Poseidonios, »man kann daher annehmen, daß der Bericht von Platon über Atlantis keine Utopie ist; es spricht viel mehr dafür, dem Bericht zu glauben, als ihn abzulehnen . . .«

Von Seneca bis Paul Le Cour

Seneca, der viel aufgeschlossener war als so mancher moderne Historiker, hatte eine Vision vom Weltuntergang, wie ihn die letzten Atlanter vermutlich erlebt haben:

»Eine Zeit wird kommen, da das Meer seine Ketten abwerfen wird; ein riesiges Land wird vor uns auftauchen; das Meer wird neue Welten hervorbringen, und von den bekannten Ländern wird das letzte nicht mehr Thule sein.«

Fabre d'Olivet stellte eine Theorie auf, nach der es zwei ursprüngliche Menschengruppen gibt:

– Die *Südäer* oder Atlanter, die Beherrscher des Universums (von atta = Herr, Vater; und lant = Land).

– Die *Boräer* oder Pelasks, die Pelasger (= mit schwarzer Haut).

Nach Baldwin (in Ancient America) bestätigen mittelamerikanische Dokumente, daß sich der amerikanische Kontinent bis weit in den Atlantik hinein erstreckte und daß dieses Gebiet durch eine Anzahl schrecklicher Katastrophen zerstört wurde, die jeweils nach langen Zeitabständen stattgefunden haben.

Dieselbe Aussage fand Abbé Brasseur de Bourbourg im Kodex Troano der Mayas (Nationalbibliothek).

Der königliche Astronom S. Bailly verlegte 1779 Atlantis aufgrund astronomischer Tafeln, die Jesuiten aus Indien gebracht hatten, in die Mongolei. Buffon befaßte sich ebenfalls mit dem Problem und verband Atlantis mit Amerika.

Tausende Autoren haben über Atlantis geschrieben; manche von ihnen, beispielsweise A. Giraud, der Begründer des »Komitees für das Atlantis von morgen«, suchten es in der Sahara.

Paul Le Cour, Begründer der Zeitschrift ATLANTIS, gab den bisher genauesten Überblick über die umstrittene Frage. Übereinstimmend mit Platon legt Paul Le Cour das Zentrum von Atlantis in das Gebiet der Azoren. Er glaubt, daß der Kontinent durch einen Isthmus mit dem Land der Hyperboreer im Norden Verbindung gehabt habe. Afrika, Europa und Amerika bildeten nach seiner Auffassung mit dem Land der Hyperboreer einen einzigen riesigen Kontinent, bei dem die Alte und die Neue Welt durch die arktischen Regionen verbunden waren.

Im Gegensatz zu den anderen Theorien wird die These von Paul Le Cour heute von den meisten Fachleuten anerkannt, und es ist wahrscheinlich, daß ihm die zukünftige Tiefseeforschung recht geben wird.

Das Geheimnis der Guanchen

Im Jahre 1406 landeten französische Eroberer auf den Kanarischen Inseln. Sie trafen dort auf hellhäutige Menschen von hohem Wuchs, die sich für die einzigen Überlebenden nach der Sintflut hielten: die Guanchen. In späterer Zeit kamen spanische Eroberer auf den Archipel, und diese verwunderten sich sehr, dort einen Menschenschlag zu finden, der weißer war als der reinblütigste Kastilier. Die Eingeborenen wurden alle von den Europäern massakriert. Es gibt daher heute keine Nach-

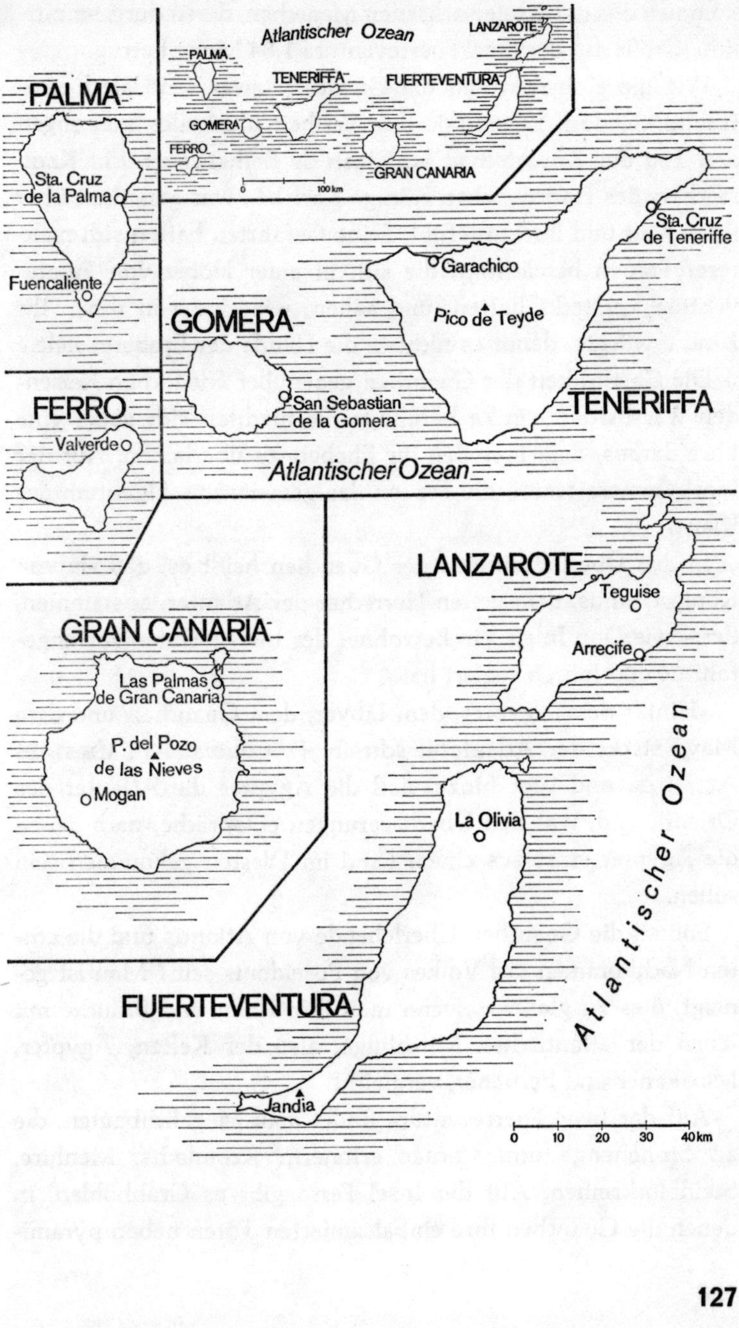
Atlantischer Ozean
LANZAROTE
PALMA
TENERIFFA
FUERTEVENTURA
GOMERA
FERRO
GRAN CANARIA
0
100 km
PALMA
Sta. Cruz
de la Palma
Fuencaliente
GOMERA
San Sebastian
de la Gomera
FERRO
Valverde
Sta. Cruz
de Teneriffe
Garachico
Pico de Teyde
TENERIFFA
Atlantischer Ozean
LANZAROTE
Teguise
Arrecife
GRAN CANARIA
Las Palmas
de Gran Canaria
P. del Pozo
de las Nieves
Mogan
La Olivia
Atlantischer Ozean
FUERTEVENTURA
Jandia
0
10
20
30
40 km

kommen dieser hochgewachsenen Menschen, deren durchschnittliche Größe auf der Insel Fuerteventura 1,84 Meter betrug.

Wie die Kelten waren die Guanchen zwar sanft und gastfreundlich, doch liebten sie ihre Freiheit über alles und zogen den Tod der Knechtschaft vor. Jean de Bethencourt, der Kammerherr des französischen Königs Karl VI., war »erstaunt über ihren Mut und ihr Ehrgefühl. Seine Gefährten hatten sich mehrerer Frauen bemächtigt, die sich in einer Höhle von Fuerteventura versteckt hatten, und sahen, wie eine von ihnen ihr Kind erwürgte, damit es nicht in die Hände der Eroberer fiele.«

Die Gastlichkeit der Guanchen gegenüber friedlichen Reisenden war in der Antike berühmt: Sie machten sich sogar eine Ehre daraus, dem Fremden ihr Ehebett zu überlassen. Auf der Insel Gomera waren die Frauen das gemeinsame Eigentum des Klans.

In den Überlieferungen der Guanchen heißt es, daß sie von König Uranus, dem ersten Herrscher der Atlanter, abstammen, der – wie Don Inigo, ein Bewohner der Insel meint – vor ungefähr 20 000 Jahren regiert hat.

»Hinter dem Ägypter, dem Libyer, dem Guanchen und dem Maya steckt der Atlanter«, schreibt P. Couteaud in CHEZ LES ATLANTES, und fügt hinzu, daß die Ägypter die Atlanter des Orients sind, was den Überlieferungen entspräche, nach denen die Ägypter einst aus einem Land im Westen gekommen sein sollen.

Sollten die Guanchen Überlebende von Atlantis und die echten Nachkommen des Volkes von Poseidonis sein? Man ist geneigt, dies zu glauben, wenn man ihre Riten und Bräuche mit jenen der atlantischen Mischlinge, also der Kelten, Ägypter, Mexikaner und Peruaner, vergleicht.

Auf der Insel Fuerteventura findet man Megalithbauten, die an Stonehenge und Carnac erinnern: Kromlechs, Menhire, Steinblockreihen. Auf der Insel Ferro gibt es Grabhöhlen, in denen die Guanchen ihre einbalsamierten Toten neben pyramiden- oder kegelstumpfförmigen Altären ähnlich wie in Mexiko bestatteten. An die tausend Mumien wurden in der Höhle von Barranco de Herque in Nischen gefunden, genau wie in Peru. Man kann diese Mumien samt allen nötigen Utensilien für ihr Leben im Jenseits im Museum von Las Palmas betrachten.

In der Nähe von Valverde, an einem Ort, der *Los Letrero* genannt wird, weist ein erstarrter Lavastrom sonderbare Hieroglyphen auf, die noch nicht entziffert werden konnten; dieselbe geheimnisvolle Schrift ist in der Schlucht von Candia und auf der Insel Gomera zu sehen. Numidische Inschriften wiederum (Numidien lag einst zwischen Karthago und Mauritanien) scheinen auf eine afrikanische Bevölkerung in der Antike hinzuweisen, die vielleicht mit dem Zug des Hanno zusammenhängt.

Barros berichtet in seiner HISTOIRE PORTUGAISE DES INDES OCCIDENTALES (Portugiesische Geschichte Westindiens) von einer Reiterstatue, die in Corvo, der nördlichsten Azoreninsel, gefunden worden ist. Auf dem Piedestal seien unbekannte Schriftzeichen eingraviert, die er als phönizisch deutet.

Nach den alten Schriftstellern lag das Paradies im Westen, auf den Inseln der Seligen, in Thule, auf den Hesperiden, der Sankt-Brandans-Insel und der Insel der Sieben Städte. Welche Wirklichkeit verbirgt sich hinter diesen Mythen, in denen die wahre Geschichte verschlüsselt liegt? Wenn man *Insel der Sieben Städte* hört, denkt man da nicht gleich an das Archipel der sieben Inseln, also an die Kanarischen Inseln: Teneriffa, Gran Canaria (Las Palmas), Fuerteventura, Lanzarote, Palma, Gomera und Ferro?

IX. Andere Theorien über Atlantis

Der Mythos um Atlantis verwandelt sich nach und nach in historische Wahrheit. Seit Beginn unseres Jahrhunderts ist eine eigene Literatur um dieses Problem entstanden, das auch ruhigere Gemüter in Hitze geraten läßt. Archäologen und Prähistoriker überbieten bereits die Romanciers. Ein jeder versucht, Atlantis dem nationalen Einflußbereich einzuverleiben; so kommt es, daß der versunkene Kontinent unter allen Breitengraden der Welt vermutet wird. Der Prähistoriker de Baer zum Beispiel meint in den zwölf jüdischen Stämmen die Bewohner von Atlantis wiederzuerkennen. Für ihn lag Atlantis in Palästina, und er glaubt, daß Sodom und Gomorrha durch die Sintflut zerstört wurden.

Atlantis im Kaspischen Meer und bei Helgoland

Um das Jahr 1960 wurden 17 Kilometer südlich von Baku an den Ufern des Kaspischen Meeres durch eine Sturmflut Reste einer Stadt sichtbar, die Professor Berezin von der Universität Kasan ohne Zögern als Poseidonis identifizierte.

Für den evangelischen Pastor Jürgen Spanuth wiederum besteht kein Zweifel, daß der sagenhafte Kontinent auf der Höhe der Insel Helgoland versank, wo der Taucher Beelte zyklopische Mauern aus rotem und weißem Stein fand. »Das ist Basileia, die Hauptstadt der Atlanter«, sagt der Pastor. Unklar ist, woher er den Namen hat; denn nach den Überlieferungen hieß die Hauptstadt von Atlantis Poseidonis.

Der Pastor stützt sich bei seiner Behauptung auf Platon und vor allem auf Homers Odyssee. Odysseus landet auf Ogygia, der Insel der Kalypso, die nach der Überlieferung auf den Azoren lag. Dann fährt er achtzehn Tage lang in ostnordöstlicher Richtung, die Augen stets auf die Sternbilder des Bootes und der Plejaden gerichtet.

Spanuth versichert, daß dies für die Schiffahrt der Antike genau die benötigte Zeit war, um in die Gegend von Helgoland zu gelangen. Die Überlegung erscheint gar nicht so falsch, doch enthält sie einen grundlegenden Fehler: das Datum. Denn geologische Forschungsergebnisse haben gezeigt, daß ein heftiges Erdbeben ungefähr im 13. Jahrhundert vor unserer Zeitrechnung eine teilweise Vernichtung der Völker der Erde und eine riesige Springflut bewirkt hat; daraus ergab sich eine grundlegende Veränderung des geographischen Antlitzes unserer Erde.

Damals verließen nordische Völker ihre vernichtete Heimat und wanderten in den Süden aus. In Ovids METAMORPHOSEN heißt es:

»Die flammenden Wolken strömen Rauch aus, das Feuer verzehrt die Berge, breite Abgründe tun sich auf ... Ganze Völker und Länder werden durch den Brand in einen Haufen Asche verwandelt.«

Auf einer Stele des Tempels von Medinet-Habu im altägyptischen Theben berichten Hieroglyphen von »Fremden aus dem Norden, deren Gebiete erschüttert wurden«.

Diese Berichte entsprechen Ereignissen, die tatsächlich um 1500 v. Chr. stattgefunden haben, also erst lange nach der Sintflut vor 12 000 Jahren.

Atlantis im Mittelmeer

Eine ähnliche Verwechslung ließ manche Archäologen glauben, daß Atlantis in der Ägäis gelegen hat. Diese These wird vor allem von Professor Angelos Galanopoulos, einem Mitglied des Instituts für Seismologie in Athen, vertreten, der 1956 die Ruinen einer minoischen Stadt auf dem Grund eines Bergwerks der Insel Thira unter einer dreißig Meter dicken Schicht Vulkanasche fand.

Thira (Santorin) ist die südlichste Insel der Kykladen. Sie hat heute die Form eines Halbmondes; aber noch vor einigen Jahrtausenden wurde sie *Strongyle* (die Runde) oder *Callisto* (die Schöne) genannt. In einer apokalyptischen Nacht explodierte der 700 Meter hohe Berg mit der Sprengkraft einer Bombe von 100 Megatonnen. Die umliegenden Berge begannen zu brennen. Vom Epizentrum des Bebens stieg ein riesiger Wasserring einen Kilometer hoch auf, der Kreta überschwemmte und das Nildelta verwüstete. Von der alten Insel Thira blieben nur eine Felsensichel und, an ihrer westlichen Seite, zwei Inselchen übrig. Das Gebiet ist für die Schiffahrt nicht ungefährlich; immer wieder tauchen neue Riffe aus dem Meer auf, da die geologischen Umwälzungen in diesem Gebiet noch nicht abgeschlossen sind.

Dieses Ereignis hat nach Plinius im Jahre 237 v. Chr., nach Strabon erst 94 vor unserer Zeitrechnung stattgefunden; moderne Gutachten hingegen geben das Ende des 15. Jahrhunderts vor Christus als Datum an. Zu dieser Zeit verschwand die minoische Kultur in Kreta ebenso plötzlich wie einst die Kulturen von Lascaux und Glozel. Auch hier waren – wie bei der Sintflut – die einzigen Überlebenden jene, die sich auf einem entfernten Schiff befanden oder auf den Bergen wohnten. Die Überlebenden gingen nach Argolis, wo sich dank ihres Beitrags alsbald die mykenische Kultur entwickelt hat.

Professor Galanopoulos macht aus den 9000 Jahren, die zwischen dem Untergang von Atlantis und der Zeit Solons vergangen waren, 900 Jahre und gelangt somit in die minoische Epoche. Für ihn sind Poseidonis und Knossos, König Minos' Hauptstadt, identisch; er hat sogar um die Insel Santorin herum Überreste von Kanälen und Hafenanlagen gefunden, die die dreifache Einfriedung der Stadt der Könige von Atlantis gebildet haben könnten.

Doch diese Argumente können nicht akzeptiert werden, da die minoische Sintflut des Jahres 1500 keinesfalls mit der allgemeinen Sintflut des Jahres 10 000 v. Chr. verwechselt werden darf. Der einzige interessante Punkt dieser These ist die Erwähnung der Ähnlichkeit zwischen der dreifachen Mauer von Atlantis und dem berühmten Labyrinth auf Kreta, das der Halbgott Dädalus auf König Minos' Anordnung als Wohnstätte für den Minotaurus erbaut hat.

Das Geheimnis der Labyrinthe

Die Verwandtschaft zwischen dem Plan von Poseidonis und dem Grundriß der Labyrinthe im allgemeinen verdient näher untersucht zu werden. Die konzentrischen Kreise der Stadt der Atlanter wurden durch das Hereinbrechen der Sinflut zu den Mauern des größten Friedhofs der Welt. Die übrigen Völker der Erde waren von der Katastrophe so beeindruckt, daß das *Land im Westen,* wo Millionen Atlanter zur selben Stunde vom Tod überrascht wurden und ihre letzte Ruhestätte fanden, für immer zum *Reich der Toten* wurde. Also nicht, weil für die Europäer dort jeden Abend die Sonne untergeht, sondern weil ihre großen Ahnen dort ruhen.

Das Reich der Toten ist das Land der Väter, ist Atlantis. Dieser Satz hat für alle Völker Gültigkeit. Das grüne Paradies der Ägypter etwa oder das Paradies und das Land der Ahnen der gelben Völker liegen im Westen... aber nicht in Afrika oder

Europa, wo die Sonne untergeht, sondern im Atlantischen Ozean zwischen den Azoren und Thule.

Erstaunliche Feststellung: Die Kreise von Poseidonis und die antiken Labyrinthe – die ältesten bekannten Labyrinthe liegen in Ägypten – begrenzten alle riesige Friedhöfe, Totenstädte. Wer sich mit dem Rätsel der Geheimgesellschaften befaßt hat, wird auch verstehen, daß in den ägyptischen Labyrinthen die ersten Riten zur Einführung in die Mysterien abgehalten wurden. Anders ausgedrückt bedeutet dies, daß die Öffnung der Augen, das Wissen und die Geburt von der Tradition und vom Tod ausgehen.

Herodot hatte eines dieser Labyrinthe im 5. Jahrhundert v. Chr. besucht, und Plinius berichtete um 50 n. Chr. darüber:

»Man sieht auch heute noch in Ägypten im Nomos von Herakleopolis ein Labyrinth, das älteste von allen, das – so wird berichtet – vor 4600 Jahren von König Petesuecus oder Tithoës erbaut wurde. Herodot hingegen sagt, es handele sich um das Werk von zwölf Königen, in deren Reihe Psammetichus der letzte war. Es herrscht keine Übereinstimmung darüber, warum es erbaut wurde. Demoteles behauptet, es sei der Palast der Motherudes gewesen; Lykeas hält es für den Palast von König Moeris; andere wieder sagen, daß es ein der Sonne geweihtes Bauwerk sei, und diese Meinung ist am meisten verbreitet.

Dieser riesige Bau umfaßte eine Reihe von Tempeln, die miteinander verbunden oder aufeinandergebaut waren. Die Straßen bildeten verwirrende Durchgänge und Umwege. Vom langen Weg müde geworden«, fährt Plinius fort, »gelangt der Besucher zum Schnittpunkt der verschiedenen Wege und findet dort Säulen auf Hängen gebaut, Säulengänge, von denen man über 90 Stufen herabsteigt. Im Inneren befinden sich Porphyrsäulen, Götterstatuen, Bilder der Könige und schreckliche Bildnisse. Einige Paläste sind so gebaut, daß beim Öffnen der Türen ein fürchterliches Donnergrollen im Inneren anhebt.«

Heute kennt man die Wahrheit über das große ägyptische Labyrinth. Es war ein riesiger viereckiger Palast (200 Meter mal 150 Meter), von dem man einige Überreste unter dem Dorf Hawarâ östlich des Moeris-Sees gefunden hat. Der Palast bestand aus zwölf großen Sälen und dreitausend Zimmern, von denen fünfzehnhundert unterirdisch waren und der Bestattung der Könige und der heiligen Krokodile dienten. Die Archäologen haben herausgefunden, daß das Bauwerk einen doppelten Zweck erfüllte: Es war gleichzeitig eine Totenstadt und die Pyramide von Amenemhat III. aus der XII. Dynastie. Dieses Labyrinth war also die Totenstadt der Ägypter, so wie Poseidonis die Totenstadt der Atlanter war.

Der Mythos der Pasipháe

Nach der Legende war Pasipháe Königin von Kreta und Tochter des Sonnengottes Helios. Als die Göttin Venus darüber in Zorn geraten war, daß der Sonnengott ihre Schäferstündchen mit Mars beleuchtet hatte, beschloß sie aus Rache, der Königin eine rasende Liebe zu einem weißen Stier einzugeben, den Neptun aus dem Meer hatte steigen lassen. Um die Leidenschaft der Königin zu stillen, goß der schlaue Dädalus eine Kuh aus Erz, und Pasipháe versteckte sich darin, um den Stier zu täuschen. Aus dieser Vereinigung ging der Minotaurus hervor, jenes Monstrum, das halb Stier und halb Mensch war und das der – verständlicherweise – wütende Minos ins Labyrinth einschließen ließ.

Athen befand sich zu der Zeit unter kretischer Herrschaft und mußte Jahr für Jahr sieben Knaben und sieben Mädchen aussenden, die dem Minotaurus zum Fraß vorgeworfen wurden. Bekanntlich gelang es Theseus durch die List der Minos-Tochter Ariadne, das Ungeheuer zu töten.

Die Römer hatten eine große Vorliebe für erotische Szenen

und ließen für Caesar im Zirkus die *Liebe der Pasipháe* aufführen: Junge Mädchen mußten sich vor den geilen Augen der Zuschauer brünstigen Stieren hingeben, und Martial berichtet, daß diese Vereinigungen auch tatsächlich vollzogen wurden.

Legende und historischer Bericht sind hier nur Ausdruck der Verfälschung einer vergessenen Geschichte: Die Römer behielten nur das falsche und obszöne Element, und auch die Griechen hatten sich täuschen lassen.

In Wirklichkeit wird es wohl so gewesen sein, daß eine ganz natürliche Liebe die schöne Pasipháe in die Arme eines außerirdischen Wesens trieb. In dieser Zeit – vor ungefähr vier- oder fünftausend Jahren – brachten außerirdische Intelligenzen ihr fortgeschrittenes Wissen in den Vorderen Orient. Sie wurden zu Göttern erhoben, unter den Namen Baal, Marduk oder Thot verehrt und in Phönizien als Stier, in Assyrien als geflügelter Stier und in Ägypten als Apis-Stier dargestellt. Aber es waren menschliche Wesen, und Pasipháe hat sich einem solchen hingegeben. Da versteht man auch plötzlich, daß ein Labyrinth die Grabstätte des Minotaurus war, als Zeichen der Verehrung für seine göttlichen Vorfahren, den Wohltätern der Insel Kreta. Dädalus selbst, der geniale Architekt, der vielleicht auch ein überirdisches Wesen war, wurde von Minos ins Labyrinth gesperrt, doch gelang ihm die Flucht – so berichtet die Legende –, indem er sich aus Federn Flügel machte.

Die Archäologen haben mehrere minoische Labyrinthe gefunden, doch jenes des Minotaurus blieb unentdeckt. Auch Homer berichtet, er habe es nicht ausfindig machen können; er nehme daher an, es sei eine Höhle gewesen. Es gibt übrigens nahe beim alten Knossos-Palast am Fuße des Berges Ida (ein hyperboreeischer Name) eine Höhle mit zahlreichen verschlungenen Gängen, die den Vorstellungen vom Labyrinth, in das sich Theseus wagte, ziemlich genau entspricht.

Im Mythos begegnen wir also zwei wichtigen Elementen: dem höherentwickelten außerirdischen Wesen einerseits und der Höhle als Ort der Ausübung von Geheimbräuchen anderseits.

Der Botaniker Tournefort beschrieb im Jahre 1702 das Höhlenlabyrinth von Knossos:

»Nachdem die Forscher einige Zeit in einem Netz von unterirdischen Gängen herumgeirrt waren, gelangten sie in einen breiten Gang, der ungefähr 1200 Schritt lang war und sie zu einem schönen Saal im tiefsten Innern des Labyrinths führte ... Der Boden ist glatt und ziemlich eben. Die Mauern sind entweder senkrecht behauen oder aus herumliegenden Steinen errichtet ... aber es führen so viele Wege nach allen Richtungen, daß man sich ohne die nötigen Vorsichtsmaßnahmen unweigerlich verirren würde ...«

So ist also meiner Meinung nach das Geheimnis der ägyptischen Labyrinthe und ähnlicher Anlagen geklärt; sie waren ursprünglich Nachbildungen des Grundrisses von Poseidonis, doch als diese Bedeutung verlorenging, wurden sie zu Initiationszentren.

Die Labyrinthe aus Steinfliesen, die man in den Kathedralen und Kirchen, in Chartres, Sens, Poitiers, Reims, Saint-Quentin, Auxerre, Amiens und andernorts findet, sind nicht – wie allgemein angenommen wird – Symbole des mühseligen Weges, den Christus vor der Passion zu gehen hatte; sie zeigen vielmehr die verschlungenen Pfade, die zum Wissen um die fundamentalen Geheimnisse der Welt führen.

Das Labyrinth und die Pyramiden von Clusium

Auf der Insel Lemnos, wo sich nach der Sage die Schmiede des Vulcanus (ein feuerspeiender Berg) befand, gab es ein berühmtes Labyrinth mit hundertfünfzig drehbaren Säulen.

Das Labyrinth von Clusium, dem jetzigen Chiusi in Etrurien, birgt das Grab des etruskischen Königs Porsenna. Die Etrusker waren Kelten, Nachkommen der Atlanter, und so erklärt sich auch das Bauwerk, welches Marcus Varro erblickte, der von Plinius zitiert wird:

»Porsenna wurde unter der Stadt Clusium begraben, an dem Ort, wo er ein quadratisches Bauwerk hatte errichten lassen. Jede Seite war 300 Fuß lang und 53 Fuß hoch. An der Basis befand sich ein unentwirrbares Labyrinth; wenn sich jemand ohne Zwirnspule hineinwagte, konnte er den Ausgang nicht mehr finden. Über diesem Quadrat waren fünf Pyramiden angelegt, vier an den Ecken und eine in der Mitte: An der Basis waren sie 75 Fuß breit, ihre Höhe betrug 150 Fuß, und ihre Form war konisch; an der Spitze trugen sie eine eherne Kugel und einen *Hut,* auf dem Klingeln mit Ketten angebracht waren, die im Winde einen langen Ton von sich gaben wie einst in Dodona (Stadt in Epirus, berühmt durch ihr Orakel). Über der Kugel befanden sich vier weitere Pyramiden, die jeweils eine Höhe von 100 Fuß hatten. Über diesen letzgenannten Pyramiden lagen auf einer Plattform fünf weitere Pyramiden.«

In Wahrheit waren diese konischen Pyramiden Tumuli aus Steinen. Das gesamte Bauwerk hatte eindeutig eine magische Bedeutung. Mit dem Labyrinth unter den magischen Pyramiden finden wir das architektonische System wieder, das für die Atlanter typisch war und von ihnen an die Ägypter, Kelten und Mexikaner überliefert wurde. So fügt sich langsam Stein an Stein; die große historische Wahrheit um die Atlanter beginnt sich abzuzeichnen.

Das Atlantis des Christos Mavrothalassitis

Christos Mavrothalassitis, ein ehemaliger Tiefseetaucher, glaubt Atlantis wiedergefunden zu haben. Wie für Professor Galanopoulos liegt auch für ihn der östliche Teil von Atlantis im Mittelmeer und der größere westliche im Atlantik. Die These des griechischen Tauchers ist nicht uninteressant, denn sie stützt sich fast ausschließlich auf Feststellungen und Entdeckungen, die er in Ausübung seines Berufs gemacht hat. Ich will daher einige Auszüge aus dem Buch wiedergeben, das er gegenwärtig vorbereitet:

»›Doktor‹, sagte mein Vater zu einem seiner Taucher, der früher Arzt gewesen ist, ›die Historiker machen ihre Arbeit und wir die unsere. Ich habe dich zu dieser seit Tausenden Jahren versunkenen Festung hinuntertauchen lassen in der Hoffnung, du würdest dann einige Angaben machen können, denn du hast ja die alten Schriftsteller gelesen. Die Stadt liegt mitten im Banco Greco, 3 Grad nordöstlich von der tunesisch-libyschen Grenze und 30 Meilen (35 nach Habib Soussi) von der Küste entfernt.‹

›Ich bin dazu nicht in der Lage, Kapitän‹, antwortete der Doktor.

›Diese Stadt‹, fuhr mein Vater fort, ›wurde schon vor uns, von meinem Schwiegervater und von anderen griechischen Seefahrern entdeckt: von Scaris, den Parasquevas, den Dandacos, den Zahtas und Vlakhakis. Ich war achtzehn, als ich sie zum erstenmal sah. Man hat dort vor einem Jahrhundert eine goldene Statue gehoben.‹

›Wir waren mit dabei, Kapitän‹, sagten zwei andere Taucher. Der eine war Mailes Theodor und der andere ein Eingeborener namens Habib Soussi.

Diese Stadt liegt auf einem Felsenplateau, das einst eine Insel war. Da das Meer an dieser Stelle sehr tief ist, nehme ich an, daß es sich um eine künstliche Insel handelt. Ganz in der Nähe, auf einem versunkenen Hügel, um den ein Graben von Menschenhand angelegt wurde, ist ein Geysir unter dem Wasser noch immer aktiv. Er liegt in einer Tiefe von achtzehn Faden (1 Faden = 1,62 Meter), und sein heißes Wasser steigt bis zur Oberfläche auf. Der Umkreis des Geysirs mißt 24 Faden; etwas weiter südlich gibt es noch einen anderen Geysir. Das Interessanteste daran ist aber wohl, daß das Wasser dieser beiden Quellen von den ehemaligen Bewohnern der Insel zur Stadt geleitet wurde: das Kanalisationssystem ist noch deutlich zu erkennen ...«

Über den Ausbruch des Vulkans auf Santorin ist Christos der Meinung, er müsse zu dem Zeitpunkt stattgefunden haben, an dem sich die Griechen anschickten, das Reich des Minos zu erobern. Die Städte Saranda und Mira versanken in den Fluten.

»Mein Vater«, sagt Christos, »hat die Säulen der Theater und Tempel gesehen, andere Taucher sahen auch Statuen auf Säulen stehen. Aber dies war nicht Atlantis, denn Atlantis ging unter, als die Erde mit dem Planeten Ares-Baal, also mit dem Mars kollidierte. Zwei Seher, Ayed und die alte Souffia, haben mir dies bestätigt. Unsere Erde explodierte an manchen Stellen, und Ares leerte seinen Sand und sein Feuer über sie ...

Bis zum Alter von 18 Jahren mußte ich zu schweigen geloben, doch dann entdeckte ich mit Hilfe der Enkelin von Souffia das Grab eines Atlanters. Es enthielt den Leichnam eines Sehers der Stadt Maou, welche die Hauptstadt von Atlantis war, und dieser Seher hatte Beweise seines Wissens mit ins Grab genommen, die sich nun in meinem Besitzt befinden. Er trug symbolische Gegenstände auf dem Leib: einen Opal, sechs Saphire – er wurde also sechzig Jahre alt – und Täfelchen aus Metall und Stein, die Voraussagen über große Männer enthielten, die später geboren werden sollten: Homer, Pherekydes, Archimedes, Alexander der Große, Napoleon, etc. Sein Name war Pheuresseus. In die Mitte seines Grabsteins war eine Rose graviert. Vier Intaglien gaben seinen Grad in der Armee, das Gebiet seiner Weissagungen, seine königliche (nord-)amerikanische Herkunft und die geheimnisvolle Blume der Macht an. Ich kenne diese Blume, aber ich darf weder ihren Namen nennen, noch sagen, wo man sie findet.

Im Grab befanden sich auch zwölf Botschaften aus Atlantis und die Bezeichnung eines Schatzberges, auf den eine Katze gezeichnet ist. Zwischen den Pfoten der Katze liegt eine Höhle, in der sich der Schatz befindet ... doch das sind Dokumente. Wenn man diese Höhle findet, wird ein neues Zeitalter anbrechen. Bisher konnte ich nicht in Erfahrung bringen, wo der Berg mit der Katze liegt. Vielleicht gibt es jemanden, der es weiß.«

Es ist schwierig, die Berichte von Christos zu entflechten und festzustellen, was daran archäologische Wahrheit und was Hellseherei der geheimnisvollen Souffia ist. Obwohl Christos nicht alles sagt, was er weiß, sind seine Berichte sehr aufschlußreich.

Atlantis in der Mongolei

Jean Sylvain Bailly, königlicher Hofastronom, Mitglied der Akademie der Wissenschaften und Bürgermeister von Paris im Jahre 1779, hat eine HISTOIRE DE L'ASTRONOMIE ANCIENNE (Geschichte der Astronomie des Altertums) geschrieben, deren dritter Teil Ostindien behandelt; darin wird von der Erfindung der Wissenschaften durch ein Volk aus dem Norden berichtet, das von der Erde verschwunden sei. Ausgehend von den *Tabellen von Tiruvallur* und von Dokumenten, die Missionare aus Indien mitgebracht hatten, kommt Bailly zu dem Schluß, daß es vor der Sintflut eine hochentwickelte Kultur gegeben haben muß, »die von den natürlichen und politischen Revolutionen hinweggefegt wurde«.

Bei der Überprüfung dieser indischen astronomischen Tafeln stellte Bailly fest, daß sie falsch waren, wenn man davon ausging, daß sie in Indien aufgezeichnet worden sind. Sie erschienen ihm jedoch richtig, wenn sich der Urheber in der Nähe des 49. nördlichen Breitengrades befunden hatte. Daraus schloß er, daß die Brahmanen, die die Tafeln aufbewahrten, sie von einem Volk haben mußten, das in der Wüste Gobi gelebt hat; er nannte dieses Volk Atlanter.

Bailly irrte in diesem Punkt. Nicht so sehr, weil er den Text von Platon ignoriert hatte, sondern vielmehr, weil er willkürlich den Atlantern eine wissenschaftliche Arbeit zuschrieb, die mit viel größerer Wahrscheinlichkeit aus einem anderen, vielleicht feindlichen Kulturkreis stammte, nämlich aus Mu, einem Land, das sich nach alten Überlieferungen im Fernen Osten und im Pazifik befunden haben soll.

Mu und Gondwanaland

Vor zehn- bis zwanzigtausend Jahren waren die heutigen Wüsten Zonen mit üppiger Vegetation; darüber jedenfalls sind sich Archäologen, Zoologen und Botaniker einig. Man nimmt ferner an, daß sich künftig auch in Europa Wüsten erstrecken werden, da hier der bebaubare Boden nach und nach durch Erosion und starke Vererzung verlorengeht. Große geologische Umwälzungen haben also bereits stattgefunden, andere werden sich noch in Zukunft ereignen.

In den Überlieferungen wird von einem riesigen Kontinent berichtet, der sich vor der Sintflut von Polynesien bis zum Indischen Ozean erstreckt und die Wüste Gobi, den Malaiischen Archipel sowie Teile Indiens und Chinas eingeschlossen hat. Dieser Kontinent wurde *Mu* genannt, das Land des Ursprungs, sagen die pazifischen Legenden.

In Tahiti erzählen die Eingeborenen von einem Kontinent *Fenua Nui*, der Wiege des Menschengeschlechtes. Diesen hatte Ru, der Gott des Windes, mit seinem mächtigen Atem zerstört und so eine Unzahl von Inseln geschaffen. Die Osterinsel gehörte einst zu Fenua Nui. Überreste von zyklopischen Bauwerken findet man auch in Ponape, in der Gruppe der Karolineninseln und im Atoll von Tonga Tabu, wo gigantische, 25 000 Kilogramm schwere Felsblöcke von Säulen getragen werden.

Professor Robert Dietz, Geologe und Ozeanograph an der

Environmental Science Service Administration in Washington, hat eine Karte des alten Kontinents *Gondwanaland* gezeichnet, der sich über einen Teil von Afrika, Südamerika, die Antarktis, Australien und Indien erstreckt haben soll. Er vertritt die Meinung, daß es diesen Kontinent vor 150 Millionen Jahren gegeben hat.

Die Geologen leugnen die Existenz dieser Kontinente keineswegs; doch herrscht große Unklarheit über deren geographische Ausdehnung, von der selbst die Überlieferungen nur wenig zu berichten wissen.

Eines Tages wird der Meeresboden wieder Festland werden und alles Versteckte preisgeben. Von Atlantis wird es jedoch keine Spur mehr geben. Die goldenen Tore der Stadt, die Kuppeln aus Oreichalkos, die Bronzestatuen, die Steinquadern der Bauwerke und die sterblichen Überreste dieses stolzen Volkes werden nur mehr unscheinbare Haufen von Erde und Sand sein.

Die Menschen des nächsten Zeitalters werden Forschungen über eine vom Meer verschlungene Zivilisation anstellen, die ihrer Meinung nach um den Mont Blanc gelegen gewesen sein mußte. Nach den Gesetzen der natürlichen Reinkarnation ist es möglich, daß in den tiefen Tälern zwischen den Azoren und den Bermudas inmitten eines dreifachen Ringes von Kanälen eine strahlende Stadt ersteht, die Poseidonis genannt werden wird.

Denn es ist nichts Neues unter der Sonne, ewig bleiben allein die Namen der Götter und der Staub, zu dem alles zurückkehrt, um als Ebenbild des Urwesens neugeformt wiederzuerstehen.

X. Hyperborea und Ägypten

Vor der Sintflut wurde die Geschichte von den Atlantern geschrieben, nach der weltweiten Katastrophe von den Hyperboreern, Kelten und Ägyptern.

Die Hyperboreer blieben allen Völkern im Gedächtnis als eine Elitegruppe, die in den polaren Gebieten um Thule gelebt haben soll. Kurz nach der Sintflut dürften sie ausgestorben sein, nachdem sie den Kulturen Nordeuropas den Stempel ihres Geistes aufgedrückt hatten. Doch findet man von ihnen kein einziges Bauwerk wieder, was den Schluß nahelegt, sie seien eher eine Kaste als ein Volk gewesen.

Hyperborea

Außer bei Hekataios von Abdera, einem griechischen Mythographen (um 300 v. Chr.), der das erste Buch mit dem Titel DIE HYPERBOREER geschrieben hat, finden wir die meisten Informationen über dieses geheimnisvolle Volk bei dem Historiker Diodoros Siculus.

»Hekataios«, schreibt Diodoros, »und einige andere behaupten, daß es über das Land der Kelten (Nordgallien) hinaus im

Ozean eine Insel gäbe, die nicht weniger groß sei als Sizilien. Diese im Norden gelegene Insel wird, so sagen sie, von den Hyperboreern bewohnt, die so genannt werden, weil sie über den Punkt hinaus wohnen, wo der Boreas bläst. Der Boden dieser Insel ist so fruchtbar, daß er zwei Ernten im Jahr hervorbringt ...

Hier liegt die Geburtsstätte der Latona (Mutter des Apollon), weshalb auch die Inselbewohner Apollon besonders verehren ... Sie sind sozusagen alle Priester dieses Gottes ... Die Hyperboreer sprechen eine eigene Sprache; sie zeigen sich gegenüber den Griechen, insbesondere den Athenern und Deliern (von der Insel Delos), äußerst wohlwollend, und diese Gefühle stammen aus sehr alter Zeit. Es gibt sogar Leute, die behaupten, daß mehrere Griechen den Hyperboreern einen Besuch abstatteten, daß sie reiche Opfergaben mit griechischen Inschriften dort gelassen haben und daß umgekehrt Abaris der Hyperboreer (ein skythischer Zauberer, der oft mit Apollon verwechselt wurde) einst nach Griechenland gereist war, um mit den Deliern die Freundschaft der beiden Völker zu erneuern.

Es wird auch noch gesagt, der Mond scheine von dieser Insel aus sich in nur geringer Entfernung von der Erde zu befinden, ja man könne sogar deutlich dessen Bodenerhebungen erkennen.

Es wird überliefert, Apollon steige alle 19 Jahre auf diese Insel herab. Nach Ablauf dieser Zeit hätten auch die Gestirne ihre Umlaufbahn beendet und seien wieder an ihren Ausgangspunkt gelangt. Diese Spanne von 19 Jahren wird von den Griechen das *Große Jahr* (Metonischer Zyklus) genannt. Während seines Erscheinens sähe man den Gott jede Nacht tanzen und die Zither spielen, von der Frühlingstagundnachtgleiche bis zum Aufgang der Plejaden, als würde er sich über die ihm entgegengebrachte Verehrung freuen.

Die Regierung dieser Insel und die Bewachung des Tempels ist Königen anvertraut, die Boreaden (Barden?) genannt werden und Nachkommen des Boreas sind.«

Das Ende des Textes von Diodoros Siculus könnte darauf hindeuten, daß Apollon nur ein Sonnensymbol war. Gewiß wurde er wie alle Götter der Antike mit einem Himmelskörper identifiziert; denn es war Brauch, ein höheres Wesen mit einem Gestirn zu vergleichen, um ihm Ehre zu bezeugen. Doch Apollon war kein Mythos, sondern wahrscheinlich ein Held, ein höherentwickelter Mensch aus dem Norden.

Bei den nordischen Völkern und den Skythen wurde er *Abaris der Hyperboreer* genannt. Er soll die Fähigkeit besessen haben, sich auf einem fliegenden Pfeil fortzubewegen, wie der König Bran aus dem Land der vielen Hügel, der vom Okzident ins Land des Jenseits mit der Geschwindigkeit einer – Boeing flog.

Apollon war also ein fliegendes Wesen wie der irische Zauberer Manannan mac Llyr, der den Raum und geheimnisvolle Regionen durchpflügte, wie die phönizische Göttin Astarte, wie Assur, der assyrische Gott, der als UFO oder auf einem fliegenden Stier dargestellt wurde, wie Nin-Girsou, der Gott mit den ausgebreiteten Flügeln von Akkad und Sumer, wie Horus der Ägypter, Orejona, die Mutter der Inkas, Quetzalcoatl, die geflügelte Schlange von Mexiko, oder wie Rama der Inder, der »*vimanas* in Kugelform steuerte, die vom starken Wind des Quecksilbers angetrieben durch die Lüfte flogen«.

Diese Helden oder Götter waren ebensowenig astronomische Mythen wie Apollon. In den Mythologien und nach den Berichten der Historiker der Antike konnten sie sich tatsächlich in den Lüften auf Flugmaschinen fortbewegen, die wohl in den meisten Fällen bei Kelten, Mayas, Inkas, Assyrern und Ägyptern wie Jets, fliegende Untertassen oder Raumraketen ausgesehen haben.

Der Pfeil des Apollon erinnert an einen Jet, Orejona kam auf einem »Raumschiff, das strahlender glänzte als die Sonne« und vielleicht von einem mit Sonnenenergie gespeisten Motor betrieben war, wie er auf dem Sonnentor abgebildet ist; Quetzalcoatl kannte die Düsenrakete der Steinzeichnung von Palenque, Astarte war mit dem Geheimnis der Schlange mit Propeller und Rückstoßantrieb verbunden, während Assur und Horus richtige fliegende Untertassen benützten: Die geflügelte Scheibe des Assur und das im Himmel schwebende Auge des ägyptischen Gottes (das Horus-Auge), dessen graphische Darstellung dem Querschnitt einer Vaid der außerirdischen Wesen von Baawi ähnelt.

Die Weltenschleuse von Thule

Die Hauptstadt der Hyperboreer war nach den Überlieferungen Thule, und mit diesem Namen wurde im Altertum der äußerste nördliche Rand der bekannten Welt verbunden, daher auch die Bezeichnung *Ultima Thule*.

Der Seefahrer Pytheas aus Marseille hatte beschlossen, so weit als möglich in den Norden vorzustoßen, und entdeckte dabei jenseits der Britischen Inseln eine Insel, »die zur Sommersonnenwende den Tag ohne Nacht und zur Wintersonnenwende die Nacht ohne Tag hatte«. Die Wissenschaftler seiner Zeit machten sich gewaltig lustig über diese Mitteilung. Als ob es ein solches Land geben könnte! Außerdem stammte Pytheas aus Marseille. Grund genug also, ihm nicht zu glauben; denn die Leute aus Marseille zeichneten sich zu allen Zeiten durch eine besondere Vorliebe für phantasievolles Geflunker aus.

Auch andere Seefahrer und Historiker sprachen von Thule und verwechselten es einmal mit Island, dann mit den Shetland- oder Orkney-Inseln, ein andermal mit Finnland oder Grönland, so daß heute niemand mehr wüßte, wo es tatsächlich lag, würde uns nicht die Tradition der Hyperboreer – von Hitler im Jahre 1938 sehr eigenwillig interpretiert – darüber Auskunft geben.

Thule lag an der Weltenschleuse, an jenem Punkt also, wo

man den irdischen Bereich verlassen konnte und wo die tellurischen Ströme zusammenliefen. Die Hauptstadt der Hyperboreer nahm somit eine Schlüsselposition ein, über die Guy Tarade, der Direktor des CEREIC in Nizza, eine interessante Theorie erstellt hat. Er meint, daß die Pole die »Tore zum Kosmos« waren, sozusagen zwei Fluchtkamine zum Verlassen unseres Globus, wo sich die Van Allenschen Strahlungsgürtel krümmen, die wegen ihrer radioaktiven Schichten von den Astronauten gefürchtet werden.

Dasselbe berichtet übrigens der Patriarch Henoch, der sich vor der Sintflut ins Land der Väter begab, in den hohen Norden, wo sich die »Tore zum Himmel« befanden. Und wir wissen auch, daß Henoch Interplanetarreisen unternommen hat und daß die Urväter, von denen er spricht, höhere Wesen außerirdischer Herkunft, also Astronauten waren.

Diese Kamine in den Van Allenschen Strahlungsgürteln hätten – Guy Tarade zufolge – als Ankunfts- und Abfahrtswege jener Wesen gedient, die eine höhere Kultur auf die Erde gebracht haben.

Würden wir von den Teilchengürteln nicht mehr geschützt, wäre unsere Erde einem kosmischen Bombardement ausgesetzt, das gefährliche Veränderungen hervorrufen würde. Zu unserem Glück werden sie vom Magnetfeld der Erde festgehalten.

Doch im Mai 1966 wurde beim Kongreß für Meeresforschung in Moskau von den amerikanischen Physikern Heezen und Bruce Alarm geschlagen. Die beiden Wissenschaftler hatten die »fossilen Kompasse« der Meeresböden untersucht und dabei festgestellt, daß vor langer Zeit eine totale Umkehrung der Pole stattgefunden haben muß und daß die derzeitige Magnetkraft der Erde immer schwächer wird. Heezen und Bruce haben berechnet, daß sie in zweitausend Jahren vollkommen versiegt sein wird. Eine lange Reihe von Katastrophen würde dann die normale Entwicklung der Arten auf unserer Erde auf das äußerste gefährden.

Man könnte sich sehr gut vorstellen, daß eine außerirdische Menschheit einst aus einem ähnlichen Grund gezwungen war, ihren Planeten zu verlassen; aus Angst vor einer Wiederholung des Phänomens hat sie sich am Nordpol niedergelassen. Außerdem ist anzunehmen, daß diese Raumfahrer – nennen wir sie Hyperboreer – über wissenschaftliche Kenntnisse verfügten, die den unseren überlegen waren. Von ihrer Schlüsselposition aus hatten sie die Möglichkeit, in das Nervensystem des Globus – die tellurischen Ströme – Energien zu injizieren, die in gewisser Hinsicht das menschliche Verhalten bestimmen konnten.

(Unser modernes Fernsehen hat doch letzten Endes genau dieselbe Wirkung: Nach dem repräsentativen Typus der Nation formt es das psychologische Verhalten der Fernseher.)

Der geographische Standort der Hyperboreer ermöglichte es ihnen daher, die wahren Herren der Welt zu sein. Wahrscheinlich führten sie einen Atomkrieg – von dem sowohl die Mayas als auch die Inder berichten – gegen die östlichen Zivilisatoren von Mu, wobei es bei dem Konflikt um den Besitz des Nordpols gegangen sein dürfte.

Ist es nicht eigenartig, daß auch heute noch zwei Atommächte, von denen die eine zum Teil auf dem früheren Boden von Atlantis, die andere auf Gebieten von Mu gelegen ist, einander den Besitz des Nordpols streitig machen? Wie durch ein Wunder trägt in unserem 20. Jahrhundert die wichtigste Stadt in diesem Gebiet den Namen Thule. Auch die Erde hat ihre Gedächtnischromosomen – und alles ist ewige Wiederkehr.

Das seefahrende Volk der Kelten

Die Archäologie und die Überlieferungen beweisen, daß die Hyperboreer oder ihre direkten Nachfahren, die Kelten, vor langer, langer Zeit Kolonisatoren waren, die ihre geistige Herrschaft über den ganzen Erdball ausgedehnt haben. Die Kelten, aus der Kaste von Thule hervorgegangen und durch ihre außerordentliche Eignung für die Seefahrt ausgezeichnet, fuhren nach Nord-, Mittel- und Südamerika, machten einen Abstecher nach Polynesien und eroberten das gesamte Mittelmeerbecken.

Die Pelasger (das Wort kommt von *pelagos* = vom Nordmeer kommend) sind die Ahnen der Griechen, Phrygier und Phönizier; sie verehrten die Gottheiten Apollon und Baal und erbauten Megalithe im Schatten einer Eiche oder auf dem Berg Ida.

Die Nuraghier, die Hyksos und andere »Völker des Meeres«, deren Kopfbedeckung der rituale Helm mit den Stierhörnern war, ließen sich in Korsika, Sardinien und Ägypten nieder. Die Phönizier lenkten ihre Schiffe in Gewässer, die weit außerhalb der Säulen des Herkules lagen, und es ist bemerkenswert, daß alle Seefahrernationen: Isländer, Iren, Briten (Engländer), Wikinger, Bretonen, Basken, Spanier und Portugiesen, keltischen Ursprungs sind und heute in Ländern leben, wo es Tumuli und Menhire in großer Zahl gibt.

Zweifellos hatten die gelben und schwarzen Völker niemals diese Berufung zu Seefahrern und Weltentdeckern. Sie waren seßhaft – im Unterschied zu den wandernden Kelten, die durch ihre von den raumfahrenden Ahnen ererbten Gedächtnischromosomen zu einem rastlosen Dasein getrieben wurden. Je reiner die keltische Abstammung, desto größer der Hang zur Seefahrt, desto stärker das typische Temperament des »Seevolks«. Es waren stets die Seenationen, die die übrige Welt kolonisiert haben. Aus ebendiesem Grund hat ein so mächtiges Reich wie Ägypten nie eine kulturelle Ausstrahlung gehabt, sondern mußte Invasionen fremder Völker erdulden, von denen die Hyksos die bedeutendsten waren.

Wie mächtig waren Ägyptens Pharaonen?

Ägypten wird das *Land der roten Menschen* genannt, denn der Purpur ist die Farbe des irdischen Königtums. Gott ist blau, Satan hat einen roten oder grünen, mit Purpur gefütterten Mantel, da er in Wahrheit die Menschen regiert. Bei den Tibetanern werden die vier Himmelsrichtungen durch Farben symbolisiert: Der Westen ist rot.

Den Edlen unter den Ägyptern, die von »göttlichen« Wesen abstammten, gelang es nach der Sintflut, eine außerordentlich glänzende Kultur zu entfalten. Wir lieben und verehren diese Kultur; sie wird stets alle Welt in Staunen versetzen, sie ist in Goldlettern in die Geschichte der Menschheit eingetragen, sie hat den Ruf des Unvergleichlichen, und doch ... Und doch muß endlich gesagt werden, daß die Sage und das Unwissen der von Gold und Geschmeide geblendeten Ägyptologen das Bild des wahren Ägyptens vollkommen verfälscht haben.

Waren die Pharaonen wirklich so mächtig, wie man immer sagt? Sie waren nichts als armselige Schattenkönige, denen es niemals gelang, eine Schlacht zu gewinnen oder auch nur einer Rotte von Söldnern Angst einzujagen. Ein Volk oder eine Horde von Abenteurern fällt in Ägypten ein. Was geschieht? Gar nichts. Es kommt nicht einmal zum Kampf, denn der mächtige Pharao und das mächtige ägyptische Heer fallen um wie die Marionetten!

Vor 3500 Jahren gelingt es einer kleinen Schar, dem Volk des Moses, die heiligen Gefäße und wertvollsten Gegenstände in den Tempeln zu stehlen und unbehelligt in die Wüste zu entkommen. Sie haben weder Waffen noch Armeen, noch Elefanten oder Pferde, sie haben kaum das Notwendigste zum Leben. Die »mächtige« Armee des Pharao folgt ihnen nach, aber es gelingt ihr weder, sie einzuholen noch sie zu schlagen ... Im Gegenteil, sie wird – wie die Bibel berichtet – beim »Durchgang durch das Rote Meer« vernichtet. Ist das nicht grotesk?

Ägypten war zu allen Zeiten ein dürrer, unfruchtbarer Boden, ein armes Land, das von Herrschern ohne große Macht regiert wurde. Bis zur XVI. Dynastie wurden diese Könige, später Pharaonen genannt. Ägypten erstreckt sich über eine Länge von ungefähr 1500 Kilometern, aber abgesehen vom Nildelta ist das bebaubare Land nirgends breiter als 3, höchstens 5 Kilometer. Kein Ackerland, kein Wasser außer dem Nil, diesem vergifteten, fluchbeladenen Fluß, in dem sich seit Jahrtausenden die furchtbaren Keime der Bilharziose entwickeln, einer ansteckenden Krankheit, die Millionen von Menschen das Leben kostete. Ägypten, das Land der Wüste, der Trockenheit, der Hungersnot, des Elends ... Diese Wüste war niemals ein reiches, üppiges Gebiet, wie es ohne den geringsten Beweis behauptet wird (außer vielleicht in grauer Urzeit); alle bekannten Ruinen, alle Tempel befinden sich im Tal, am Rande des Nils und nirgends sonst. Bereits 10 Kilometer vom Fluß entfernt hören Bodenkultur und Zivilisation auf, haben dort seit eh und je aufgehört.

In diesem trostlosen Land waren das Volk und die Pharaonen der gleichen Not, dem gleichen Elend ausgeliefert. Sie mußten, wie alle Wüstenvölker, ihre ganze Kraft und Erfindungsgabe einsetzen, um Hunger, Durst und Verzweiflung zu besiegen. Die siegreichen Kriege der mächtigen Pharaonen? Nichts als Legende. Gegen wen soll man Krieg führen, wenn man keine Nachbarn hat und völlig mittellos ist? Zum Thema »Siege« hat die Geschichte nur Niederlagen verzeichnet: gegen die Perser, Mazedonier, Hyksos (der Name bedeutet »Fürsten der Fremdländer«), Griechen, Römer, Engländer, Franzosen, Israelis ...

Völlig verzweifelt in ihrem ungastlichen Land, setzten die Ägypter ihre Hoffnung in eine tröstende Religion, die ihnen ein glückliches Leben im Jenseits vorspiegelte. Sie opferten ihr irdisches Leben zugunsten eines Lebens nach dem Tode und verbrauchten ihre Kräfte, um es vorzubereiten. Sie, die nicht einmal Wohnhäuser hatten, errichteten gigantische Tempel, riesige Pyramiden und prunkvolle Gräber, von denen die meisten noch immer im Tal der Könige bei Luxor verborgen sind.

Diese Gräber, so dachten sie, würden ihre Wohnstätten werden, sobald sie ihr Leben ausgehaucht hätten. Dann, nach einem dreitausend Jahre währenden Purgatorium, könnten sie – vorausgesetzt, daß ihre Mumien der Zersetzung widerstanden – ins *Grüne Paradies* gelangen. Dies war für sie das auf Erden unauffindbare, nahezu unvorstellbare Bild von Wiesen, auf denen grünes Gras und – wer weiß? – vielleicht auch Blumen wuchsen. Ein Bild, das auch mit den herrlichen Zeiten übereinstimmte, von denen ihre Ahnen, die Atlanter und Kelten aus dem vorsintflutlichen Green Land, dem Grünen Land des Okzidents, berichtet hatten.

Das besondere Glück für Ägypten bestand darin, daß es als eines der ersten Länder nach der Sintflut von höherentwickelten außerirdischen Wesen besucht wurde, die das *ägyptische Wunder* vor 10 000 Jahren vollbrachten; zu einem Zeitpunkt, da sich in anderen Teilen der Welt die Völker bemühten, schön langsam den steilen Pfad der Zivilisation wieder zu erklimmen.

Die goldenen Schlüssel zur Wahrheit

Die Ägypter hatten am Ende des Alten Reiches, also nach der thinitischen Epoche der Könige von Abydos, den ursprünglichen Sinn ihrer Symbole und ihrer Religion vergessen. König Djoser war vielleicht der letzte, der wenigstens noch über einen Teil des alten Wissens verfügte, das er seinerseits hauptsächlich seinem Architekten Imhotep verdankte.

Aus diesen fernen Zeiten blieb uns nach dem Untergang von Memphis nur der Tempel von Abydos erhalten, der trotz verschiedener Restaurierungs- und Umbauarbeiten nicht nur der älteste Tempel der Welt ist, sondern auch der einzige, aus dem die Primhistorie Ägyptens abgelesen oder zumindest erahnt werden kann.

Ägyptologen und Touristen begeistern sich gleichermaßen an den Reliefs von Karnak, Luxor und Denderah, die abgesehen von ihrem künstlerischen Wert keinerlei historische Bedeutung haben, da sie keine einzige wichtige Aussage über die Geschichte des alten Ägypten enthalten. Ramses II. und andere Pharaonen der jüngeren Zeit haben auf diesen Tempeln ihre angeblichen Großtaten bombastisch verewigt. Den dargestellten Taten und Persönlichkeiten ist jedoch nicht mehr Bedeutung beizumessen als dem Tagesklatsch aus der Pariser Hautevolee.

Der größte Fehler, den man beim Studium des alten Ägypten machen kann, ist es, sich im Sumpf des spät entstandenen Götterkults um Seth, Isis und Osiris zu verlieren. Denn in ihm fand nur das Unverständnis der Priester und Volksmassen seinen Ausdruck, wie in den christlichen Legenden von der heiligen Therese von Lisieux oder dem Wunder von Fatima. Streichen wir Isis, Osiris und Seth, und schon ist das Dickicht der Geschichte Ägyptens entwirrt. In Wahrheit hat diese Geschichte vier wesentliche Schlüsselelemente:

– Atum, der Gott der ersten Ägypter.

– Mnevis, der heilige Stier des Atum; der Name ist die griechische Transkription von Mr-wr (sprich »meru-ur«).

– Die fliegende Schlange oder Barke mit dem Widderkopf (sie wird fälschlicherweise Sonnenbarke genannt).

– Der fliegende Widder oder fliegende »Gott« (= Initiator), der vielleicht Atum war (in späterer Zeit wurde er Amon genannt).

Thot der Weise hatte einen Befehl erlassen, der alle künftigen Könige verpflichtete, in erster Linie und vor jeder anderen Kulthandlung dafür Sorge zu tragen, daß dem »lebenden Widder« Opfer dargebracht würden, da sie sonst die größten Unannehmlichkeiten zu erwarten hätten.

Dann gibt es noch vier kleinere Schlüssel zum Tor der ägyptischen Geschichte: Athor (Venus) – Horus – Thot, der Himmelsbote und Gründer der Stadt der Acht Götter – Ptah, der Initiator.

Von diesen acht Elementen ausgehend, ist es ein leichtes, die Primhistorie Ägyptens bis zum Ende des Alten Reiches in Einklang mit der Archäologie und der Geheimlehre zu rekonstruieren. Mnevis ist der zeugende Stier. Meru ist der heilige Berg der Hindus, von dem die erste Stammesgruppe ausging. Dieser Meru liegt angeblich zwischen Aralsee und Kaspischem Meer oder auf dem Iranischen Hochland. Er soll die Form einer Pyramide mit einer weißen Ost-, einer gelben Süd-, einer schwarzen West- und einer roten Nordseite haben. Es ist bemerkenswert, daß die höchste Pyramide der Welt, jene bei Sian in der chinesischen Provinz Schansi – sie ist 300 Meter hoch und 7000 bis 14 000 Jahre alt –, folgende Farben des chinesischen Kultes trug: schwarz im Norden, grün im Osten, rot im Süden und weiß im Westen. Der Mittelpunkt war gelb.

Im Heiligtum von Heliopolis, das Atum und Mnevis geweiht war, wurde die Gottheit durch einen phallischen Menhir symbolisiert, der die Schöpfung der Materie darstellt, den zuerst aufgetauchten »Urstein«, als das Wasser die Erde freigab. Später wurde er zum Stein, auf den zum erstenmal das Licht der Sonne fiel, was bereits einer Fehlinterpretation nahekommt. In Heliopolis entstand auch der Kult der Obelisken.

Wenn man Atum, Mnevis-Meru den Erzeuger, die Pyramide, von der das Leben nach der Sintflut ausging, und den Phallus-Obelisken, der auch der Urstein ist, verbindet, erhält man die großen Linien der Weltgeschichte nach der Sintflut.

Falsche Primhistorie durch falsche Götter

Wie die ägyptische wurde auch die griechische Primhistorie in ihrem Wesen verfälscht durch den Einbruch von neuen Göttern wie Zeus, Athene, Hermes, Ares und Aphrodite, die nur mehr Zerrbilder der außerirdischen Intelligenzen und Helden der ersten Zeit waren. Die Flüge von Schafen und Ochsen, Zeus, der Menschenform annimmt, Zeus, der Menschenfrauen liebt, die Taten des Herkules, sie alle verloren ihre geheime Bedeutung und entarteten in Elemente einer primitiven Mythologie für das niedere Volk.

In ihrer ursprünglichen Wahrheit waren Apollon, die Kabiren und der Gott Hel bei den Griechen und Phöniziern sowie Atum, Amon, der Widder, die Schlange bei den Ägyptern keineswegs die Bilderbuchfiguren, zu denen sie schließlich wurden. Rá, die Sonne, wird als die höchste ägyptische Gottheit betrachtet; doch in Wahrheit ist Atum die weitaus komplexere und entsprechendere Verkörperung des Weltenschöpfers. Am Anfang der Kultur der Völker standen kein Demiurg und keine falschen Götter, in die er aus Unverständnis verwandelt wurde, sondern zu Göttern erhobene Helden, Initiatoren, die von einem anderen Planeten kamen.

Das Geschwätz der Reliefs von Luxor und Karnak ist vergleichbar mit den rein dekorativen Motiven, die es in den christlichen Kirchen und Kathedralen in Unmengen gibt. Eine Kathedrale hat ihre Hauptsymbole, aus denen der Eingeweihte das Wesen der Religion herauslesen kann: das Kreuz an der Spitze des Bauwerks, der Gekreuzigte, die Dreifaltigkeit, der Tabernakel und dergleichen mehr. Aber die Sakristei, die noch so sympathische Statue des guten Pfarrers von Ars, die unbedeutende der Therese von Lisieux oder die unserem Herzen am nächsten stehende der Jungfrau von Orléans sind nur Anekdoten am Rande, die der Religionsgeschichte in ihrem Kern eher schaden als nützen. Der Esoteriker weicht den Labyrinthen des

Nebensächlichen aus, erkennt dafür aber die Bedeutung der Virgo Mater Genitrix als Symbol der mystischen Mandel und der Höhle der Einweihung.

Touristen und Ägyptologen fallen vor Begeisterung in Ekstase angesichts von Reliefs, die keine tiefere Bedeutung haben; sie schwelgen in Ausdrücken, Bildern und Symbolen, die letztlich ganz oberflächlich sind: Isis, Osiris, die doppelte Krone Ägyptens, die Seelenwaage, die katzenköpfige Bast, die Mondscheibe, die Sonnenbarke... und plumps! sind sie in den Märchenteich gefallen und werden niemals die Wahrheit in ihrem strahlenden Glanz kennenlernen.

Dabei liegt die Wahrheit viel offensichtlicher vor ihren Augen als die Histörchen der Reliefs: in erster Linie auf der Oberschwelle und dem Giebel des Tempels findet man die geflügelte Scheibe und die auf dem Schwanz aufgerichteten Uräusschlangen, sowie im allgemeinen gut erhaltene Fresken, die Horus den Sperber und fliegende Wesen zeigen. Außerdem sind die beiden Pfeiler, die den Giebel stützen, fast immer von zwei 10 bis 15 Meter langen Schlangen geziert.

Hier stehen wir nun vor der wichtigsten Botschaft des ägyptischen Tempels, vielleicht sogar vor der Geschichte der Welt: Sie verbirgt sich hinter dem Geheimnis der fliegenden Schlangen und erzählt von Wesen, die vom Himmel kamen...

Das Geheimnis der sogenannten Sonnenbarken

In Abydos liegt der älteste Tempel Ägyptens, der einzige alte Tempel überhaupt, denn er ist vor 10 000 Jahren erbaut worden, während Luxor, Karnak, Medinet Habu und andere nur 4 bis 5 Jahrtausende alt sind. Im ältesten Teil des Tempels zeigen die Reliefs und Fresken ein ganzes Heer von Schlangen und Barken mit Widderkopf, die den Erklärungen der Historiker trotzen.

In Karnak ist eine Barke mit einem doppelten Widderkopf in den Stein gehauen; eine Kopie dieser großartigen und rätselhaften Skulptur ziert die Halle des Hilton-Hotels in Kairo.

Die Barke, fälschlich »Sonnenbarke« genannt und in späterer Zeit nur mehr als solche verstanden, ist eine Deformierung des Bildes der Schlange: Dies geht aus zahlreichen im Museum von Kairo aufbewahrten Manuskripten hervor. Die Schlange wiederum repräsentiert einen Flugapparat, den man in dieser oder ähnlicher Form in allen Teilen der Welt findet. Der Widderkopf stellt die Initiatoren dar, die die ersten Königinnen von Ägypten ehelichten und die Wissenschaften und Künste lehrten. Weil in ihren Adern das Blut dieser »göttlichen Wesen« floß, durften die Herrscherinnen sich nur mit solchen königlichen Familien verbinden, die gleichen außerirdischen Geblüts waren. Ab der Zeit des Mittleren Reiches holten sich die ägyptischen Könige ihre Gemahlinnen oft aus dem Vorderen Orient, aus Phönizien hauptsächlich, also von dort, wo die außerirdischen Wesen der zweiten Periode – um das Jahr 5000 v. Chr. – den Kult des Baal, der Astarte und der Venus-Götter eingeführt hatten.

Der Sothis-Kalender

In der ägyptischen Kultur, die wie die keltische älter war als die phönizische, wurde der Venus keine besondere Verehrung zuteil; ihr Kult war dem der älteren Götter gleichgestellt. Herodot berichtet, daß der Venus in Memphis, im Tempel des Proteus, eine Kapelle mit einem Altar geweiht war mit der besonderen Widmung an *Venus die Fremde*.

Der »Meister von Heliopolis«, Anubis Schenouda, versichert, daß die Pyramide von Sakkara der Sakhra geweiht war, was auf ägyptisch »Stein, Komet, Planet Venus« heißt. Der Morgenstern wurde auch als Königin des Himmels verehrt. Dem

Stern wurde aber nie eine Sonderstellung vor den anderen Göttern und Göttinnen eingeräumt. Es hat also den Anschein, als hätten die sogenannten Venusleute auf Erden nur den Mayas, Inkas und asiatischen Völkern ihr Wissen vermittelt.

Dagegen wurde der Sirius von den Ägyptern ganz besonders verehrt. Der erste Monat des Jahres begann feierlich mit dem heliakischen Aufgang des Sirius oder Sothis, der später im Rahmen des neuen Kultes »Stern der Isis« genannt wurde. »Der genaueste Kalender, der in Ägypten erstellt wurde«, schreibt Marcelle Weissen-Szumlanska in INITIATION ET SCIENCE 1957, Nr. 43, »stammt aus dem Jahre 4245 v. Chr. und gründet sich auf den Aufgang des Sirius (Sothis), also auf den Augenblick, da dieser Stern am Horizont sichtbar wurde.« Professor Etienne Drioton bestätigt diese Datierung: »Unter diesen Umständen liegt das wahrscheinlichste Datum zwischen den Jahren 4245 und 4242, also mitten im Neolithikum.«

Diese genauen Angaben beweisen, daß die Ägypter schon vor 6200 Jahren über ein beachtliches astronomisches Wissen verfügten. Der Historiker Soto Halle datiert den Tempel von Memphis auf 7000 v. Chr., was bedeuten würde, daß die ägyptische Kultur mindestens 10 000 Jahre alt ist.

Atlanter und Ägypter

»Ein Stein des Löwentors von Mykene trägt die folgende Inschrift: Die Ägypter stammen vom Sohn des Thot ab, dem ägyptischen Priester von Atlantis«, schreibt Pater Pierre Perroud in L'EMPIRE DE L'ARC-EN-CIEL (Das Reich des Regenbogens). Er berichtet ferner, daß Binotros, ein Pharao der II. Dynastie, eine Expedition zur Atlantikküste aussandte, »auf der Suche nach dem Land Atlantis, von wo 3350 Jahre früher die Vorfahren der Ägypter gekommen waren und das Wissen ihrer Heimat mitgebracht hatten«. Sie fanden keine Spur mehr vom Kontinent der Atlanter, fährt Pater Perroud fort, und dies aus gutem Grunde: Zu diesem Zeitpunkt ruhte er längst auf dem Meeresboden.

»Sprachforscher, Ethnologen, Anthropologen und Historiker suchen den Ursprung der Kulturen immer im Osten«, schreibt Marcelle Weissen-Szumlanska, »und sie tun dies, obwohl in den homerischen Epen und in den ausführlichsten alten historischen Texten (Herodot und Strabon) genügend gegenteilige Hinweise vorhanden sind.« Ich hege eine tiefe Bewunderung für den Scharfblick dieser Wissenschaftlerin; sie ist eine seltene Erscheinung unter den Ägyptologen. Neben Mariette-bey, Gaston Maspéro, Etienne Drioton und Vandier hat sie das Problem Ägypten wirklich logisch durchdacht.

»Instruktoren, die in kleinen Gruppen nacheinander aus dem Westen kamen, herrschten jahrhundertelang in Ägypten. Dann zogen sie in den Osten« (E. Drioton und Vandier: L'Egypte, époque préthinite – Ägypten, präthinitische Epoche). Diese Instruktoren, Shemsu-Hor (Diener des Horus) genannt, waren nach Etienne Drioton halbgöttliche Wesen und jedenfalls »weit mächtiger, als jemals Menschen, selbst Könige sein konnten«. Sie regierten viele Jahrtausende vor den Königen, deren Namen auf dem Stein von Palermo eingraviert sind, und vor den sogenannten Menschenkönigen, von denen Menes der erste gewesen sein soll. Es hat vier Perioden gegeben, deren letzte 4200 Jahre vor unserer Zeitrechnung zu Ende ging. Daraus schließt Marcelle Weissen-Szumlanska, daß die Nilkultur 10 000 bis 12 000 Jahre alt ist: Ich teile diesen Standpunkt ebenso wie Professor Malaise, der überdies versichert, daß das amerikanische Atom-U-Boot »Nautilus« bei der Durchfahrt unter dem Pol einen großen Erosionsgraben benützte, der von einem ehemaligen Strom des Atlantiks gegraben wurde (M. Malaise: Atlantis en geologisk verklighet – Atlantis, eine geologische Wirklichkeit).

Auf ihren Forschungsreisen in Südmarokko fand Marcelle

Weissen-Szumlanska vom Kap Draa bis Reggane den Verlauf der *Piste der Großen Nomaden*, die die Fortsetzung der *Kaiserlichen Straße* der Karte von Herodot ist. Diese Straße, deren Spuren mein Freund Christos Mavrothalassitis in Tunesien von Djerba bis zum Tritonis-See verfolgte, soll der Weg gewesen sein, den die Atlanter vor der Sintflut benützten, um mit den Ägyptern Handel zu treiben.

Wo lag Punt?

In den ägyptischen Überlieferungen ist oft von einem Land die Rede, das Punt genannt wird, über das aber genauere geographische Angaben fehlen. Die ägyptischen Seefahrer fuhren in dieses Land, um Weihrauch, Myrrhe, Elektrum (eine bernsteinfarbene Mischung aus Gold und Silber) und Edelhölzer zu holen.

Heute nimmt man an, daß Punt in Rhodesien, und zwar um die Ruinenstadt Simbabwe gelegen hat. Der Schriftsteller A. Moret (LE NAUFRAGÉ – Der Schiffbrüchige, ein Volksmärchen) und Marcelle Weissen-Szumlanska (LES HOMMES ROUGES – Die roten Menschen) glauben, daß Punt auf einer riesigen Insel von unermeßlichem Reichtum lag, von der die Außerirdischen oder »Diener des Horus« stammten. Die Ägypter verehrten Punt als das göttliche Land, aus dem die Menschheit ihren Ursprung genommen hatte.

Maspéro hat in seinen MÄRCHEN die Beziehungen festgehalten, die eindeutig zwischen der geheimnisvollen Insel, dem Ort der Handlung seines Buches, und Atlantis beziehungsweise der Sankt-Brandans-Insel bestehen. Auf diese Insel wird man nur zufällig durch heftige Stürme verschlagen; als ein ägyptisches Schiff auf diese Weise an ihre Ufer gelangt, wird der Kapitän, der Held der Geschichte, vom Schlangenkönig herzlich empfangen. Sobald der Ägypter mit märchenhaften Geschenken überhäuft die Insel verläßt, verwandelt sich diese in Wasser und verschwindet aus der sichtbaren Welt, um in der Erinnerung des Schiffbrüchigen um so lebhafter weiterzubestehen. Diese Insel, meint Maspéro, sei die Wiege der ägyptischen Zivilisation und ihr Schlangenkönig der König von Punt gewesen.

In einem auf Antilopenhaut geritzten Text, den Brasseur de Bourbourg in einer guatemaltekischen Tempelruine fand, wird von einer Insel berichtet, die durch einen Flammenstoß aufbricht. Eine enorme, von Osten kommende Schlange vernichtet alle Bewohner der Insel, ihre unvorstellbaren Schätze und die Tore ihrer Paläste aus massivem Gold. »Der Schlangenkönig blieb von der Katastrophe verschont; er zog sich in einen unterirdischen Gang zurück, der in sein anderes Land führte« (Kingsborough: ANTIQUITIES OF MEXICO, Bd. VI).

Marcelle Weissen-Szumlanska meint dazu, bei diesem Schlangenkönig handele es sich um den von Tollan-Tlapallan (Mexiko), »da beide einander wie Brüder ähnlich sind«. Punt und Mexiko sind also durch gemeinsame Elemente verbunden, die abermals an Atlantis erinnern. Die Shemsu-Hor hatten auf der Wange »die tiefe Narbe der Menschen von Punt ... die Narbe der Anführer der Gruppe«. Torquemada sagte, auch Quetzalcoatl habe eine Narbe auf der Wange gehabt.

XI. Primitivkulturen

Obwohl die Bevölkerung der Erde durch die Sintflut stark dezimiert war, setzte sie – von einer inneren Kraft getrieben – alles daran, neue kulturelle Ansätze zu schaffen. Manche Volksgruppen, zweifellos jene, die biologisch gesehen am besten dafür geeignet waren, wanderten aus und hatten Kontakte mit anderen Völkern, was ihren Aufstieg beschleunigte. Außerdem hatten sie das Glück, von »Fremden« unterrichtet zu werden, die ihnen die grundlegenden Elemente des unbekannten oder vergessenen Wissens vermittelten.

Andere Volksgruppen blieben in geographisch abgelegenen Gebieten außerhalb dieser Bewegung. Jahrhundertelang kamen sie nicht über eine sehr niedrige Entwicklungstufe hinaus, bis das Erbgut nach und nach durchbrach und sie das Wissen und die Kenntnisse wiedererlangten, die sie zu zivilisierten Menschen machten. Kann man bei diesen Völkern überhaupt von Kulturen sprechen? Ja, vorausgesetzt, daß sie Wohnstätten errichten, Töpfe brennen und eine Religion entwickeln konnten. Dies gilt für einige prähistorische Stämme, von denen die Archäologen Überreste von Behausungen und Gebrauchsgegenstände gefunden haben.

Vor 12000 Jahren entstand Oude

Oude oder Aoudh, Provinz und Stadt gleichen Namens in der Nähe von Lucknow in Indien, ist das alte Ayôdhyâ, wo sich dem Ramayana und dem Mahabharata zufolge die Arier im Jahre 2163101 v. Chr. niederließen. Ist es überhaupt nötig zu sagen, daß nach unserem Kalender dieses Datum unbedingt falsch ist? Wären es 10000 Jahre vor unserer Zeitrechnung, dann ließe sich darüber reden, doch Sage ist Sage, und diese zwei Millionen Jahre haben wahrscheinlich eine Bedeutung, die wir nicht erfassen.

Wenn man über die geophysikalische Vorbestimmung der Orte und über die Fortdauer der atavistischen Anziehungskraft Spekulationen anstellt, darf man annehmen, daß die Stadt Oude vor 2 Millionen Jahren von einem Volk bewohnt wurde, das nach jeder Sintflut unweigerlich an denselben Ort zurückkehrte. Atlantis ist vor 12000 Jahren untergegangen; in einigen Jahrhunderten oder Jahrtausenden, wenn die Meere wieder zu Kontinenten geworden sind, werden sich – gerufen von ihren Gedächtnischromosomen – ferne Nachkommen der Atlanter irgendwo bei den Azoren niederlassen. Wenn es dann noch eine überlieferte Geheimlehre gibt – und es ist anzunehmen, daß dies der Fall sein wird –, dann wird es unglaublich klingen und doch wahr sein, wenn Eingeweihte behaupten, daß der erste König des neuen Kontinents vor weit mehr als 20000 Jahren den Thron bestieg. Vielleicht ist die Datierung der Arier genauso zu verstehen.

Der erste König von Ayôdhyâ war Ikshwahu, was an das Wort *Iks* erinnert, das in der Sprache der Mayas Venus bedeutet. Leider scheint die Überlieferung unter den Nachkommen dieses Königs verlorengegangen zu sein. Von Ikshwahu bis Râma zählt man 62 Könige und nur 33 nach Râma, der im Jahre 867101 regiert haben soll, während die Historiker vorsichtig schätzen, daß es um 2000 v. Chr. gewesen sein könnte.

Eine einfache Rechnung ergibt, daß die echten Zahlen ungefähr mit 220 multipliziert worden sind. 869 000 (von heute gerechnet) dividiert durch 4000 ergibt 217, sagen wir der Einfachheit halber 220. Wenn man nun 2 165 000 durch 220 dividiert, kommt man auf 9841 Jahre, was also den 10 000 Jahren in etwa entspricht, die ich für die Niederlassung der Arier in Oude angab. Ich weiß nicht, warum die Zeiten mit 217 oder 220 multipliziert worden sind, doch dieser Schlüssel scheint einer objektiven Wahrheit zu entsprechen. Die arische Kultur in Indien wäre demnach ungefähr gleich alt wie die Kultur der Kelten und der Mayas.

Die Titicaca-Kultur

»Ich habe mit eigenen Augen einen gepflasterten Weg und zyklopische Mauern gesehen ... Es war in einer Tiefe von 8 Metern im bolivianischen Titicacasee, 200 Meter von Puerto Acosta entfernt.« Dies berichtete 1967 ein junger argentinischer Diplomat, Ramon Avellaneda. Vor ihm hatte bereits ein Professor namens Malinowsky im See eine richtige Stadt entdeckt. In Peru und Bolivien waren zahlreiche Legenden in Umlauf über versunkene Städte, über Schätze des Sonnentempels, die von den Inkas vor der Besetzung durch die Konquistadoren ins Wasser geworfen worden sein sollen. Doch leider mußte man alle diesbezüglichen Hoffnungen begraben!

Im Jahre 1968 erforschte Major Cousteau den Titicacasee an Bord von sogenannten »Meeresflöhen«, kleinen Tauchglocken mit einer Länge von 2,90 Meter und einer Breite von 1,80 Meter. Der Major stieß bis zu Tiefen von 300 Metern vor, doch konnte er keine Spuren einer versunkenen Stadt finden.

Gewiß befinden sich in Ufernähe unter Wasser einige Dörfer, die an ihren Umfriedungen zu erkennen sind, und man sieht auch hier eine Straße und dort einen ganzen Hafen im

KOLUMBIEN
Quito
ECUADOR
Amazonas
BRASILIEN
Trujillo
PERU
Cerro
de Pasco
Palpa
Callao
Lima
Cuzco
Paracas
Puquio
Nazca
Titicacasee
Ampato
Misti
Chachani
Arequipa
La Paz
La Joya
Mollendo
Pazifischer Ozean
BOLIVIEN
Altiplano
CHILE
0
200
400 km
ARGENTINIEN

See, doch das ist auch schon alles, und von einer Titicaca-Kultur kann in Wahrheit keine Rede sein. Major Cousteau fischte lediglich 38 Kilogramm schwere Forellen und entdeckte unbekannte Krötenarten und Riesenpflanzen.

Wie bei solchen Expeditionen nicht anders zu erwarten, haben sich auch hier einige UFO-Fanatiker gefunden, die mit ihrem Eifer das Phänomen der fliegenden Untertassen in Mißkredit bringen; sie behaupteten, die Tauchversuche hätten in erster Linie die Auffindung von Basen für fliegende Untertassen zum Ziel gehabt. Selbstverständlich entbehrten diese Behauptungen jeder Grundlage.

Hingegen wurde vor der peruanischen Küste, in einer Tiefe von 2000 Metern, eine Entdeckung gemacht, die viel eher ernst zu nehmen ist: Auf dem Meeresboden fand man eine Reihe von behauenen Säulen, von denen einige sogar aufrecht stehen. Die Plastiken wurden in einer Entfernung von 80 Kilometern von Callao von den Technikern des Forschungschiffes »Anton Brunn« lokalisiert und fotografiert. Sind es Spuren einer versunkenen Kultur oder nur die Fracht eines alten spanischen Schiffes? Auf diese Frage gibt es keine Antwort. Unter allen Breitengraden wurden ähnliche Beobachtungen gemacht, für die jede Erklärung fehlt.

Die Bibel der Schwarzen
Simbabwe und die Foggaras von Adrar

Im Jahre 1968 entdeckte eine holländische Expedition in Deir Alla im Jordantal eine neue Fundstätte. Man fand unter anderem eine Töpferarbeit mit unbekannten Schriftzeichen und eine 4000 Jahre alte Gipsverkleidung, auf der eine religiöse Zeremonie dargestellt war – ein Beweis dafür, daß es vor den Hebräern und Kanaanitern auf dem jetzigen Gebiet von Israel eine unbekannte Kultur gegeben haben muß.

Ein anderer interessanter Fund wurde in Indien gemacht: Ein ebenfalls vier Jahrtausende altes Skelett wies eine Radioaktivität auf, die fünfzigmal stärker war als jene des umliegenden Bodens – so als sei der Verstorbene atomisiert worden.

In Südrhodesien gibt es eine Ruinenstätte mit zahlreichen Rundtürmen, die nur an der Spitze eine Öffnung haben; das Ganze bildet eine elliptische architektonische Einheit, die nirgends Kanten, sondern überall nur abgerundete Ränder aufweist. Der Ort heißt Simbabwe. Bis vor kurzem glaubte man, dies sei die älteste Kultur auf dem schwarzen Kontinent.

Ein Medizinmann namens Wuzamazulu Credo Mutwa aus dem Stamm der Bantu-Buschmänner war von dem Gedanken besessen, er müsse berichten, was er über die Kultur und die Geschichte der Schwarzen wußte. Er brach seinen Eid zu schweigen und schrieb ein Buch, INDABA MY CHILDREN, das in Johannesburg herausgegeben wurde und von dem mir eine Schweizer Künstlerin, Signora P. J. M. Kluitman de Campestro, freundlicherweise kurz den Inhalt mitteilte:

»Nach der Beschreibung der Entstehung der Welt wird in dem Buch die Geschichte eines roten Urvolkes berichtet, das die Radioaktivität, die Roboter und Raumfahrzeuge gekannt hat. Es wurde von einem bösen Herrscher auf einen fremden Planeten entsandt, um die ›Mutter der Schöpfung‹ Ninavanhu-Ma zu rauben. Der Erfolg war die totale Zerstörung dieses Volkes und des Kontinents mit Ausnahme einer Frau von reinem Blut und eines männlichen Wesens aus einer niederen Kaste. An Bord eines künstlichen Fischs gelangten die beiden zur Mündung des Kongo. Die Frau wurde die Stammutter der Pygmäen und Buschmänner; dann bevölkerte sie ›gemeinsam mit Odu, ihrem Reise- und alten Stammesgefährten‹, das Gebiet von Kamerun, wo auch heute noch die Sprache des Paläolithikums gesprochen werde.

Als Afrika bereits stärker bevölkert war, kamen Phönizier, die am Ufer des Makari-Karisees in Betschuanaland eine Kolonie gründeten. Sie exportierten das Gold aus den Bergwerken und zahlreiche Sklaven. Ihre Stadt wurde durch eine Revolte zerstört. Die Phönizier wurden *Ma-iti* genannt. In ganz Afrika werden von den Zauberern noch Helme, Schwerter und andere Waffen dieser Eroberer aufbewahrt.

Später kamen andere Fremde, die mit Schiffen den Sambesi hinauffuhren. Sie erbauten wieder ein befestigtes Zentrum aus den Steinen der phönizischen Ruinen, die sie von Makari-Kari bis zum jetzigen Simbabwe transportierten, das eigentlich Zimambje heiße...«

Einer meiner Korrespondenten, Michel Poirier aus Kanada, schreibt mir zum Thema der geheimnisvollen Foggaras in Mauritanien:

»Die Foggaras von Adrar zeigen, daß die Oasen manchmal durch menschliche Erfindungsgabe geschaffen wurden. Es sind weitläufige unterirdische Galerien, die oft bis in eine Tiefe von 80 Metern unter dem Wüstenboden gegraben wurden. Sie sind in zahlreiche Netze verzweigt, die sich über Dutzende von Kilometern erstrecken und an weit entfernten Punkten das Wasser der seltenen Regenfälle sammeln (in der Sahara regnet es durchschnittlich einmal in 10 Jahren). Diese Galerien werden in Abständen von 100 Metern durch *seggias* genannte Schächte entlüftet. Sie werden auch heute noch instand gehalten, doch niemand weiß, wer sie gebaut hat. Als wahrhaft titanische Leistungen, die mit einem geradezu lächerlichen Werkzeug vollbracht wurden, verdienen es die Foggaras, in einem Atemzug mit den Pyramiden genannt und in die Reihe der bedeutenden Bauten unserer geheimnisumwitterten Vergangenheit aufgenommen zu werden. Selbst in unseren Tagen würde der Bau eines solchen Systems von unterirdischen Galerien für die Ingenieure weit größere Probleme mit sich bringen als der Bau des U-Bahnnetzes einer modernen Großstadt...«

Die Geschichte beginnt in Chatal-Huyuk

Nun ist er endlich besiegt, der alte Mythos vom Licht der Kultur, das zuerst auf Sumer gefallen sein soll. Mit ihren lächerlichen 5000 Jahren wird die sumerische Kultur von den Kulturen in Ägypten, Mexiko, Peru, Gallien und Mitteleuropa an Alter bei weitem übertroffen.

Kürzlich schrieb ein Archäologe: »Vor 9000 Jahren, in Hacilar und Chatal-Huyuk, trugen die Frauen Schmuck und bemalten ihre Lippen; die Kinder spielten in den Straßen mit Kügelchen und die Männer mit Knöchelchen, wie ihre wahrscheinlichen Nachkommen, die jetzigen Türken ...« (SCIENCE ET VIE, Juni 1964.) Chatal-Huyuk und Hacilar liegen auf der Hochebene von Anatolien, 300 Kilometer von Ankara entfernt.

In Nea Nicomedia (Mazedonien) fanden die Archäologen Graham Clark und Robert J. Rodden sechs Häuser, die aus Lehm gebaut und von Holzpfeilern gestützt waren, sowie irdene Töpfe, die verkohlte Getreide-, Gerste- und Linsenreste enthielten. Diese Kultur hatte nichts gemeinsam mit den neolithischen Fundstätten in Karanovo und Azmak (Bulgarien) oder in Zentralgriechenland.

Im Kara-Kum, einer sowjetischen Wüste im Süden von Turkmenistan, in den Bergen von Poket Dag an der iranischen Grenze, wurden Spuren von Zivilisationen gefunden, deren älteste 8000 Jahre alt ist. Die Städte im Kara-Kum des 3. Jahrtausends vor Christus hatten Straßen, Plätze, Nobel- und Handwerkerviertel und religiöse Bauten; im 2. Jahrtausend baute man dort Stufenpyramiden.

Die sowjetischen Archäologen – auch sie weigern sich, an das Märchen von Sumer zu glauben – haben in Armenien eine Sternwarte gefunden, die aus dem Jahr 3000 v. Chr. stammt. Sie wurde von E. S. Parsamian, einer Mitarbeiterin des Observatoriums von Burakan, erforscht: Danach gibt es drei Plattformen, von denen eine dreieckig ist, weiter eine Spitze, die von

Norden nach Süden weist, und zwar genau in die Richtung, in der im Jahre 2800 v. Chr. der Sirius aufgegangen ist. Die armenischen Astronomen schlossen daraus, daß ihre Ahnen wie die Ägypter diesen Stern verehrt haben.

Lepenski-Vir

Lepenski-Vir liegt am Ufer der Donau in der Nähe des Eisernen Tores in Jugoslawien, doch ist es möglich, daß sich der Fundort auch auf das andere, rumänische Ufer des Flusses erstreckt.

Die Funde von Lepenski-Vir – 7000 Jahre alt – und von Chatal-Huyuk – 9000 Jahre – »zwingen die Wissenschaftler zu einer oft schmerzlichen Revision ihrer Auffassungen«, schreibt Jean Vidal in SCIENCE ET VIE (November 1968). Ohne Zweifel!

Der jugoslawische Archäologe Dragan Srejovic hat in Lepenski-Vir drei Städte ausgegraben mit 108 trapezförmigen Häusern, unterirdischen Schlupfwinkeln, Hütten aus Holz und getrocknetem Schlamm, zahlreiche Töpferarbeiten, Keramiken und Geschirr, das mit Fingerabdrücken verziert war, und vor allem Steinskulpturen, Altäre und eine Lithogravur. Manche Skulpturen werden irrtümlich abstrakt genannt, schreibt Jean Vidal, weil sie unserem Begriff des Figurativen nicht entsprechen. Wahrscheinlich sind diese »abstrakten« Zeichnungen der alten Völker Schriftzeichen, die wir nicht entziffern können.

Diese Überlegungen, fährt Jean Vidal fort, »bestätigen die These, daß die Geschichte *nicht* mit der Keilschrift der Sumerer beginnt, weil diese Schriftzeichen viel leichter lesbar sind als ältere Zeichen und Symbole, die auch schon entziffert werden konnten«.

Die Kelten von San Agustin

In Kolumbien, im Südwesten des Staates Huila, ungefähr 150 Meilen von Neiva entfernt, liegt der San-Agustin-Nacional-Archeological-Park, wo ein Volk, das auf ebenso geheimnisvolle Weise wie die Mayas verschwand, merkwürdige Bauten errichtet und kunstvolle Skulpturen angefertigt hat.

Ich glaube, daß diese Menschen ein keltischer Stamm waren, der nach Mexiko, Guatemala und Yucatán ausgeschwärmt war, um dann seine Wanderung nach Süden fortzusetzen. In San Agustin sieht man auch steinerne Adler, die eine Schlange im Schnabel halten, was darauf hinweist, daß die Kelten wie in Mexiko durch religiöse Befehle veranlaßt wurden, an einem bestimmten Ort ihre Wanderung zu unterbrechen und sich für 52 oder 52 x 13 = 676 Jahre (13 war eine heilige Zahl) dort niederzulassen. In Tumuli und unter Dolmen fand man Statuen, auf denen ebenso wie in Yucatán typisch europäische Menschen dargestellt sind, die mit den heutigen Mexikanern nicht die geringste Ähnlichkeit haben. In einem Tumulus fand man zum Beispiel die überlebensgroße Statue eines sitzenden Mannes, der wie ein bretonischer Bauer aussieht und sogar die legendäre Mütze auf dem Kopf trägt, auf der nur die Borte fehlt. An diesem Fundort sind auch zahlreiche Steinsäulen zu sehen, und ich vermute, daß sich unter den Tumuli, die im Wald verstreut sind, auch Steinkreise und Dolmen verstecken. Man konnte bisher nicht genau feststellen, wie alt diese Kultur ist; doch dürfte sie aus der gleichen Zeit stammen wie jene von Chatal-Huyuk.

In der Gegend von Paracas (Peru), 300 Kilometer südlich von Lima, fand man eine durch die Trockenheit des Bodens ausgezeichnet erhaltene Flöte, die 8000 Jahre alt sein soll. In einer Höhle von Fort Rock im Staat Oregon (USA), die durch den Ausbruch des Newberry verschüttet worden war, fand man mehrere Sandalen aus geflochtenen Schnüren, deren Alter auf ungefähr 9050 Jahre geschätzt wird. Zum Vergleich möchte ich daran erinnern, daß die Archäologen mit Hilfe der (äußerst fragwürdigen) Radio-Karbon-Methode das Alter der Höhlen von Lascaux mit 15 516 Jahren, jenes der Kultur von Mohenjo Daro am unteren Indus mit 5500 Jahren festgelegt haben.

Der Schwindel mit den Datierungen

Es ist ganz ausgeschlossen, einen Gesamtüberblick über die Geschichte der Menschheit zu erhalten, wenn man die bedeutendsten Kulturperioden nicht datieren kann. Prähistoriker und Historiker haben wohl für alle wichtigen Ereignisse Jahreszahlen angegeben, doch waren sie dabei nicht unparteiisch und gingen von falschen Voraussetzungen aus. Meiner Meinung nach begingen sie folgende schwerwiegende Fehler:

1. Sie unterließen es, die Sintflut in Betracht zu ziehen, obwohl sie zugaben, daß sie stattgefunden hat.

2. Sie verschwiegen das Eintreten des Planeten Venus in unser Sonnensystem, obwohl dieses in den Überlieferungen aller Völker des Erdballs bezeugt wird.

3. Sie schlossen von vornherein den Besuch von außerirdischen intelligenten Wesen auf unserem Planeten aus.

4. Sie übernahmen kritiklos die jüdisch-christlichen Mythen, so daß der erste Kern einer Kultur in Vergessenheit geriet und alle Welt an das Märchen von den Sumerern als erstem zivilisierten Volk glaubte.

Angesichts dieser Verfälschungen habe ich es mir zur Aufgabe gemacht, die Geschichte der Vergangenheit neu aufzurollen und dabei alles aufzudecken, was man bisher zu verschweigen versucht hat. Ich möchte also mit der Legende von der ersten Kultur in Sumer aufräumen. Sie hat niemals einen bedeutenden Einfluß ausgeübt und entwickelte sich nur am Rande, während die Kulturen von Ägypten, Peru, Mexiko und selbst Gallien seit mehreren Jahrtausenden eine starke Ausstrahlung hatten. Damit endlich ein klarer Überblick über die Geschichte unserer frühesten Ahnen geschaffen wird, habe ich eine unverfälschte Zeittafel aufgestellt, die auf vernünftigen Angaben von Historikern und auf meinen eigenen beim Studium der Mythen der Völker und der geheimen Geschichtsdokumente gewonnenen Feststellungen gründet.

Die ältesten Kulturen der Welt

LES EYZIES – Höhlenkultur, 20 000 bis 30 000 Jahre; (Knochen, Feuerstein).

LUSSAC-LES-CHATEAUX – Kultur der Marche-Höhle, 12 000 bis 20 000 Jahre; (Steinzeichnungen).

GLOZEL – Kultur der ersten Schriftzeichen, ungefähr 15 000 Jahre.

MONTIGNAC-LASCAUX – Kultur der Höhle von Lascaux; 12 000 bis 16 000 Jahre; (Malereien). Diese Höhlen-»Kulturen« bestanden gleichzeitig wie die viel höher entwickelte Zivilisation der Atlanter.

ATLANTIS – Hauptstadt Poseidonis; Meeresboden um die Azoren; 12 000 bis 14 000 Jahre.

KELTISCHE KULTUR – 11 000 Jahre; Tumuli, Megalithbauten.

KULTUR VON CARNAC – 9000 bis 10 000 Jahre; Menhire, Dolmen, jüngere Megalithbauten.

KULTUR VON CHATAL-HUYUK, LEPENSKI-VIR, POKET-DAG etc. – 8000 bis 10 000 Jahre.

KULTUR DER HÖHLE VON FORT ROCK in Oregon (USA) – 9000 bis 10 000 Jahre (geflochtene Sandalen).

ÄGYPTISCHE KULTUR

- Prädinastische Epoche, Epoche der Götter: 10 000 Jahre;
- Epoche der Halbgötter – Abydos: 8000 Jahre;
- Epoche des Menes (thinitische Periode) – I. und II. Dynastie: 5200 bis 6000 Jahre nach der Überlieferung.

(Der Stein von Palermo trägt eine Inschrift aus der Zeit der V. Dynastie, um 2200 v. Chr. Es ist eines der ältesten Dokumente der Welt.)

Maya-Kultur – Teotihuacan und Cuicuilco: 5000 bis 10 000 Jahre. Die Völker, die Teotihuacan und Cuicuilco erbauten, sind wenig bekannt, doch nimmt man an, daß sie vom Golf kamen (Huasteken – Olmeken – Totonaken).

Kultur der Inkas – (Peru, Bolivien, Kolumbien) 9000 bis 10 000 Jahre. Tiahuanaco.

Fort Dhun Aonghus – (Innishmore, eine der drei Aran-Inseln) 5500 bis 8000 Jahre; Reihen von konzentrischen Steinmauern am Ufer; keltische Kultur.

Oude oder Aoudh (das alte Ayôdhyâ) – Wiege der Arier; in der Nähe von Lucknow (Indien); ungefähr 8000 Jahre.

La Joya, Atuen und Cochabamba – Nordperu; Land der Chachapoyas, die von den Inkas in den Dschungel vertrieben wurden – Steinmauern, Rundtürme, dreistöckige Bauten – Unbekannte Kultur: 5000 bis 10 000 Jahre.

Kultur von Chota Nagpur und Assam (Indien) – 7000 Jahre.

Kultur von Mohenjo-Daro (Indien) – 5000 Jahre.

Phönizische, Kretische und Griechische Kultur – 5000 Jahre.

Sumerische Kultur – Zwischen 4000 und 5000 Jahren.

Kultur von Mu, der Osterinsel, Simbabwe, Adrar – Daten unbekannt.

Phantastisch

XII. Das Rätsel der Pyramiden

Über die ägyptischen Pyramiden sind viele Bücher geschrieben worden, ohne daß es gelungen wäre, eine echte Lösung des Problems zu finden. Es ist wahrscheinlich, daß sie wie die Tumuli ihre architektonische Form von sehr alten prähistorischen Bauten übernommen haben; doch wann wurden sie erbaut, und wozu waren sie bestimmt? Die Frage der Datierung möchte ich beiseite lassen und mich darauf beschränken, ihren genauen Zweck zu erforschen. Es soll zum erstenmal das Rätsel der Pyramiden enthüllt werden, wie es mit den wissenschaftlichen und kosmischen Gesetzen und den geheimen Überlieferungen übereinstimmt.

Im Stile der Atlanter

Es ist kein Zufall, daß Gallier, Briten, mitteleuropäische Völker, Ägypter, Mayas und Inkas für ihre Grabmale die architektonische Form des Tumulus oder der Pyramide gewählt haben. Der Entwicklungsprozeß einer Kultur, die Entfaltung von Wissenschaft, Kunst, Handwerk und der verschiedenen Formen des sozialen Lebens wird auf der Ebene des Unbewußten vom ererbten Wissen, also von den Gedächtnischromosomen bestimmt.

Wenn wir die Dampfmaschine, die Turbine und den Ionenrückstoß erfunden haben, so nur deshalb, weil uns unsere fernen Ahnen eine Affinität zu diesen mechanischen Formeln und ganz allgemein die Fähigkeit der Weiterentwicklung auf ihrer Linie vererbt haben. Die Kelten haben Häuser gebaut, weil es ihnen vorbestimmt war, diese Bauweise anzuwenden; auf einer höheren, sakraleren Ebene haben sie Pyramiden gebaut, weil in einer früheren Kultur solche Bauten errichtet worden sind.

Intuitiv verbindet man mit den Monumenten der Atlanter immer die Pyramidenform. Von dieser Hypothese ausgehend, wäre die Pyramide ein Erbe von Atlantis, und ihr Konzept würde in unendlich ferne, irdische oder außerirdische, Urzeiten zurückreichen. Die Tatsache, daß die Errichtung solcher Bauwerke ein hohes Maß an technischen Kenntnissen erfordert, könnte ein Indiz dafür sein, daß die Pyramiden einer Architektur und Wissenschaft angehören, die außerhalb unserer irdischen Zivilisation stehen.

Diese Hypothese bildet die Brücke zum Konzept eines universalen Lebens, in dessen Rahmen alle Reiche der Natur bestimmten Entwicklungsgesetzen folgen, die für jedes Volk unwandelbar festgelegt sind. Auf allen Planeten des gleichen Typs bauen die Menschen Häuser und formen Töpfe, die Schwalben mauern ihr Nest, während andere Vögel es flechten, die Eichen haben einen kräftigen Stamm, und die Zypressen wachsen in Lanzenform.

Erforscht man das Geheimnis der Pyramiden, so gelangt man zu dem Schluß, daß die wissenschaftlichen Kenntnisse, die bei ihrem Entwurf und ihrem Bau Pate gestanden haben, nur von höherentwickelten Vorfahren, von den Atlantern oder ihren Ahnen, stammen konnten. Diese Meinung wird auch vom Winkelmeister vertreten, dessen Erklärungen ich hier heranziehen möchte.

Die belebenden Kräfte der Erde

Die Pyramiden in Ägypten und die Tumulus-Pyramiden der alten Mexikaner und Kelten, die schon in ihrer Konzeption und Architektur ganz verschieden waren, hatten nicht dieselbe Bestimmung. Bei den Mexikanern war der Zweck der Pyramiden die Herbeiführung einer Versöhnung zwischen Gott und dem Menschen; die Ägypter wiederum wollten ihre Körper während der Dauer des Purgatoriums, das auf 3000 Jahre geschätzt wurde, erhalten, damit sie nach Ablauf dieser Frist im jenseitigen »Grünen Land« zu neuem Leben erweckt werden könnten.

Sehen wir uns einmal den physikalischen Vorgang näher an. An der Grundfläche der Pyramide, so nahe als möglich beim Grundwasserspiegel, fängt man die *vitalen Wellen* ein, die die Erdkruste durchströmen (so bezeichnet der Winkelmeister jene elektromagnetischen Kräfte, die von den traditionellen Physikern »Coulombsche Kräfte« genannt werden). Diese negativ geladenen Wellen steigen zur Spitze des Bauwerks auf und werden durch die Verengung des Leiters (die Seiten der Pyramide) immer mehr beschleunigt. An der Spitze treten die Wellen aus. Daraus ergibt sich, daß die elektrischen Ladungen der im Inneren des Monumentes angebrachten Hohlräume (Kammern, Mastabas) wie in einem Faradayschen Käfig abgeleitet werden; auf diese Weise entsteht eine Art »biologisches Vakuum«.

Dieses Phänomen wurde von der klassischen Physik kaum beachtet, doch zeigt es sich in vielen Tatsachen. In geschlossenen Höhlen (zum Beispiel in der Höhle von Montignac-Lascaux vor 1942) kann sich kein Schimmel bilden, Mumifizierungsprozesse gehen vor sich und Körner keimen nicht (wie das berühmte »Getreide der Pharaonen«, das 4000 Jahre nachdem es in die Pyramide gelegt worden war, noch keimte und wuchs). In diesem biologischen Vakuum herrscht ein Zustand des Abwartens, ein neutraler Zustand, so als wären Leben und Zeit aufgehoben.

Die Bauern wissen, daß aus ähnlichen Gründen in einem Krug eingeschlossene Körner, Rüben in einem Silo, Kartoffeln in einem Keller, der Schinken im Räucherkamin länger haltbar bleiben, als wenn sie an der reinen Luft aufbewahrt werden.

Im Jahre 1905 entdeckte de Mortillet, Leiter einer französischen Expedition in Bolivien, in einer Höhle Grabproviant, unter anderem ein mumifiziertes Stück Rind. Man kochte es, und der Duft war so verlockend, daß die Expeditionsteilnehmer von der Suppe kosteten und sie köstlich fanden.

Die Kelten kannten die Macht der Höhlen und benützten sie, um ihre Fische in schwarzen Tonkrügen aufzubewahren, die sie in der Erde vergruben.

Die Pyramide von Sakkara

Der genialste Architekt und Arzt Ägyptens war Imhotep, der vor nunmehr 5000 Jahren die uralte Pyramide von Sakkara wieder aufbaute und im ganzen Mittelmeerbecken als Heilkünstler berühmt war. Seit unvordenklichen Zeiten, zurück bis zur Gründung von Memphis, wurde die Gegend um Sakkara, 28 Kilometer südlich von Kairo, »die Ebene der glücklichen Gräber« genannt, eine Bezeichnung, die später auch das Tal der Könige beim Hunderttorigen Theben tragen sollte.

Zwischen der Pyramide, die aus der Zeit der III. Dynastie stammen soll, und Memphis lag seit der frühesten Vergangenheit das hermetisch geschlossene Serapeum, wo die Apis-Stiere als Symbole außerirdischer Intelligenzen, die Ägypten nach der allgemeinen Sintflut wieder bevölkerten, mumifiziert wurden. Die Archäologen und Ägyptologen haben keinen Gedanken daran verwandt, warum wohl manchen Stellen des ägyptischen Bodens, insbesondere in Sakkara, vom Volk und den Priestern wunderbare Kräfte der Heilung, Mumifizierung und Vorbereitung auf das ewige Leben zugeschrieben wurden.

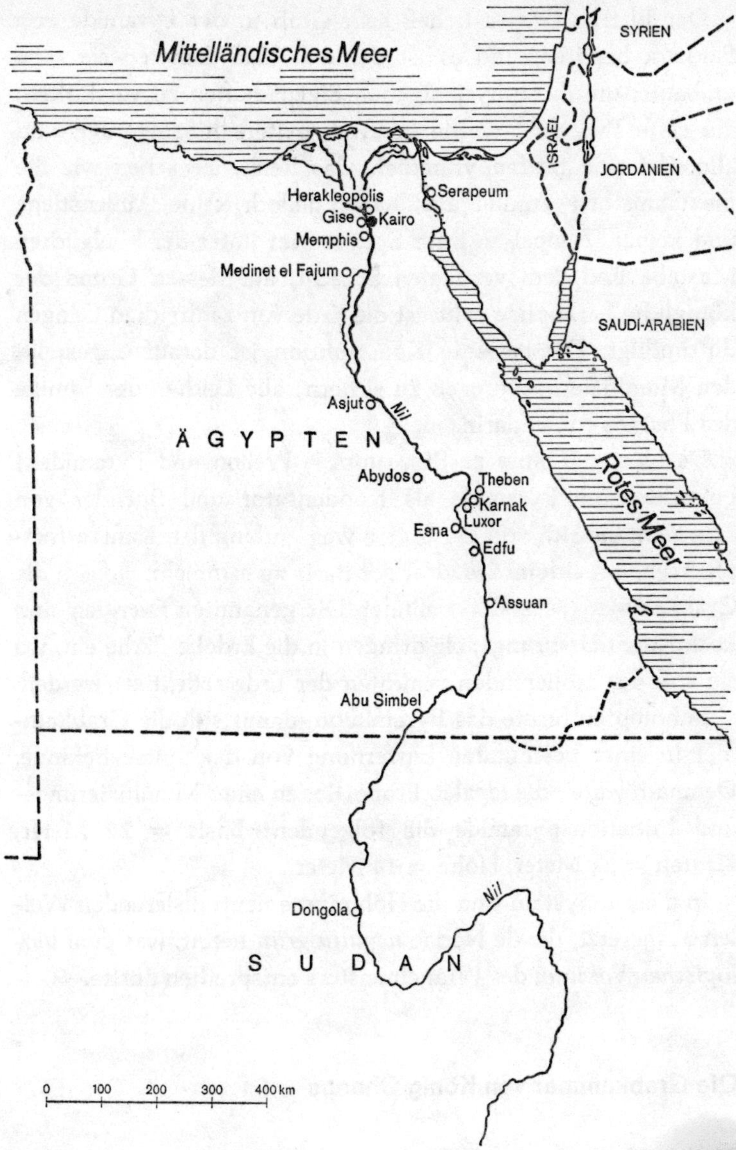
Mittelländisches Meer
SYRIEN
ISRAEL
JORDANIEN
SAUDI-ARABIEN
Serapeum
Herakleopolis
Gise
Kairo
Memphis
Medinet el Fajum
Asjut
Nil
ÄGYPTEN
Rotes Meer
Abydos
Theben
Karnak
Luxor
Esna
Edfu
Assuan
Abu Simbel
Dongola
SUDAN
0
100
200
300
400 km

Der Pharao Djoser I. ließ sein Grab in der Pyramide von Sakkara bereiten, und es ist denkbar, daß Imhotep sie total umbaute, um ihre physikalischen Eigenschaften zu verstärken: die erste Pyramide wurde in zwei weitere hineingefügt, und alle drei sind Stufenpyramiden, das heißt, sie sehen wie die mexikanischen Tumuli aus, haben jedoch keine Außenstiege und keinen Tempel an ihrer Spitze. Tief unter der königlichen Mastaba und dem vertikalen Schacht, auf dessen Grund der königliche Sarkophag ruht, ist die Erde von zahlreichen Gängen durchpflügt. Die gesamte Konstruktion ist darauf abgestellt, den Mumifizierungsprozeß zu sichern; alle Leichen der Familie des Pharaos ruhen darin.

De Nériac (ONDES ET PYRAMIDES – Wellen und Pyramiden) betrachtet die Pyramide als Kondensator und Spender von Energien, die sich von der Spitze weg entlang den Kanten fortpflanzen, um sich im Quadrat der Basis zu sammeln, wo sich die Grabkammer (Mastaba) befindet. Die genannten Energien sind kosmischen Ursprungs; sie dringen in die Erdoberfläche ein, wo sie von den isolierenden Schichten der Erde reflektiert werden.

Imhotep entfernte das Pyramidion, damit sich die Grabkammer in einer bestimmten Entfernung von der Spitze befände. Demnach wären die idealen Proportionen einer Mumifizierungs- und Initiationspyramide die folgenden: Basis = 22 Meter, Kanten = 21 Meter, Höhe = 14 Meter.

In diesem System sind die Hohlräume neutralisierenden Wellen ausgesetzt, die de Nériac *negativ grün* nennt, was dem *biologischen Vakuum* des Winkelmeisters entsprechen dürfte.

Die Grabkammer von König Cheops

In der Cheopspyramide liegt die königliche Grabkammer ungefähr auf der Höhe von einem Drittel der Gesamthöhe des Bauwerks. Man betritt die Pyramide durch eine Öffnung an der Nordseite, die 10 Meter über dem Boden angebracht ist. Dann gelangt man in einen Gang, der einer langgestreckten Höhle ähnlich ist: es gibt keinen Rand, keine bestimmten Windungen; das Ganze ist ein Schlauch, auf den keine geometrische Form paßt, und dessen Ausmaße völlig unbestimmbar sind. Man hat das Gefühl, sich auf dem Grund einer großen natürlichen Höhle zu befinden und über Stufen, Leitern und einen steilen Abhang hinaufzusteigen. Wer an Klaustrophobie oder Beklemmungsanfällen leidet, dem sei von der Ersteigung dringend abgeraten. Um sich ungefähr eine Idee zu machen, stellt man sich am besten die Rolltreppe der Pariser Untergrundbahn vor, oder besser den Gang dieser Rolltreppe, mit derselben Steigung, doch ohne Stufen. Der stark geneigte Boden ist mit Eisenplatten belegt, die in regelmäßigen Abständen von einer Holzstange unterbrochen werden, um dem Fuß einen gewissen Halt zu verleihen. Die Wände aus rohem Stein sind glatt und geradlinig. Ist man am höchsten Punkt dieses aufsteigenden Ganges, der große Galerie genannt wird, angelangt, so hat man endlich die Grabkammer des Königs erreicht, die folgende Ausmaße hat: Länge = 10,46 Meter, Breite = 5,32 Meter, Höhe = 5,85 Meter. Zwei raffiniert angebrachte Öffnungen lassen Luft von außen eindringen, haben aber einen so gewundenen Verlauf, daß das Tageslicht nicht zu sehen ist.

Rechts vom Eingang befindet sich der leere Sarkophag aus rotem polierten Granit, der eine Länge von 1,97 Meter, eine Breite von 0,68 Meter und eine Tiefe von 0,85 Meter hat. Sein Fassungsvermögen soll nach der Überlieferung dem *ehernen Meer* der Hebräer entsprechen, was ebensowenig stimmt wie die Behauptung, daß Prophezeiungen auf Grund von Messungen der Pseudo-Gänge gemacht wurden. All das ist absolut lächerlich, denn eine genaue Messung war einfach nicht möglich.

Das eherne Meer – *yam mustak* auf hebräisch – war nach der Bibel (1. Buch der Könige, Kap. VII, Vers 23–26; 2. Buch der Chronik, Kap. IV, Vers 2–5; Flavius Josephus, Die jüdische Archäologie, Kap. VIII, 3–5) das große runde Becken aus gegossenem Erz, das sich beim Eingang des Salomontempels befand. Diese Wanne war 6 Meter tief und hatte einen Durchmesser von 12 Metern, also einen Umfang von 38 Metern. Der Rand war mit zwei Reihen ziselierter Blumen verziert, die Dicke der Wände betrug eine Handbreit, und das Becken stand auf zwölf Rindern, die ebenfalls aus Erz waren. Das Becken wurde von den Priestern zur Reinigung benützt. Die Chaldäer zerbrachen es bei der Zerstörung des Tempels und brachten die Stücke nach Babylon (2. Buch der Könige, Kap. XXV, Vers 13; Jeremias LII, 17). Es ist gewiß möglich, daß die Tiefe des ehernen Meeres stark übertrieben worden ist, doch es besteht wirklich kein Verhältnis zwischen seinen 660 Kubikmetern und den 1,138 Kubikmetern des Cheopssarkophags.

Die königliche Grabkammer ist ein Hohlraum, der für die natürliche Mumifizierung ideal ist; gleichzeitig ist sie auch eine »Denkkammer«, in der Geist und Gefühl besonders geschärft werden. Die ägyptischen Eingeweihten konnten angeblich eine Art geistige Desintegration der Materie durchführen, die sie Trennung von Körper und Seele nannten. Im Zauberpapyrus Harris (Paris 1789) steht: »Der Eingeweihte bleibt drei Tage und drei Nächte in der Kammer der Pyramide«, bevor er sich durch das Einwirken geheimer Kräfte von seinem Körper lösen kann.

Die Grabschänder

Es ist bis heute ungeklärt geblieben, ob das Grab der Cheopspyramide jemals einen Leichnam enthielt. Wahrscheinlich hat sich einer darin befunden, selbst wenn es nur der eines Grabschänders war. Denn die Pyramiden und Gräber der Pharaonen wurden nicht nur von Plünderern geöffnet, sondern oft auch von Gläubigen, die das von den Priestern versprochene Leben im

Jenseits erlangen wollten und den Platz des Königs im Grab einnahmen, um in den Genuß der wunderbaren Kräfte im Inneren der »Unsterblichkeitskammer« zu gelangen.

Diese Gläubigen waren überzeugt, daß sie die drei Jahrtausende im Wartezimmer zum besseren Jenseits als Mumien gut überdauern könnten, wenn sie von ihrer Familie und ihrem Gesinde in einer Pyramide bestattet würden. Falls sich in dieser Zeit die Mumien zersetzten, würden die Verstorbenen allerdings nur als Tiere auferstehen.

Ich will nicht auf den berühmten »Fluch der Pharaonen« zurückkommen, der angeblich die Entdecker des Grabes von Tut-anch-amun verfolgte, obwohl sich der Expeditionsleiter, der Amerikaner Carter, eines langen Lebens erfreuen durfte. Aber die Vorfälle im Rahmen der archäologischen Grabungen im großen *cenote*, der heiligen Quelle von Chichén Itzá in Mexiko, erinnern auf frappierende Weise daran.

Im April 1968 nahm ich an diesen Ausgrabungen teil. Im Zuge der Arbeiten wurde der Grund ausgebaggert, eine große Zahl von behauenen Steinen gehoben, der Schlamm abgepumpt und so fort. An den Forschungsarbeiten waren auch Taucher beteiligt. Die Funde waren sehr ergiebig: fünf Tiger, drei Schlangen, ein steinernes Idol, die Schädel von 250 Geopferten, Kautschukklumpen, Keramiken, mehrere hundert Töpferarbeiten, goldene Kindersandalen, zwei steinerne Bänke usw.

Mein Freund, der Tiefseetaucher Jean-Albert Foëx, berichtete in der Zeitschrift L'AVENTURE SOUS-MARINE (Das Tiefseeabenteuer – Nr. 72, Nov. bis Dez. 1968) über die Begleitumstände der Ausgrabungen:

»In diesen Ländern beschwört man den Zorn des Gottes Chac herauf (Gott der Mayas), und die Elemente entfesseln sich in Form von Wirbelstürmen und riesigen Waldbränden.

Eine Mitteilung, die mir Pablo Bush Romero anläßlich eines kurzen Aufenthalts in Paris machte, ist noch beunruhigender: in den Monaten nach der Unterbrechung der Arbeiten in Chichén Itzá starben plötzlich und auf unerklärliche Weise Christian, der Pilot der Expedition, Alberto Abilondo – genannt der Zigeuner –, der Anführer der mexikanischen Taucher, Dr. Eusebio Davalo Hurtado, der Direktor des Mexikanischen Instituts für Anthropologie und Geschichte, und Kirk Johnson, der die Ausgrabungen finanzierte. In vier Monaten vier Tote. Unwillkürlich denkt man an den Fluch des Tut-anch-amun, der jahrelang die Entdecker seines Grabes zu verfolgen schien.«

Der Forbusch-Effekt

Gemäß dem vom Winkelmeister erklärten Prinzip verhält sich unser Erdball zwar in geringerem Maße, aber doch in gleicher Weise wie die Hohlräume der Pyramiden. Dies geht aus der physikalischen Analyse des kosmischen Teilchenbeschusses hervor, dessen sichtbarste Auswirkung in der Beschleunigung der biologischen Artenentwicklung besteht.

Von der Sonne wird eine (*Sonnenwind* genannte) Materie in ihr Planetensystem gesandt. Da die Erde einen magnetischen Hohlraum um sich gebildet hat, wird dieser Strom von uns abgehalten. Die Sonnenwinde manifestieren sich zyklisch und besitzen ein Magnetfeld, das denselben Schwankungen unterliegt. Die kosmische Strahlung reagiert auf diese Phänomene; ihre Intensität steht in umgekehrtem Verhältnis zur Intensität des Magnetfeldes der Sonnenwinde. Dieser Vorgang wird *Forbusch-Effekt* genannt, nach seinem Entdecker, dem amerikanischen Astronomen Scott Forbusch (SCIENCE ET AVENIR, Nr. 252, Februar 1968: »L'effet Forbusch«, Albert Ducrocq).

Kosmische Strahlen (70 % Protonen, 20 % Alphateilchen, 10 % Gammaphotonen, Elektronen, Mesonen usw.) die in der Mehrzahl von der Milchstraße ausgesendet werden, bombardieren unseren Planeten. Ihre Flugbahn wird dabei durch die wahrscheinlich sehr schwachen interstellaren Magnetfelder abgelenkt. Nur die Gammateilchen bewegen sich in gerader Linie mit der Geschwindigkeit des Lichts. Alle diese elektrisch geladenen Teilchen werden von einer ungeheuren Energie angetrieben, ihre Stärke liegt bei 1000 Milliarden eV (Elektronenvolt). Die Sonnenwinde weichen dem magnetischen Hohlraum der Erde aus, so wie manche Wellen an den Seiten der Pyramiden entlanglaufen, ohne in den zentralen Hohlraum, in die Mastaba oder Mumifizierungskammer, einzudringen. Es scheint, daß die Eingeweihten schon lange vor dem Astronomen Forbusch dieses Phänomen kannten... selbst schon zur Zeit des Imhotep, vor nunmehr fast 5000 Jahren! Die kosmischen Strahlen (sie sind von den Sonnenwinden unabhängig), ob sie nun von der Sonne, von der Milchstraße oder aus der Tiefe des Universums kommen, erreichen also nur schwer unseren Planeten, und wenn, dann werden sie bei Durchquerung der Atmosphäre gänzlich umgewandelt.

Unser gemeinsames »Raumschiff«, die Erde, kreist als privilegierter Planet durch das All, denn die meisten kosmischen Teilchen, die auf biologischer Ebene gewaltige Mutationen bewirken würden, erreichen sie nicht. Diese Tatsache ist von so eminenter Bedeutung, daß man sagen kann, sie bestimmt die Entwicklung des Planeten selbst sowie aller seiner Lebewesen und Kulturen. Denn es ist bekannt, daß insbesondere die Gammastrahlen die Eigenschaft haben, Mutationen zu beschleunigen. Im Laboratorium entwickelt sich ein diesen Strahlen ausgesetzter Foetus binnen weniger Tage zu einem Monstrum oder zu einem vollkommen andersgearteten Wesen.

In allen Reichen der Natur finden Mutationen statt, doch in einem natürlichen, weitaus langsameren Rhythmus, der sich über Zeiträume von einigen Jahrtausenden bis zu Jahrmillionen erstreckt. Glücklicherweise erreicht die überwiegende Mehrheit der kosmischen Teilchen nicht die Geschwindigkeit von 200 000 Kilometern pro Sekunde, die zum Durchstoßen des irdischen Magnetfeldes und der Van Allenschen Strahlungsgürtel erforderlich wäre. Aus diesem Grund wird unser Wachstum verzögert, unsere Entwicklung gebremst, unsere bewußte Lebenszeit hingegen erscheint uns länger, als sie tatsächlich ist.

Wäre das Magnetfeld der Erde wie auf den meisten anderen Himmelskörpern weniger stark, gäbe es wahrscheinlich auf unserem Planeten keine Menschheit mehr. Die Erde wäre ähnlich tot wie Mars und Mond und unser Lebenszyklus seit langem abgelaufen. Wären wir etwas anderes, etwas Besseres oder Schlechteres, oder hätte uns die Energie des Universums vollständig absorbiert? Es ist schwierig, diese Frage zu beantworten, doch unsere verlangsamte Entwicklung sichert uns gegenwärtig eine reale Existenz als menschliche Wesen, und diese Gewißheit wiegt alles in allem die unendliche Ungewißheit über eine mögliche ethische und kulturelle Höherstellung auf.

Als wären wir nicht schon beunruhigt genug durch eine immer rascher ablaufende Geschichte, die uns in schwindelerregendem Tempo in eine phantastische, aber atemberaubend neue Zukunft führt! Im übrigen scheint die nahezu unglaubliche Vorzugsstellung des Planeten Erde im Sonnensystem darauf hinzudeuten, daß auch der Mensch für ein außergewöhnliches Schicksal bestimmt ist.

Im Zeichen des Phönix

»Wenn ein renommierter, aber alternder Wissenschaftler meint, daß etwas möglich ist, so hat er fast sicher recht. Wenn er hingegen behauptet, daß etwas unmöglich ist, hat er wahrscheinlich unrecht.« Dies ist der Leitspruch der *Association Cryonics Française* (Adresse in Paris: 10, rue de Thiboumery), deren optimistisches Ziel es ist, einem Teil der Menschheit des 20. Jahrhunderts die Möglichkeit zu geben, in einigen Jahrtausenden aufzuerstehen, um das goldene Zeitalter, das unsere Nachkommen erwartet, zu erleben.

Das Symbol der Vereinigung ist der Vogel Phönix, jenes Fabeltier, das sich vor seinem Tode verbrannte, um verjüngt aus seiner Asche hervorzugehen. Seine Lebensdauer war sehr lang; Plinius gibt sie mit 500, Tacitus mit 1641 Jahren an. Herodot berichtet, daß die Reinkarnation des Phönix durch einen jungen Vogel dargestellt wurde, der die Überreste seines alten Körpers in Myrrhen gehüllt aus dem Land der Kuschiten (südliches Ägypten, Äthiopien und Arabien), wo er starb, zum Heiligtum von Heliopolis brachte.

Die alten Völker glaubten an diesen Mythos. Nach der Überlieferung tauchte der erste Phönix unter der Regierung von Sesostris im Jahre 2550 v. Chr. auf, der zweite 654 Jahre später unter Amos, dann unter Claudius, und zwar zu der Zeit, als die Insel Thera während einer totalen Mondfinsternis aus den Fluten des Meeres auftauchte.

Einige besser informierte Autoren versichern, der Phönix sei in Indien gestorben, um in Ägypten wiederzuerstehen, was einen Zyklus symbolisieren könnte. Für die eingeweihten Priester der ägyptischen Hochkultur währte dieser Zyklus 3000 Jahre, entsprach also der Dauer des Scheintodes der in den Grabkammern der Pyramiden auf ihre Wiedererweckung wartenden Körper.

Die Association Cryonics Française möchte es den Verstorbenen ermöglichen, zu einer bestimmten Zeit wieder ins Leben einzutreten. Sie benützt dazu die Konservierungsmethode des Einfrierens, Kryogenie genannt (griech. *kruos* = kalt, *gennân* = zeugen).

Winterschlaf bei minus 196 Grad

In Amerika wird das Einfrieren bereits praktiziert. Da die Gesetze den Vorgang an einem lebenden Wesen nicht gestatten, kann die Gesellschaft erst bei Stillstand des Herzens eingreifen und den Körper provisorisch einfrieren. Sodann wird der Leichnam in einem isolierenden Behälter aufbewahrt, der mit flüssigem Stickstoff von einer Temperatur von minus 196° angefüllt ist. Die Veränderungen der organischen Gewebe, die bei einer Temperatur von 37° in einer millionstel Sekunde vor sich gehen, brauchen eine Milliarde Jahre bei der Temperatur von minus 196°. Ein äußerst kompliziertes chemisches Verfahren ermöglicht es, das Gehirn ohne Schaden einzufrieren, was den schwierigsten Teil der Operation darstellt. Wenn der Körper genügend gekühlt ist, wird er in einen doppelwandigen Behälter aus rostfreiem Stahl gelegt, in dem Unterdruck herrscht und der über eine Superisolierung gegen Infrarotstrahlen verfügt. Die inneren Ausmaße des Behälters betragen 0,60 Meter mal 2,50 Meter. Er enthält 250 Liter Stickstoff, von dem ungefähr ein Drittel innerhalb eines Monats verdampft.

Wie man sich vorstellen kann, ist die Kryogenie sehr kostspielig: Jeder hoffnungsvolle Anwärter muß mit ungefähr 100 000 Francs plus 25 000 Francs für den Dauerbehälter und 1500 Francs für die jährliche Versorgung mit flüssigem Stickstoff rechnen. Ein Körper, der auf diese Weise präpariert wurde, kann mehrere Jahrhunderte lang konserviert werden, bis zu dem Tag, an dem die Wissenschaft das Auftauen und die Wiederbelebung durch Herzmassage möglich machen wird.

Die Gesellschaft besitzt auf Korsika, in der Nähe von Bastia, ein Dormitorium oder Kryotorium, das fünfzig Behälter aufnehmen kann; es liegt tief unter der Erde und wurde so gebaut, daß es Erdbeben oder Atomexplosionen überdauern kann.

Einige hundert Franzosen gehören bereits der Association Cryonics an, zumindest als interessierte Mitglieder; in Amerika gibt es schon etliche tausend. Mehrere Amerikaner wurden kryogenisiert und ruhen im Phönix-Friedhof (Arizona) und im Washington-Memorial-Park von New York.

Zur Zeit besteht kaum die Chance einer Wiedererweckung; man hofft aber, daß in spätestens einem Jahrhundert die Fort-

[16] Phalluskreis am Fuße der »Pyramide« von Chichen Itza

[17] Christos Mavrothalassitis war einst einer der berühmtesten Taucher im Mittelmeer. Unvorstellbare Reichtümer hat er aus dem Meer geholt. Hinter ihm seine Frau, die schöne M'Barca Ben Nasser

[18] Emile Fradin mit einer der kostbaren gravierten Tafeln seines Museums in Glozel. Der kleine französische Bauer hat allen Zweiflern widerstanden; Glozel wird heute von vielen Prähistorikern anerkannt

schritte der Wissenschaft auch in dieser Hinsicht eine befriedigende Lösung gefunden haben werden. Bereits heute kann man Spermatozoen bei niedriger Temperatur konservieren, ohne daß sie ihre befruchtende Wirkung verlieren. Es gelang sogar, ein Katzenhirn sieben Monate lang bei einer Temperatur von minus 20° zu kühlen; nach seinem Auftauen nahm es seine Funktionen wieder auf.

Es liegt auf der Hand, daß die Kryogenie keinerlei Risiko mit sich bringt, da sie nur an Toten vorgenommen wird. Ein gewöhnlicher Toter hat keine Chance, nicht tot zu bleiben. Dagegen hat ein kryogenisierter Toter eine gewisse Chance, spätestens in einem Jahrhundert wiedererweckt zu werden. Jedenfalls steht fest, daß im nahen Jahre 2000 die Kryobiologie eine vollständige Wissenschaft sein wird.

»Alles, was heute vorstellbar ist, wird im Jahre 2100 erreicht sein«, sagte Anatole Dolinoff, der Vizepräsident der Association Cryonics. »Nach diesem Datum werden sogar Ziele erreicht werden, die wir uns im Augenblick noch gar nicht vorstellen können.« Vielleicht heißt dies, den Optimismus ein wenig zu übertreiben, doch wenn durch ein Wunder unsere Erde der nächsten Katastrophe, die ich als unausbleiblich erachte, entgeht, dann wird alles, sogar die Reise durch die Zeit, möglich sein, die allein die Vorteile aller anderen Wunder vereint.

Soll es möglich sein, sich beliebig in Vergangenheit und Zukunft zu versetzen? Eine große Liebe, einen wunderbaren Augenblick, ein erregendes Abenteuer nochmals zu erleben? Die Zeitmaschine macht's möglich! Warum soll man mit achtzig Jahren sterben, wenn man eines Tages wieder ein Jüngling sein, über einen Körper und das Wissen des 3. Jahrtausends verfügen und sich in die Zeit der Kleopatra oder der Jeanne d'Arc versetzen kann!

Voraussagen für die Zeit zwischen 1970 und 2100

Eines Tages wird die Erde ein Ende haben, prophezeit Jean Rostand: »Die Gattung Mensch wird vergehen, so wie die Dinosaurier und Stegocephalen (Panzerlurche) vergangen sind. Jegliches Leben auf der Erde wird erlöschen; sie wird als toter Stern endlos im grenzenlosen Raum weiter kreisen. Von der ganzen menschlichen oder übermenschlichen Zivilisation, von allen Entdeckungen, Philosophien, Idealen und Religionen wird nichts bestehen bleiben.« Dies gilt wahrscheinlich nur für die irdische Zivilisation; denn vermutlich kann der Mensch auf andere Planeten auswandern, um dort sein auf der Erde begonnenes Abenteuer fortzusetzen.

Wie dem auch sei, die Association Cryonics unternimmt alles, um das Vertrauen in die Wissenschaft der Zukunft zu stärken. Sie veröffentlichte unter anderem eine Liste von Voraussagen für die nächsten 130 Jahre, die von Arthur C. Clarke in IM HÖCHSTEN GRADE PHANTASTISCH, Helmer und Gordon von der RAND Corporation und sechs internationalen Expertenteams erstellt wurde.

»Auf Grund der Geburtenregelung wird die Erde nur mit 5 Milliarden Menschen bevölkert sein. Ein Großteil der Nahrung wird aus synthetischen Proteinen und Produkten der intensiven Nutzung der Meere bestehen. Die kontrollierte Kernschmelzung wird die Welt ausreichend mit Energie versorgen. Die Meeresböden werden neue mineralische Rohstoffe liefern. Atom- oder ionenbetriebene Raketen werden Planeten außerhalb des Sonnensystems erforschen. Der Mars wird kolonisiert, der Mond industrialisiert.

Alle Organe, mit Ausnahme des Gehirns, werden durch künstliche ersetzt werden können, und alle Krankheiten werden vollkommen besiegt. Chemische Eingriffe werden es ermöglichen, Erbfehler auf molekularer Ebene zu korrigieren. Es wird möglich sein, Leben künstlich zu erzeugen.

Zahlreiche Arbeiten, zum Beispiel die Haus- und Büroarbeit, werden größtenteils von Robotern gemacht...

Jeder wird direkt mit einem Partner an einem x-beliebigen Ort der Welt Sprechverbindung haben können.

Maschinen mit hohem Intelligenzgrad werden zahlreiche Denkaufgaben übernehmen, zum Beispiel Übersetzungen; sie werden sogar gewisse Entscheidungen treffen können.

Das Studium wird das angenehmste Hobby sein. Die Automobile werden auf ballistischen Bahnen verkehren.

Der Privathelikopter wird stark verbreitet sein, da die Energie drahtlos transportiert wird.

Die Verteidigung der Kontinente wird durch Luft-Boden- und Luft-Luft-Abwehrraketen sowie durch gezielte Energiestrahlen gesichert sein.«

Dieses Programm, das einem doch wahrlich Lust macht, im Jahre 2100 zu leben, wird noch durch ebenso phantastische Entdeckungen ergänzt.

»Interstellare Flüge mit Lichtgeschwindigkeit nach dem Prinzip der Antigravitation werden Kontakte mit außerirdischen Wesen herstellen. Der Mensch wird superintelligent durch Einnahme von Pillen oder indem er sich an einen Computer anschließen läßt. Intelligent gemachte Tiere werden die täglichen Arbeiten verrichten.

Gedankenübertragung wird zur Selbstverständlichkeit, das Alter wird besiegt und die Menschen Unsterblichkeit erlangen.«

Im Jahre 2000 werden die ersten großen Ziele erreicht sein: universale Bibliothek und einheitliche Sprache, Beseitigung der Erbfehler, Autobahnen mit automatischer Lenkung...

2010: chemische Verbesserung der Intelligenz.

2030: Kontakte mit außerirdischen Wesen; Umwandlung der Materie.

2050: Antigravitation, Erziehung ohne Lernen, ins Gehirn injizierte Informationen.

2100: außerirdische Zusammenkünfte, Unsterblichkeit.

Werden wir im Jahre 2100 noch erwünscht sein?

Diese optimistische Sicht der Zukunft, an die wir schon um unseres inneren Friedens willen glauben müssen, darf aber nicht mögliche Risiken vergessen lassen. Die Beschleunigung der Geschichte und die Entwicklung der Zivilisationen scheinen zumindest vier Gefahren in sich zu bergen:

– Eine ungeheure Bevölkerungsexplosion, die bereits in den nächsten Jahren zu grauenhaften und notwendigen Massenvernichtungen führen wird.

– Eine Verschärfung der bereits begonnenen Rassenkämpfe zwischen Gelben und Weißen.

– Die von vielen als unausweichlich betrachtete Überschwemmung Europas und Amerikas durch die Gelben, sobald das Zeitalter der weißen Kultur zu Ende geht (wahrscheinlich im Verlaufe des 3. Jahrtausends).

– Der Durchbruch einer neuen Lebensform, da das Gesetz der Notwendigkeit alles auslöschen wird, was mit unserem alten System der Liebe, der Anthropozentrik und der egoistischen Gefühlsduselei des Establishments zusammenhängt.

Dies alles entspringt weder einem Wunsch, noch einer politischen Doktrin, es ist vielmehr die Vorhersage eines »Prohistorikers«.

In einer solchen Welt werden die aus dem Kälteschlaf Auferstandenen eine Zeitlang als höchst sonderbare Wesen bestaunt, doch dann von der künftigen Gesellschaft schon sehr bald als unerwünscht betrachtet werden. Man wird sich nicht mit Fossilien umgeben wollen, die wissenschaftlich uninteressant sind, keine Arbeit leisten können, kein Einkommen haben und womöglich noch in Brutkästen oder Spitälern erhalten werden müssen, da die Lebensbedingungen für sie allzu ungewohnt und gefährlich sind. Insbesondere ist zu befürchten, daß die meisten im 20. Jahrhundert kryogenisierten Menschen die Nahrung der künftigen Jahrhunderte nicht vertragen werden, sich dem sozialen Rhythmus nicht anpassen können und wahrscheinlich nicht einmal die Strahlung, das starke elektrische Licht in den Städten ertragen werden. Ganz zu schweigen von den intellektuellen und psychischen Anforderungen. Erleiden doch bereits heutzutage Menschen vom Land oder aus weniger entwickelten Gebieten einen Schock, wenn sie mit dem hektischen städtischen Leben in Berührung kommen. Die kryogenisierten Menschen wären also vollkommen entwurzelt und verwirrt, es erginge ihnen wie einem Griechen aus der Zeit Alexanders des Großen, der heute von den Toten auferstehen würde.

Haben diese Überlegungen auch nur einigen Wert, müßte man versuchen, Wissenschaftler und hervorragende Menschen unserer Zeit einzufrieren, damit sie von den Menschen der Zukunft akzeptiert werden. Vielleicht werden ihnen dann unsere Nachkommen ein Reservat schaffen, das später zum Paradies, zum Land der Auferstehung der Schlafenden wird.

Das Land der Schlafenden

Der religiöse Glaube der Pharaonen an ein zukünftiges Leben war nichts anderes als eine falsch verstandene Wahrheit, die ihre höherstehenden Ahnen und die Könige der ersten Dynastien gekannt haben mußten: Der menschliche Körper könne im Hohlraum der Pyramide biologisch erhalten werden in der Erwartung seiner Wiedererweckung durch die Wissenschaftler der kommenden Jahrtausende.

Die Eingeweihten glauben daran, daß die Instruktoren der alten Völker noch heute in geheimnisvollen Heiligtümern (in Meru und Agartha) leben und darauf warten, auf die Erde zurückzukehren. So steht zum Beispiel auch im Neuen Testament, daß der Evangelist Johannes nicht gestorben ist, und auch Jesus hat, wie man weiß, seine persönliche Auferstehung gehabt.

Bei den Ägyptern verlor die Grabkammer ihren ursprünglichen Sinn, als in späteren Zeiten die frevelhafte Praxis des Einbalsamierens aufkam. Von diesem Zeitpunkt an war es unmöglich, die Körper wiederzuerwecken, denn sie waren aller Eingeweide (Herz, Lunge, Gehirn usw.) beraubt: Wieder einmal war eine alte Weisheit in sinnlose Empirie entartet.

Das 20. Jahrhundert scheint mit der Kryobiologie wieder zu einer längst vergessenen Wahrheit zurückgefunden zu haben, und der moderne Wissenschaftler wäre demnach der Nachfolger des Eingeweihten der Vergangenheit.

Das Paradies der Schlafenden – nennen wir es so – würde dann wahrscheinlich in nördlichen Regionen, im alten Land der Hyperboreer, liegen, an den Polen, wo die Heiligtümer leichter vor einer Schändung zu bewahren wären. War das »Land der Väter« eine Unsterblichkeitskammer, ein Ort der Aufbewahrung eingefrorener Körper? Warum nicht, wenn man von der Möglichkeit ausgeht, daß unsere Ahnen mindestens ebenso, wenn nicht höher entwickelt waren als wir und mächtige Kulturen entfaltet haben, also auch technische Überlebensmöglichkeiten schaffen konnten, die den heutigen ähnlich waren. Es gibt nichts Neues, nicht einmal unter der Mitternachtssonne, könnte man sagen.

Mit ein wenig Phantasie kann man sich vorstellen, daß auf die Heiligtümer der Schlafenden in Marmor oder Feuerstein Instruktionen graviert würden, die es vielleicht auch auf dem verschwundenen Verputz der ägyptischen Pyramiden gab: »im Jahre 3500 wiederzuerwecken... ins Leben zu rufen, sobald interplanetare Verbindungen zwischen der Erde und der Venus bestehen...«

Die Macht des Genetischen Code

Ein berühmter Wissenschaftler, Professor Elof Carlsonn von der California-Universität, behauptet, daß es in Zukunft möglich sein wird, die Persönlichkeit der Pharaonen, deren Körper vor 4000 Jahren mumifiziert wurden, wissenschaftlich zu rekonstruieren. Um ihre Ebenbilder zu erhalten, wird es genügen, die Gene des Originals aus den getrockneten Geweben der Mumie zu entnehmen. Professor Carlsonn ist überzeugt, daß die Nucleinsäurekristalle, die zur Erstellung des Genetischen Code notwendig sind, wiedererweckt werden können. Dann wird es sogar möglich sein, genaue Kopien der Pharaonen oder – nach demselben Prinzip – verstorbener Genies zu schaffen: Musiker, Bildhauer, Maler ...

Wie sieht nun dieser Vorgang aus? »Man synthetisiere einen nuklearen Kern einer Mumie und pflanze ihn chirurgisch einer fruchtbaren Zelle ein, deren Kern vorher entfernt wurde ... Ausgehend von 64 gleichen Zellen, könnte man den gesamten Multiplikationsprozeß von vorn beginnen und den neuen Zellen die Möglichkeit geben, ihre Entwicklung fortzusetzen, bis sie sich in Kinder verwandeln.«

Professor Ernest Karlsen studiert einen ähnlichen Vorgang und geht dabei von der Speicherung des Genetischen Code durch verschiedene Methoden aus, die es ermöglichen würden, ein Gedächtnis zu rekonstruieren und es in einen neuen Körper und ein neues Gehirn aufzunehmen. Eigentlich wäre es für die Biologen der Zukunft noch einfacher, das Wissen eines Gehirns und die Persönlichkeit eines bestimmten Individuums in das zuvor »gewaschene« Gehirn eines anderen Individuums, zum Beispiel eines zum Tode Verurteilten, zu übertragen. Ich zweifle nicht, daß dieses Wunder eines Tages möglich sein wird.

Falls unsere Ahnen versucht haben, den Tod zu überdauern, um im 20. Jahrhundert aufzuerstehen, dürften sie das Spiel verloren haben. Wir haben keine Nekropole und kein Dormitorium der Hyperboreer gefunden, die Unsterblichen in Agartha und Meru geben kein Lebenszeichen von sich, nur die ägyptischen Könige können noch mit einer gewissen Wiedererweckung durch ihren Genetischen Code rechnen.

Ist zu erwarten, daß im Laufe der nächsten Jahre aufsehenerregende Entdeckungen von wiederzubelebenden Körpern gemacht werden? Leider waren die Ärzte und Wissenschaftler der ersten Hälfte unseres Jahrhunderts noch nicht in der Lage, den Mumien zu einem neuen Leben zu verhelfen. Die vorzeitige Entdeckung des Tut-anch-amun-Grabs, der Mumien in Ägypten, auf den Kanarischen Inseln und in Peru ist insofern eine Katastrophe, als sie die hoffnungsvollen Toten um jede Chance einer Wiedererweckung gebracht hat.

Heute sind die Biologen schon besser ausgerüstet, und morgen werden sie es verstehen, kryogenisierte oder mumifizierte Körper wiederzuerwecken. Es wäre zu erwarten, daß Dormitorien entdeckt werden, von denen wir keine Ahnung haben.

Im luftleeren Weltraum beträgt die Temperatur ungefähr minus 273°, was wahrscheinlich die Techniker der Kryobiologie in Zukunft auf die Idee bringen wird, diese riesige Kühlkammer für ihre Zwecke zu nützen. Dann wird eines Tages zum Beispiel die Umlaufbahn 3001 (3001 Kilometer von der Erde entfernt) den Raumkapseln der kryogenisierten Körper vorbehalten sein, die als Engel der Zukunft jahrtausendelang ihre Kreise durch den Himmel ziehen werden, bis ihre Zeit gekommen ist. Was wäre das für ein Legendenstoff für Völker, die den ursprünglichen Sinn der Angelegenheit vergessen hätten: Die Urväter kreisen in ihrer himmlischen Residenz bis zur Auferstehung ihrer Körper!

Die einfachste und rationellste Methode zur Aufbewahrung der Tiefkühlbehälter bestünde darin, sie in riesigen Monumenten zu stapeln, die für den Fall einer Sintflut wasserdicht, gegen Erdbeben oder Atomexplosionen dauerhaft gebaut sind und nach einem »Weltuntergang« leicht auffindbar wären. Es müßten Bauwerke mit starken Grundmauern sein, deren Spitzen gen Himmel weisen, die allen Wetterunbilden und Katastrophen Widerstand leisten könnten und mit einem Hohlraum ausgestattet sind, der reich an Stickstoff und »neutraler Strahlung« ist. Diese Anforderungen führen uns nolens volens zur Form der Pyramide und zu den Überlegungen, die die ägyptischen Könige und Pharaonen veranlaßten, die Sakkara-, Cheops- und Chephren-Pyramiden erbauen zu lassen, um darin den Tod zu überwinden und den »Weltuntergang« zu überdauern, der sich für das 3. Jahrtausend immer mehr abzeichnet.

Das Geheimnis der Pyramiden und die Wiedererweckung der Toten hat uns zur Sonderstellung geführt, die die Erde im Kosmos auf Grund ihres Magnetfeldes und des Forbusch-Effekts einnimmt. Der Exkurs in die Kryobiologie hat erneut den Weltraum in unsere Überlegungen einbezogen und uns mit dem Problem der Wiedererweckung konfrontiert. Schließlich führte unser Weg, dem Gesetz der Logik folgend, zurück zu den Pyramiden, die sich plötzlich nicht mehr als geheimnisvolle, erschreckend unerforschliche Monumentalbauten darboten, sondern als Ausdrucksformen einer höheren Wissenschaft und Weisheit. So sind die Pyramiden für uns kein Geheimnis mehr.

XIII. Am Anfang war das Wort

Die Sprache ist mehr als etwas Erworbenes. Sie ist eine wunderbare Gabe, die in uns und um uns eine Scheinwelt schafft, welche uns zu Demiurgen und Denkern macht. Das Wort ist in seiner ganzen Herrlichkeit Schöpfer der geschriebenen Sprache, des in Farbe, Klang und Form ausgedrückten Gedankens. Und doch ist es nicht alles im Höherstreben des Menschen und der Kulturen; denn dies hieße, das Denken, unsere anderen Ausdrucksformen und selbst unser manchmal unbedachtes Handeln gar zu gering zu bewerten.

Wie sagte doch der gute alte Äsop sinngemäß? Das Wort ist das Beste und Schlechteste zugleich. Es drückt den Gedanken aus, doch nur annähernd, immer relativ falsch. Darum nannte Buddha das Wort *mâyâ* (Illusion).

Das Wort als Träger der Vererbung

Zur Weitergabe des biologischen Erbes verwenden unsere Zellen eine Sprache, die ähnlich aufgebaut ist wie die Sprache der Menschen. Diese wiederum überträgt das verbale Erbe, das aus Gewohnheit und erworbener Erfahrung entstanden ist.

Der Genetiker Philippe L'Héritier sagte anläßlich einer Diskussion, die am 19. Februar 1968 im französischen Fernsehen gesendet wurde und an der auch der bekannte Anthropologe Claude Lévi-Strauss teilnahm: »Einst erklärte man die Entwicklung mit der natürlichen Auslese; dies hat zwar noch immer seine Gültigkeit, doch fügt man heute noch das ererbte Wissen hinzu.«

Die Ähnlichkeit mit den Vorfahren, die Art und Weise, Häuser zu zimmern und Schiffe zu bauen, aber auch mathematisch zu denken und zu philosophieren – all das wird von unseren Gedächtnischromosomen weitergegeben, doch es bliebe ungenützt, hätten wir nicht die Sprache, um es auszudrücken. Dies bedeutet, daß sich die Menschheit nicht entwickeln könnte, wenn sie stumm wäre.

Doch für die Biologen am interessantesten ist die Tatsache, daß die sprachlichen und genetischen Kombinationen dieselbe Struktur aufweisen und nach demselben System funktionieren. Die genetischen Daten werden von der Desoxyribonucleinsäure (DNS) getragen und sind in Millionen von Elementen entlang der Chromosomenfaser verzeichnet.

»Die Weitergabe erfolgt«, sagte Professor Jakob, der ebenfalls an der Diskussion teilnahm, »indem der genetischen Botschaft wie den Worten ein gewisser Sinn verliehen wird.«

»Das Ganze ist von den Teilen bestimmt – so wie in der Sprache der Sinn eines Satzes durch die Worte, aus denen er sich zusammensetzt, festgelegt wird«, bemerkte der Sprachforscher Roman Jakobson.

Ein Wort allein bedeutet gar nichts. Um etwas Bestimmtes auszudrücken, ist ein ganzer Satz notwendig. Keine Einheit bedeutet etwas, solange sie allein steht, doch mit anderen Einheiten verbindet sie sich zu einem Alphabet und schafft derart eine Gesetzmäßigkeit. Dann kommt es zu komplizierteren Verbindungen, die wesentlichere Ordnungen bilden.

Die molekulare Vererbung steht also an erster Stelle. Doch

zur Entfaltung der ererbten Möglichkeiten ist der Lernfaktor wesentlich: eine Nachtigall braucht einen guten Lehrmeister. Wenn sie allein aufgezogen wird, wird sie wohl auch singen, aber weit weniger gut als in Gesellschaft von älteren und erfahreneren Nachtigallen. Ein Menschenkind würde allein überhaupt nicht sprechen.

Nichts ist ohne die Sprache möglich, die den schöpferischen Akt auslöst, Erklärungen für Geschehnisse bringt, die fern in Zeit und Raum sind... jenen allgemeinen Begriffen, die wissenschaftliche und künstlerische Arbeit überhaupt erst realisierbar machen.

Zwischen den Gesellschaften und Kulturen gibt es noch andere Kommunikationsmittel: Symbole, Zeichnungen, die Schrift, die Telepathie, die sozialen, architektonischen und literarischen Ausdrucksformen. Sie alle aber setzen das Vorhandensein einer gesprochenen Sprache voraus.

Sei es aus Zufall, aus Mißtrauen gegenüber den Mythologien und Religionen oder weil die Zensur des ORTF (Französisches Radio und Fernsehen) eingriff, kein einziger Teilnehmer an der erwähnten Fernsehdiskussion nannte das Bibelzitat »Am Anfang war das Wort«, und auch nicht den *mâyâ*-Begriff der indischen Philosophie, wo das Wort gleichzeitig für die Urmaterie, aber auch für die Illusion steht, die unsere Sinne täuscht und uns irreführt.

Die Sprache der Tiere

Die Übertragung von Informationen durch die Sprache fällt in den Bereich der verbalen Vererbung, die keineswegs dem Menschen vorbehalten ist. Die Vögel erlernen zum Beispiel die Gewohnheiten und die Sprache ihrer Artgenossen noch während sie im Ei ausgebrütet werden. Durch Sprache und Sehkraft lernen sie, Fallen zu vermeiden, den Feind durch Warnsignale anzuzeigen und einen fruchtbeladenen Kirschbaum zu lokalisieren.

Es gibt auch Dialekte bei den Tiersprachen: Angehörige der gleichen Art, die jedoch nicht im selben Land leben, sprechen nicht dieselbe Sprache. Ein Papagei aus Afrika versteht die Sprache eines amerikanischen Papageis nicht. Diese Tatsache wurde folgendermaßen festgestellt: Man spielte Bandaufnahmen vom Alarmschrei der Raben ab, um diese Vögel von den Flugplätzen zu vertreiben, wo sie den Flug der Düsenmaschinen stören. Dabei stellte sich heraus, daß man Erfolge nur in dem Land erzielte, in dem die Aufnahme gemacht worden war: Die Raben ergriffen panikartig die Flucht. In anderen Gegenden wurde der Alarmschrei nicht verstanden, und die Raben rührten sich nicht von der Stelle.

»Nur die menschlichen Wesen haben die Fähigkeit, alle Sprachen zu lernen«, sagte Professor Jakobson. Diese Meinung teile ich allerdings nicht; ich glaube vielmehr, daß auch ein Tier den fremden Dialekt seiner Artgenossen erlernen kann.

Bei den Tieren spielt die Sprache nur eine untergeordnete Rolle, und doch beweist sie, daß diese Form der Vererbung in allen Bereichen besteht und eine wichtige Stufe zur Höherentwicklung darstellt.

Der Affe stammt vom Menschen ab

Der Papagei, die Krähe, der Rabe und die Elster können leicht die Stimme des Menschen nachahmen; mit Ausnahme des Papageis aber verfügen diese Tiere nur in den seltensten Fällen über die notwendige Intelligenz, um bei diesen Nachahmungsversuchen einen Satz zu strukturieren.

Obwohl sie heute nicht dieselben Stimmbänder haben wie wir, gab es eine Zeit, da die Affen sprechen konnten. Das jedenfalls behaupten mehrere alte Schriftsteller. Und in der Tat läßt sich diese These nicht völlig widerlegen; denn das wichtigste Zeichen des Rückschrittes, das auch bei einem Menschen, der in den Zustand der Wildheit zurückkehrt, zu beobachten ist, ist neben der stärkeren Behaarung die beträchtliche Wandlung seines Stimmregisters.

Der Affe wurde von den alten Phöniziern verehrt. Nach altägyptischer Darstellung »konnte er alles hören, was man sagte, sobald er aus Äthiopien kam, denn er war leichter zu formen als ein menschlicher Schüler... er konnte Gefäße tragen, sobald seine Mutter dazu nicht mehr imstande war« (zitiert nach Georges Posever: DICTIONNAIRE DE LA CIVILISATION EGYPTIENNE).

Auf den Mastabas und Tempelmauern im Niltal trifft man Malereien und Reliefs an, auf denen Paviane Kinder überwachen oder Früchte in den Bäumen pflücken und sich als treue Diener des Menschen erweisen. Der Affe spielte auch eine bedeutende Rolle in der Lehre von der Seelenwanderung; er hatte die Seelen entweder zu verjagen oder sie in einem Fischnetz zu fangen. Im Laufe der Zeit erhob man den Affen gar zur Gottheit und gliederte ihn dem Mythos von Thot ein. Er beeindruckte die Ägypter aus dunklen Gründen, die aus den Überlieferungen der ersten Zeit abgeleitet werden müssen. Auch sein seltsames Gebaren bei Tagesanbruch, wenn er schrille Schreie ausstößt, als würde er die Sonne grüßen, und dabei die Hände in einer ritualen Geste faltet, mag zu seiner Verehrung beigetragen haben.

Vor 5000 bis 8000 Jahren waren die Affen vermutlich weit intelligenter als heute. Wenn ihre geistigen Fähigkeiten in dieser relativ kurzen Zeit tatsächlich so sehr abgenommen haben, liegt die Vermutung nahe, daß sie in einer fernen Vergangenheit vielleicht einmal einen Intelligenzgrad gehabt haben, der dem unseren gleich gewesen sein dürfte. Die Affen konnten damals höchstwahrscheinlich sprechen, beten, arbeiten. Nur einem fatalen Ereignis wird man zuschreiben müssen, daß sie dann eines Tages in Animalität und Verdummung verfielen.

Genau das wird auch im mexikanischen Popol Vuh behauptet: »Von den Menschen des 3. Zeitalters sind nur die Affen in den Wäldern übriggeblieben. Man sagt, daß diese (mutierten) Affen Nachkommen der Menschen sind. Aus diesem Grunde ähnelt der Affe dem Menschen.«

Hanumat, der Freund von Râma

Nach dem Popol Vuh wäre der Affe unser gefallener Bruder. Auch im indischen RAMAYANA ist er unser Bruder, der zwar auf einer niedrigeren Stufe steht, doch zur Gottheit werden kann. Ist es nicht mehr als erstaunlich, daß zwei der ältesten heiligen Bücher und die Reliefs in Ägypten, die vielleicht noch älter sind, übereinstimmend aus dem Affen eine Art Menschen und schützenden Freund des Menschen machen?

Im Sanskritepos Râmâyana werden die Affen auf Brahmas Befehl von den Göttern gezeugt, um Râma in seinem Kampf gegen Ravana zu unterstützen. Die Affen waren heldenhaft und gut und konnten sich nach Belieben verwandeln. Ihr König war Sugrîva, doch der Berühmteste unter ihnen war Hanumat, der Herzensfreund von Râma.

Hanumat war ein Schelm, aber – so liest man in den Sanskrittexten – seine Güte, seine Ergebenheit und seine Tapferkeit waren unübertroffen. Mit einem Sprung vermag er die Meerenge zwischen Ceylon und dem Kontinent zu überqueren und versetzt dabei einen ganzen Berg, auf dem eine Pflanze wächst, die dem Gott Laksmâna Heilung bringen soll. Er allein nimmt die Stadt Lankâ ein, die vom Verräter Ravana besetzt ist, und rettet Râma und dessen Bruder das Leben.

Hanumat wird im Râmâyana sehr hervorgehoben. Wen wundert es noch, daß er wie ein Gott verehrt wird: In allen Pagoden des Visnu sind ihm Kapellen geweiht.

In Erinnerung an Hanumat werden die Affen in Südostasien

heiliggehalten. In Kalkutta besitzen sie sogar einen eigenen Tempel, wo sie frei leben und von den Opfergaben der Gläubigen ernährt werden.

Hanumat wird auch als Poet und Musiker dargestellt. Die Legende erzählt, er habe großartige Verse in Felsen graviert, in denen er die Heldentaten von Râma besang. Vâlmikî, der angebliche Autor des Râmâyana, las dieses Heldenlied und fand es so erhaben, daß er sein eigenes Werk zerstören wollte. Daraufhin warf der großmütige Affe die beschrifteten Felsen ins Meer; später fand man einige Fragmente, die von Dâmodara Misra ergänzt und zu dem Stück Hanumat Nataka umgearbeitet wurden.

Ist Hanumat der Schneemensch?

Die arischen Überlieferungen versichern, daß die Affen in alter Zeit die Sprache der Menschen sprachen.

Das Mahabharata erzählt eine seltsame Anekdote, die sehr lehrreich ist: Eines Tages suchte Bhîma, der Halbbruder von Hanumat, eine wunderbare Blume in den Bergen und stieß dabei auf einen alten schlafenden Affen, der ihm den Weg versperrte. In herrischem Ton verlangte Bhîma, daß man ihm den Weg freigebe. Der Affe aber wollte zuerst wissen, mit wem er es zu tun habe. Bhîma warf sich in die Brust, berichtete von seinen Heldentaten und von der Macht der Pandus. Da sagte der Affe: »Wie ist es möglich, daß eine so bedeutende Persönlichkeit, wie du es bist, kein eigenes Reich besitzt, sondern im Wald herumirrt?« Bhîma wollte nicht antworten, sondern wiederholte seinen Wunsch, vorbeigelassen zu werden. Der Affe teilte ihm daraufhin mit, daß er krank sei, doch Bhîma möge über ihn steigen. »Nein«, sagte dieser, »das werde ich nicht tun, aus Achtung vor meinem Bruder Hanumat, der ein Affe ist.« Er weigerte sich auch, beim Kopf vorbeizugehen, doch nach länge-

[19] Die Mater im Wald von Fontainebleau. Wurde dieses Meisterwerk von der Natur geschaffen, oder ist es, wie Daniel Ruzo glaubt, das Zeugnis einer geheimnisvollen alten Kultur?

[20] In Chenini (Tunesien) liegt ein Friedhof mit den Gräbern der Riesen, deren Skelette mehr als drei Meter lang sind *(oben)*. [21] Unter dem Giebel des ägyptischen Tempels Denderah ist das Zeichen des Uräus eingraviert, das Symbol der außerirdischen Initiatoren *(unten)*

rer Diskussion war er bereit, beim Schwanz vorbeizugehen. Als er es tun wollte, wurde der Schwanz immer länger und länger, so daß Bhîma, nachdem er fast eine Meile zurückgelegt hatte, beschloß, das Hindernis mit seinem Stock aufzuheben, doch dieser zerbrach dabei. Da begriff er, daß er es nicht mit einem gewöhnlichen Wesen zu tun hatte, kehrte um und fragte voll Ehrerbietung: »Wer seid Ihr?« – »Ich bin Hanumat«, sagte der Affe mit einem boshaften Lächeln, und er erzählte seinem Halbbruder von den Heldentaten, die seine Stammesbrüder in den Schlachten des Râmâyana vollbracht hatten.

Bhîma bat ihn, sich in der Gestalt zu zeigen, die er angenommen hatte, um in die Stadt Lankâ zu springen. Da erhob sich Hanumat und wuchs und wurde immer größer, bis er eine erschreckende Form erreicht hatte, bei deren Anblick der Hasenfuß Bhîma in Ohnmacht fiel. Hanumat stärkte ihn, und da er den Berg genau kannte, zeigte er ihm die Stelle, an der er die geheimnisvolle Blume, die er suchte, finden konnte.

Der Anführer der Affen war nicht nur durch seine Stärke, seinen Mut und seine Güte überragend, sondern auch durch sein Wissen. »Niemand gleicht ihm«, sagt das Râmâyana, »in allen Wissensgebieten und in den strengen Lebensregeln war er der Rivale des Erziehers der Götter.«

Als Râma vor seiner Rückkehr nach Ayôdhyâ Hanumat fragte, welche Belohnung er sich zum Dank für seine Dienste wünsche, bat der getreue Affe nur um die Gnade, so lange leben zu dürfen, als der Ruhm des Râma gepriesen würde. Diese Gunst wurde ihm zuteil. Hanumat zog sich in die Berge zurück, wo er seine Tage mit Fasten und Anbeten seines großen Herrn verbrachte. In diesem Lebensabschnitt traf ihn Bhîma an.

In Indien herrscht der Glaube, Hanumat hause noch immer auf einem unzugänglichen Berg. Er und seine Nachkommen wären jene Wesen, die die Menschen als Schneemenschen bezeichneten.

Das Geheimnis des Delphins

Der Delphin, eine Walart, die in den Weltmeeren heimisch ist, stand zu allen Zeiten hoch in der Gunst der Völker. Er ist Gegenstand zahlreicher Legenden und konnte angeblich einst mit den Menschen sprechen. Diese Behauptung wurde jedoch bis in die jüngste Zeit nicht ernst genommen. Der Delphin genoß bei den alten Völkern ähnliche Privilegien wie der Affe. Beide Tiere standen vor Pferd und Hund dem Menschen am nächsten. Der Delphin wurde als das intelligenteste Tier der Schöpfung betrachtet. Eine geheimnisvolle, heilige Verbindung bestand zwischen ihm und dem Menschen.

Bei den ersten Christen war er das Symbol der Seelenwanderung. Man führte dies darauf zurück, daß er sehr hoch zum Himmel springen kann – ein freilich wenig überzeugender Grund. Die eigentliche Erklärung verliert sich im Nebel der Überlieferungen, die nicht mehr bis zu uns gelangt sind.

Physiologisch gesehen ist der Delphin einzigartig unter allen Tieren durch das Gewicht und das Volumen seines Gehirns sowie durch die Zahl und das Ausmaß seiner Gehirnwindungen. War er wie der Affe einst intelligenter als heute? Prähistoriker und Zoologen haben diese Frage völlig vernachlässigt. Die Überlieferung bejaht sie jedoch eindeutig und versichert noch dazu, daß der Delphin eine ausgesprochene Vorliebe für Musik, Poesie und freundschaftliche Beziehungen mit den Menschen hatte, was doch von seiten eines Meeresbewohners ziemlich erstaunlich ist. Wenn der Delphin gefangen wurde, vergoß er Tränen, sagte man, und niemals hat ein Delphin einen Menschen angegriffen, denn er scheint ihn zu achten und zu lieben. Gern begleitet er Schiffe auf hoher See, eine Gewohnheit, die auch die Haie haben, die aber in erster Linie darauf bedacht sind, die dem Schiff folgenden Fische und ins Meer geworfenen Abfälle der Matrosen zu fressen. Das gilt freilich zum Teil auch für die Delphine. Bei ihnen kommt aber vor allem eine gefühlsmäßige Anziehung hinzu. Sie folgen im allgemeinen nicht den Schiffen, sondern schwimmen ihnen voraus oder begleiten sie, wie es ein Hund machen würde, also ohne sichtbares materielles Interesse. Im Mittelmeer hat sich bei den Matrosen die Gewohnheit erhalten, den Delphinen Lieder vorzupfeifen, um sie zu unterhalten.

Es gibt zahlreiche Geschichten, in denen von der Anhänglichkeit der Delphine berichtet wird. Zum Beispiel wurde der griechische Poet und Musiker Arion ins Meer geworfen, doch die Delphine retteten ihn. Und Plinius erzählt, daß ein Kind mit einem Delphin befreundet war, der es auf seinem Rücken nach Puzzuoli zur Schule brachte. Dies sind gewiß Legenden, die jedoch sehr wohl ein Körnchen Wahrheit enthalten könnten.

Der Delphin spricht mit dem Menschen

Zwischen dem Menschen, der es den Fischen gleichzutun versucht, und dem Tier, das ein Leben mit dem Menschen anstrebt, bilden sich heute Bande der Zuneigung und des Vertrauens, die an eine paradiesische Tradition anknüpfen.

Als unermüdlicher Helfer bringt der Delphin seinem menschlichen Tauchgenossen alle notwendigen Werkzeuge, um ihm den langsamen und mühsamen Aufstieg an die Wasseroberfläche zu ersparen. Oft schon haben diese freundlichen Tiere in Not geratenen Tiefseetauchern das Leben gerettet, indem sie ihnen Sauerstoffnachschub brachten oder sie sicher an die Oberfläche geleiteten.

Tuffy, der dressierte Delphin des Meeresforschungszentrums in Point Mugu (Kalifornien), ist der beliebteste Arbeitskollege unter den amerikanischen Tauchern. Oft werden ihm heikle Aufgaben anvertraut, deren sich Tuffy stets zur allgemeinen Bewunderung äußerst geschickt entledigt.

Zur endgültigen Besiegelung der Freundschaft zwischen Delphin und Mensch bleibt nur mehr das Problem der Sprache zu lösen. Nach Ansicht der Professoren Bateau und Bastian dürfte dies schon sehr bald möglich sein. Der Delphin hat eine große Schnauze und kann angeblich die menschliche Stimme nachahmen, obwohl seine natürliche Sprache aus Pfiffen, Gebell und Schnalzlauten besteht, deren Klangimpulse ähnlich jenen der menschlichen Stimme sind. Unbestritten ist, daß die Sprache, das heißt die Konversation der Delphine ein weit höheres Niveau besitzt als bei allen anderen Tiergattungen. Professor Lilly ist es auch gelungen, seinem Delphin ein kleines Vokabular beizubringen: Elvar spricht und versteht an die zwanzig englische Wörter.

Zwei Delphine, von denen sich der eine im Aquarium von Seattle (Staat Washington) und der andere in Vancouver (British Columbia) befand, haben sich eine Stunde lang am Telefon unterhalten. In ihrer Sprache natürlich.

Am 17. Oktober 1967 berichtete die sowjetische Zeitschrift SELSKAJA SCHISU (Das Landleben), daß ein Fischerboot vor der Krim plötzlich von Delphinen umringt gewesen sei, die durch ihre Bewegungen und Pfiffe deutlich zu verstehen gaben, das Boot möge zu einer Boje, an der Fischernetze befestigt waren, fahren. Als die Fischer dort ankamen, sahen sie, daß das Wasser ungewöhnlich bewegt war. Sie zogen ein Netz heraus und fanden ein Delphinbaby, das sich darin gefangen hatte. Als das Tier befreit war, stießen die übrigen Delphine Freudenschreie aus und begleiteten wie zum Dank das Boot bis zur Küste.

Der Delphin ist sehr sensibel. Er stirbt vor Gram, wenn er seine Gefährtin verliert. Bei der Hochzeit zeigt er seine Freude so deutlich wie ein menschliches Wesen. Mein Taucherfreund Christos Mavrothalassitis hat im Mittelmeer einer Delphinhochzeit beigewohnt: Das Paar bewegte sich zwischen zwei Reihen von Delphinen, die aus Leibeskräften schrien, um ihrer Freude Ausdruck zu verleihen.

Dieser sympathische und sanfte Wal hat aber einen Erbfeind:

den Hai, den anzugreifen er nicht fürchtet und den er immer besiegt. Der Hai ist ein geschickter Schwimmer, doch seine Geschwindigkeit erreicht bei weitem nicht jene seines Feindes. Außerdem muß er sich umdrehen, um zuzuschnappen, da sein Rachen unter der Schnauze liegt. Die Delphine kennen diese Schwäche; sie sind dem Hai taktisch überlegen, greifen ihn in Indianerreihe an, indem sie blitzartig auf den weichen Bauch des Hais zustoßen und ihn aufschlitzen.

Wenn Delphine die Geschichte der Menschheit erzählen werden

Noch nie wurde ein Fall bekannt, daß ein Delphin einen Menschen angriff. Im Gegenteil. Er legt eine Anhänglichkeit an den Tag, die jener des Hundes gleichkommt. Die Annahme scheint daher erlaubt, daß in einem fernen goldenen Zeitalter, als alle Kreaturen einträchtig zusammen lebten, zwischen Delphin und Mensch eine geheimnisvolle Verbindung bestanden hat.

Diese Meinung vertritt auch der Eingeweihte Gregori B., der davon ausgeht, daß der Mensch in der zweiten Periode des Tertiärs zugleich mit dem intelligenten Tapir, dem Papagei, dem Kondor, der Wildente und dem Delphin auf der Erde auftauchte. In jener Zeit war der Mensch noch nicht von dem Ehrgeiz besessen, den Planeten zu beherrschen, sondern lebte friedlich mit den anderen Tieren zusammen. Damals verband ihn vermutlich eine besondere Freundschaft mit einigen Tieren, darunter vor allem mit dem Delphin, der damals vielleicht das intelligenteste Lebewesen überhaupt war. Wenn es den Forschern gelungen sein wird, meint Gregori B., die Sprache der Delphine zu verstehen, dann ist es durchaus möglich, daß sie unerhörte Neuigkeiten über die Vergangenheit des Menschen erfahren werden.

Die Delphine haben das Kennzeichen des Goldenen Zeitalters,

nämlich das Fehlen jeglichen Ehrgeizes, bewahrt, das ein einträchtiges Zusammenleben zwischen allen Reichen der Natur gewährleistet. Ihre eigene Geschichte verlief daher ohne nennenswerte Ereignisse, und da sie außerdem die Gesellschaft anderer Tiere meiden, hofft man, daß sie in den weitläufigen Windungen ihres Gehirns wie in einem Magnethirn die Erinnerung an wichtige Ereignisse bewahrt haben, die vor mehreren hunderttausend Jahren stattgefunden haben. In diesem Fall könnten sie sich an große Katastrophen wie die Sintflut und auch an die Geschichte der Beziehungen zwischen den Delphinen und den Menschen erinnern.

Ernsthaft untersucht man auch die Möglichkeit eines Dialogs mit den Papageien in der Hoffnung, in deren Sprache gewisse Wörter wiederzufinden, die aus der universalen Sprache der Urzeit stammen. Der Papagei ist ein perfekter Imitator der menschlichen Stimme, und wenn er einst in der Umgebung des Menschen gelebt hat, muß er bestimmte Wörter oder Ausdrücke aufgenommen haben, die von den Gedächtnischromosomen vererbt wurden und nun in seinen Selbstgesprächen auftauchen müßten. Zum Beispiel weiß man, daß ein Papagei, der die »Marseillaise« oder ein anderes Lied zu singen gewöhnt war, seinen Nachkommen eine besondere Eignung zum Singen dieser Lieder hinterläßt, eine Eignung, die sich nach einigen Generationen in Erbgut verwandelt.

Das tierische Gehirn hat (wie das menschliche) viele Zellen, die bei der Wiedergabe von Daten nicht beansprucht werden, in denen aber vielleicht Wesentliches aufgezeichnet ist. Diese Gedächtnisse zum Reden zu bringen, wäre ein schier unlösbares Problem, hätte der Mensch nicht das Glück, einen Versuch mit seinen superintelligenten, »sprachgewaltigen« Freunden, den Delphinen, machen zu können.

XIV. Das Wasser des Lebens

Die biologischen Funktionen des menschlichen Organismus werden ebenso wie seine intellektuellen und psychischen Fähigkeiten durch Nahrungsmittel beeinflußt. Vor allem die Drogen spielen bei der Weckung und Stimulierung des Gehirnkreislaufs eine wesentliche Rolle.

Die Weisheit der Chinesen

Es ist zwar nur eine Hypothese, sie kann aber nicht völlig von der Hand gewiesen werden: Die gelbe Rasse wird in Kürze die Welt beherrschen. Der Sieg bei Poitiers im Jahre 732 war der Sieg des Abendlandes; die Niederlagen von Dien Bien Phu und Khe Sanh in den Jahren 1954 und 1968 kündigten den Anbruch der gelben Herrschaft an. Die apathische Masse der Weißen – hochgradig vergiftet durch ihr Fernsehen, ihre Autos, ihren Whisky und ihre Tageszeitung – hat ihren letzten Trumpf in Vietnam verloren und wird sich dessen erst bei der Explosion des Mao-Kommunismus bewußt werden. Die große Panik wird zu dem Zeitpunkt ausbrechen, wenn China endgültig seine Verachtung der kartesianischen Philosophie, der kapitalistischen

Mathematik und der veralteten Computer des Pentagons beweisen wird.

Mao Tse-tung hat es bereits Ende Dezember 1968 angekündigt, als er zum großen Erstaunen unserer Superstrategen eine Miniatur-H-Bombe explodieren ließ: »Wir machen in der Atomwissenschaft rasche Fortschritte, weil wir nicht das alte Wissen der westlichen Kapitalisten benützen.«

Die Dauerberieselung durch das Fernsehen, das Gift des Alkohols und Kohlendioxyds, des Lärms und der stumpfsinnigen Schlager bewirken eine Verdummung der Weißen, ohne in irgendeiner Form zu ihrem Fortschritt beizutragen.

Auch die Chinesen sind vergiftet durch das Opium, das sie seit Jahrtausenden konsumieren und das ihre kleine und magere Körperstatur bestimmt hat. Doch die Chinesen sind stark, elastisch, ausdauernd und von hoher Intelligenz. Das ist das Geheimnis des Opiums. Denn das Opium, Gift und Stärkungsmittel zugleich, schädigt den Körper und trocknet ihn aus, aber es animiert die geistige Tätigkeit und macht bisher ungenützte Pfade des Gehirns frei. In vier Jahrtausenden sind die Gelben durch die ständige Einnahme von Opium derart immunisiert worden, daß sich die schädlichen Auswirkungen auf ihren Körper nicht mehr bemerkbar machen und sie nur in den Genuß der ungeheuren Öffnung des Geistes kommen. Am Ende des 20. Jahrhunderts sind die Chinesen das meisteingeweihte Volk der Erde, und es strebt daher ganz natürlich danach, die Welt der Weißen zu beherrschen, deren Zaubertränke wirkungslos geworden sind, und die hoffnungslos in ihre jüdisch-christlichen Lehren verstrickt sind.

Mao Tse-tung, der Initiator der ungeheuren Masse der Gelben, ist von diesem Geschichtsablauf überzeugt, und um die Auflösung der kapitalistischen Welt zu beschleunigen, wirft er auf alle Märkte der Welt praktisch die Gesamtheit des in China erzeugten Opiums und der anderen Rauschgifte. »Das Geld«, sagt er, »muß dazu dienen, schlechte Dinge zu kaufen. Man kauft nicht Vernunft und Wissen mit Dollars oder Francs!« Und angeblich pflegt er im engsten Kreis seiner Vertrauten hinzuzufügen: »Das goldene Kalb muß sich selbst zerstören, durch sein eigenes korrodierendes Gift und seine Dummheit.« Diese prophetischen Worte jagen uns einen Schauder über den Rücken. Müssen wir nicht, wenn wir ehrlich sind, die Logik und Weisheit dieses Politikers bewundern? Das kapitalistische goldene Kalb vergiftet sich mit seiner eigenen Substanz! Ist dies nicht ein bewundernswert anschauliches Bild?

Wenn auch die Drogen den Chinesen außerordentliche Möglichkeiten gaben, indem sie im Labyrinth ihrer Gehirne neue Wege erschlossen, so verdanken sie doch ihr Wissen der Überlieferung. Dieser Meinung ist auch die Orientalistin Frida Wion, die in ihrem China-Buch schreibt: »Nach dem letzten Krieg kauften die Amerikaner zu Höchstpreisen alle aus China stammenden alchimistischen Manuskripte und Dokumente, die sie bei den Buchhändlern in Asien und Europa auftreiben konnten. Doch die meisten Bücher des alten chinesischen Wissens sind den westlichen Übersetzern unbekannt. Es gibt in den Bibliotheken von Peking, Nanking und Kanton zahllose Quellen des Wissens, die zum außergewöhnlichen technischen Erfolg der Chinesen auf dem Gebiet der Kernenergieforschung beigetragen haben.« Ich möchte noch weitergehen und sagen: die zum außergewöhnlichen technischen Vorsprung der Chinesen gegenüber den Amerikanern beigetragen haben. Denn schließlich und endlich haben die Gelben für die Konstruktion der Miniatur-H-Bombe nur fünf Jahre gebraucht, während die mächtige amerikanische Industrie, unterstützt durch den Goldschatz von Fort Knox und die europäischen »Köpfe«, dazu 25 Jahre gebraucht hat.

Die Kraft des Gewitterregens

Das Wasser war stets eines jener geheimnisvollen Elemente, mit denen sich die Alchimisten am intensivsten beschäftigt haben. In Verbindung mit verschiedenen chemischen Substanzen war es Gegenstand von Forschungen, deren Traumziel die Ermöglichung der ewigen Jugend oder die Löschung der Sünden war. Aber nur magere konkrete Ergebnisse hat man erzielt – vielleicht weil die Chemiker zu viel in ihre Retorten geschaut und zu wenig die Natur beobachtet hatten. Im Gegensatz zu ihnen konnte der Ingenieur Marcel Violet vor kurzem die beachtlichen Ergebnisse seiner Forschungen in einem Buch mit dem verlockenden Titel LE SECRET DES PATRIARCHES (Das Geheimnis der Patriarchen) veröffentlichen.

Seine Bilanz ist positiv: Das von Marcel Violet elektrischen Schwingungen ausgesetzte Wasser beschleunigt das Wachstum der Pflanzen und belebt den menschlichen Organismus. Diese Tatsache wurde durch mehrere hundert Experimente bewiesen, die das französische Landwirtschaftsministerium an Pflanzen und zahlreiche Ärzte am Menschen durchgeführt haben. Die These wird außerdem durch Berichte der Medizinischen Akademie, durch offizielle Gutachten und (ich würde sagen vor allem) durch folgende aufrichtige Erklärung des Erfinders unterstützt: »Sie können überzeugt sein, daß meine Skepsis genauso groß war wie die Ihre und daß ich jahrelang beobachtet und experimentiert habe, bis ich schließlich in die Phase der Überzeugung eintrat (ich sage noch nicht Gewißheit in allen Punkten), in der ich mich derzeit befinde.«

Klingt das nicht wirklich überzeugend? René Barthélémy vom Institut de France sagte: »Diese Entdeckung wird unvorhersehbare Folgen haben.«

Hören wir nun den Forschungsbericht von Marcel Violet: »Jeder Gärtner weiß, daß ein Gewitterregen das Wachstum der Pflanzen beschleunigt; man kennt auch seine düngende

Wirkung. Sie wird auf jene chemischen Stoffe zurückgeführt, die in der Atmosphäre durch die elektrischen Entladungen erzeugt und im Regenwasser aufgelöst werden, insbesondere die Nitratzusammensetzungen. Alle Versuche, diese Eigenschaften künstlich zu erzeugen, indem man dem gewöhnlichen Wasser die chemische Zusammensetzung des Gewitterregens gab, scheiterten: seine Kraft war nicht chemischer Natur.«

Ebenso kann auch das von den Gärtnern verwendete Wasser nicht künstlich hergestellt werden; um seine besonderen Eigenschaften zu erlangen, muß es einige Zeit in flachen Becken stehen, die den Sonnenstrahlen ausgesetzt sind. Die Tiere wissen das genau und trinken vorzugsweise aus Pfützen, die sich nach einem Gewitter gebildet haben. Sie spüren instinktiv, daß dieses Wasser ihr Wohlbefinden und ihre Lebenskraft erhöht.

Marcel Violet schloß aus diesen Beobachtungen, daß das Wasser die Sonnenstrahlen zu speichern vermag, und stellte fest, daß man dieselben Ergebnisse erzielen kann, wenn man Bakterienkulturen dem bestrahlten Wasser oder der direkten Strahlung aussetzt.

Reines Wasser bedeutet Tod

In einem meiner früheren Bücher (Verratene Geheimnisse) habe ich ausgeführt, daß reines Wasser eine unglaublich starke auflösende Wirkung hat und daß es auf esoterischer und auf physikalischer Ebene soviel wie Tod bedeutet. Diese Eigentümlichkeit wurde von manchen Lesern bezweifelt, denen ich für ihr Interesse danken möchte, doch von versierten Chemikern durchaus akzeptiert.

Die Rosenkreuzer kannten im übrigen dieses Geheimnis, das einen Teil ihrer Lehre bildete: Die Geheimlehre ist doch stets der Wissenschaft voraus.

Ingenieur Violet war diese Eigenschaft des reinen Wassers

nicht bekannt, bis es ihm gelang, einige Liter davon in seinem Laboratorium herzustellen.

»Nachdem ich ungefähr einen Liter von dem Wasser in ein Kristallisiergefäß geleert hatte, setzte ich eine zappelnde Kaulquappe hinein. Das Tier erstarrte fast augenblicklich: es war tot. Ich führte dem Wasser Luft zu, indem ich kräftig umrührte, und setzte dann eine zweite Kaulquappe hinein. Das Ergebnis war dasselbe. Dann leerte ich dieses künstlich belüftete Wasser in einen Glasballon, verschloß ihn hermetisch und stellte ihn auf meinen Balkon. Es war Sommer ...«

Als Marcel Violet das Experiment einen Monat später wiederholte, stellte er fest, daß die Kaulquappen um die Wette wuchsen und gediehen.

»Dieses todbringende Wasser hat sich unter der Einwirkung der Sonne in ein Lebenskraft spendendes Wasser verwandelt. Somit schien der Beweis erbracht: Wenn gewöhnliches Wasser denselben Strahlungen ausgesetzt wird wie unsere Erde, nimmt es diese auf und erhält dadurch eine belebende Wirkung. Wenn hingegen das Wasser auf eine Temperatur von über 65° erhitzt wird oder längere Zeit mit Metall in Berührung ist, verliert es seine absorbierten Strahlungen und wird ein Wasser des Todes. Doch chemisch gesehen bleibt das Wasser immer unverändert. Diese Beobachtungen scheinen zu beweisen, daß die biologische Bedeutung des Wassers in erster Linie auf seine Fähigkeit zurückzuführen ist, bestimmte Strahlen aufzunehmen und wieder abzugeben, die eine aktive Rolle beim Gedeihen lebender Organismen spielen.«

Das Wasser des Lebens

Marcel Violet setzte seine Forschungstätigkeit fort und versuchte gemeinsam mit Michel Rémy in jahrelangen Experimenten, auf künstlichem Weg ein Wasser herzustellen, das dieselben

Eigenschaften haben sollte wie das von der Sonne bestrahlte oder wie der Gewitterregen. Mit Hilfe einer Antenne fing er verschiedene Strahlen von biologischen Wellen ein. Die Verwendung von Isolierfiltern aus Bienenwachs ermöglichte ihm schließlich, ein Wasser herzustellen, das eine meß- und kontrollierbare Beschleunigung des Keimungsvorgangs von Samen bewirkt.

Erst vor kurzem konnte man auf Grund der Fortschritte der Elektronik feststellen, »daß die Verwendung des Isolierfilters aus Bienenwachs den Verlauf der mit Hilfe der Kondensatoren erzielten Schwingungsströme stark verändert, indem er die ursprüngliche Sinusschwingung mit einer Unzahl von sekundären Wellen mit außerordentlich hoher Frequenz überdeckt...«

Am 17. Juli 1957 machten die Herren Jatar und Sharma eine Mitteilung an die Akademie der Wissenschaften. Sieben Generationen von Meerschweinchen wurden mit Wasser behandelt, das elektrischen Schwingungen ausgesetzt war. Man konnte an ihnen folgende Feststellungen machen:

– Es kam zu keiner genetischen Mutation.

– Die Tiere erreichten zum Teil das Doppelte des normalen Alters.

– Versuchstiere, denen man gefährliche Viren injiziert hatte, erkrankten nicht. Es bildete sich am Einstich eine Hautkapsel, die so lange bestand, bis die Viren – derartig vom Organismus abgetrennt – ihre Virulenz verloren.

Oder: Ein Trabrennpferd, das für einen Kilometer 1 Minute und 22 Sekunden benötigte, erreichte diese Spitzengeschwindigkeit nicht mehr und konnte nur mehr als Zuchtpferd verwendet werden. Nach der Behandlung lief es so schnell wie zuvor. Ähnliche Beobachtungen über die Verbesserung der physischen Form wurden bei Sportlern und Kranken gemacht.

Nicht zuletzt ist Ingenieur Violet selbst das beste Beispiel für die Wirksamkeit seines Wassers: Nach einem Herzinfarkt im Jahre 1942 ist er heute – obwohl schon achtzigjährig – wieder vollkommen hergestellt. Seine Seh- und Hörreflexe sind sogar verbessert, seit er täglich einen Liter von seinem Wasser trinkt. Vier Monate nach dem Infarkt war das EKG praktisch wieder normal. Marcel Violet meint, daß die Eigenschaften seines Wassers, die jenen des Gewitterregens ähnlich sind, im Organismus die gleichen außerordentlich günstigen Bedingungen schaffen, wie sie auf der Erde zu der Zeit herrschten, als das Leben darauf entstand. Dies ist eine verlockende Hypothese, die durch ihre Logik und ihre phantastischen Ausblicke besticht.

Das Märchen vom Fortschritt

Die Evolutionstheorie ist ein Märchen für Erwachsene, sagt Jean Rostand. Der Biologe Louis Bonnoure geht noch weiter und meint, daß die Evolution – mit anderen Worten der Mythos vom Fortschritt – zu »einem Prinzip geworden ist, das den Wahrsagern die Möglichkeit gibt, die Zukunft vorauszusagen, den Menschen ihre künftige Vollkommenheit zu versprechen und Gott selbst zu prophezeien«.

Diese Meinungen von zwei bedeutenden Wissenschaftlern tragen den Aufruhr in die Welt der Spiritualisten, für die Begriffe wie Fortschritt und Aufwärtsentwicklung Dogmen darstellen. Und dennoch... was wäre, wenn Jean Rostand und Louis Bonnoure recht hätten? Das Prinzip der Evolution an und für sich wird in Wissenschaftlerkreisen wenn nicht völlig abgelehnt, so doch ernsthaft in Frage gestellt.

Man weiß, daß sich die Evolutionstheorie von Darwin hauptsächlich auf die natürliche Auswahl, auf den Existenzkampf, das Gesetz vom Überleben des Tüchtigeren und die Erblichkeit der erworbenen Eigenschaften gründet. Nun gibt es aber eine nicht unbeträchtliche Zahl von Ausnahmen, die gegen diese Theorie sprechen: Zum Beispiel das Überleben des Quastenflossers Coelacanthus und die Mutationen der Essigfliege. Dafür geben wesentlich zahlreichere Beobachtungen in allen Bereichen der Natur Darwin Recht. Besonders erwähnenswert sind manche fleischfressende Pflanzen, die, um besser zu leben und sich rascher zu entwickeln, direkt die Proteine ihres Opfers angreifen.

Mich interessiert besonders die Frage, ob sich die verschiedenen Arten, ausgehend von der leblosen Materie, zu ständig fortschreitenden organischen Komplexen entwickelt haben, und ob wir Menschen noch zu höheren, differenzierteren und geistigeren Stadien evoluieren werden. Wäre dies nicht der Fall, würden alle esoterischen Lehren gleich Kartenhäusern zusammenstürzen, und Begriffe wie Eschatologie, Seele und Gott hätten schlagartig jeglichen Sinn verloren. Denn dann stellten Gott und die Evolution keine sicheren Tatsachen mehr dar.

Bei manchen Arten kann man sogar eine deutliche Rückentwicklung erkennen. Dies gilt zum Beispiel für die Haustiere, die mit Ausnahme von Hund und Katze ängstliche, versklavte Tiere sind, von denen sich keines physisch entwickelt hat, und die wesentlich krankheitsanfälliger sind als die wilden Tiere. Wenn sie auch künstlich einige unbeständige Merkmale erworben haben, so tritt doch immer wieder ihr ursprüngliches Wesen zutage. Selbst der Rassehund kopuliert lieber mit einem Bastard.

Es scheint, daß diese Überlegungen auch für den Menschen gelten, den unwissende Prähistoriker entweder vom Affen oder von einem stumpfsinnigen Untermenschen abstammen lassen. Immerhin ist die Tatsache nicht zu leugnen, daß der Neandertaler einen um 50 bis 100 Kubikzentimer größeren Schädelinhalt hatte als wir. Außerdem wissen wir, daß wir höherstehende Ahnen haben: Hyperboreer, Atlanter, außerirdische Intelligenzen ... die auf einer wesentlich höheren geistigen Stufe standen als wir.

Ist es nicht merkwürdig, daß die Spiritualisten zwar die Existenz von höherentwickelten Ahnen akzeptieren, gleichzeitig aber das Prinzip der Rückentwicklung des Menschen ablehnen? Sie gehen dabei sogar noch weiter: Sie erheben die geistige Aufwärtsentwicklung zum Dogma und predigen eine beruhigende Eschatologie, die von den meisten Biologen abgelehnt wird.

Die Wahrheit hat so viele unbekannte Gesichter, daß sie ebensogut anderswo liegen kann, denn das Duo Rückschritt – Fortschritt ist nur das Ergebnis unserer intellektuellen Unfähigkeit, andere Vorschläge zu formulieren. Um unserer inneren Ruhe willen sollten wir uns an das weise und optimistische Rezept des großen deutschen Philosophen Leibniz halten: »Alles steht zum besten in der bestmöglichen aller Welten!« Im übrigen haben Rückschritt und Fortschritt nur in einem willkürlichen Zeitsystem und in einem Universum, das auf die Dimensionen unseres Geistes reduziert wurde, einen Sinn.

Dennoch ist es erlaubt, Fragen zu stellen, wie zum Beispiel: Gab es eine Zeit, in der die Bienen noch keinen Honig herstellen konnten; eine Zeit, in der die Menschen nicht denken, bauen, schaffen konnten? Abgesehen von den großen Katastrophensituationen bin ich davon überzeugt, daß die Biene seit je ihren Honig erzeugen konnte und ebenso, daß der Mensch immer sprechen, entwerfen und erfinden konnte, von allem Anfang an, auf Grund eines angeborenen Wissens. Desgleichen fühlen wir aus den Tiefen unseres unbekannten Ich eine Wahrheit aufsteigen, die besagt, daß mit dem Tod des Körpers nicht alles zu Ende ist.

Der Mensch ist außerirdischer Herkunft

Wir wissen, daß die Erde gegenwärtig ein privilegierter Planet innerhalb unseres Sonnensystems ist, doch es wäre absurd, dieses Privileg auf den gesamten Kosmos zu beziehen. Es wäre unvernünftig anzunehmen, daß während der Ewigkeit vor den lächerlichen fünf bis zehn Milliarden Jahren, die unsere Erde besteht, im Universum nichts Wichtiges – zumindest in bezug auf das menschliche Leben – vorgefallen sein soll. Es ist einfach undenkbar, daß äonenlang Planetensysteme entstanden und wieder verchwunden sein sollen, bis die Erde auftauchte und darauf endlich der Mensch, jenes stolzgeschwellte, selbstzufriedene Wesen, entstand. Der Mensch, die Krone der Schöpfung, der Inbegriff der Vollkommenheit! Milliarden von Galaxien haben alle ihre Möglichkeiten ausgeschöpft, und was ist dabei herausgekommen? *Parturiunt montes, nascetur ridiculus mus* (Gewaltig kreißen die Berge, zur Welt kommt eine lächerliche Maus).

Wäre es nicht viel logischer anzunehmen, daß der Mensch vor vielen Milliarden Jahren irgendwo im ewigen Kosmos geboren wurde und nicht auf einer neu entstandenen Welt? Dennoch ist auch die Annahme erlaubt, daß jeder Planet die Fähigkeit hat, seine eigene Menschheit zu erzeugen, und zwar auf Grund des von Darwin gezeigten Evolutionsprozesses.

Nach dieser Hypothese wäre der auf der Erde entstandene Mensch schwarzer Hautfarbe gewesen, schreibt Professor de Loomis. Aus Afrika stammende Schwarze haben sich in Weiße verwandelt, erklärt dieser Biologe, als sie weiter in den Norden kamen, wo die UV-Strahlen nicht mehr genügend Vitamin D in ihrer Haut synthetisierten, und diese immer heller wurde. Danach wären die Gelben Weiße, die sich fast in Schwarze zurückverwandelt haben, was nicht sehr überzeugend klingt. Der irdische Mensch wäre das Ergebnis einer zufälligen glücklichen Mutation.

Diese Geschichte der Entwicklung des Lebens auf der Erde, ausgehend von der Zelle über die niedrigen Tiere bis zum Menschen, paßt scheinbar wunderbar in unser Denkschema, bleibt aber bis zum heutigen Tag unbewiesen, da es den Prähistorikern zu ihrem großen Kummer noch nicht gelungen ist, die Bindeglieder aufzudecken, die den Menschen mit irgendeiner angeblichen früheren Entwicklungsstufe verbinden.

Am ehesten wahrscheinlich ist die außerirdische Herkunft des

Menschen, denn sie steht in Einklang mit den Entwicklungsgesetzen des Universums und mit der Fortpflanzung des Menschen von Planet zu Planet, die von allen Überlieferungen bezeugt wird. Die Entstehung des Menschen würde sich also im Nebel von Milliarden vergangener Jahre verlieren. Aber was bedeuten Milliarden Jahre, was bedeutet überhaupt die Zeit in einem unbegrenzten Weltall, dessen Symbol die Kreisbahnen der Planeten sind, ohne Anfang und ohne Ende?

XV. Die antiken Mysterien

Die antiken Mysterien hatten ursprünglich den Zweck, in feierlicher Form der Fortpflanzung der Menschheit zu gedenken und die großen wissenschaftlichen Geheimnisse der Ahnen weiterzugeben. Die meisten Mysterien sind in Ägypten und Griechenland überliefert; sie standen dort unter dem Geheimzeichen der Großen Göttin und der Kabiren.

Der ägyptische Gott Asari

Lewis Spence schreibt in dem 1930 in London erschienenen Buch The mysteries of Egypt, or the secret rites and traditions of the Nile (Die ägyptischen Mysterien, oder die geheimen Riten und Traditionen des Nils): »In den ägyptischen Mysterien fanden die Weisheit und das okkulte Wissen der Antike ihren Ausdruck, und zwar in so kristallisierter und systematisierter Form, daß wir, wären sie uns unverfälscht erhalten geblieben ... alles aus ihnen erfahren könnten.«

Leider müssen wir uns damit abfinden, daß die Riten im Lauf der Jahrhunderte derart verfälscht wurden, daß es sehr schwierig ist, ihren ursprünglichen Sinn noch zu erkennen.

Im Niltal waren die Mysterien Isis und Osiris geweiht, jenen relativ spät aufgetauchten Göttern, die um 5000 v. Chr. an die Stelle der alten Götter Asari, Anzti, Khent, Amenti und anderer traten. Die Mysterien wurden hauptsächlich in Heliopolis, Memphis und Abydos abgehalten. Da von diesen Heiligtümern nur Abydos erhalten ist, dessen Gründung nahezu 10 000 Jahre zurückliegt, wollen wir uns mit den Überlieferungen dieses Tempels näher befassen. Nach Manethon besagt die Überlieferung, daß »Thot oder Hermes Trismegistos selbst die Grundsätze des Wissens vor der Sintflut auf die Stelen in Hieroglyphen und in der heiligen Sprache aufgeschrieben habe. Nach der Sintflut hat der zweite Thot den Wortlaut dieser Stelen in gemeinverständliche Sprache übersetzt.« Dieser Ausspruch zeigt deutlich, daß das Geheimwissen ursprünglich von den Priestern getragen wurde, also von jenen, die lesen konnten. Natürlich waren bestimmte Kenntnisse nur einem ganz kleinen Kreis vorbehalten. Unwürdige waren gar nicht in der Lage, deren wahre Bedeutung zu erfassen.

Die Legende von Eleusis

Die ältesten griechischen Mysterien dürften in Eleusis – dem heutigen Levsina, einem kleinen Ort nordwestlich von Athen – abgehalten worden sein. Nach archäologischen Grabungen haben sie schon in prämykenischer Zeit stattgefunden. Eine homerische Hymne aus dem 7. Jahrhundert vor unserer Zeitrechnung erzählt die Legende von der Gründung des Heiligtums.

Zeus und die Göttermutter Demeter hatten eine geliebte Tochter namens Kore, die eines Tages vom Gott der Unterwelt, Hades, geraubt wurde. Demeter, halb wahnsinnig vor Schmerz, suchte ihr Kind überall, doch vergebens. Eines Tages wurde sie, als alte Frau verkleidet, am Hof des Königs Keleos von Eleusis aufgenommen, wo sie um einen Trank aus Gerste, Wasser und

Mohn (das Cyceon) bat. Man kam ihrem Wunsch nach, und zum Dank dafür nahm sie sich des neugeborenen Kindes der Königin an. Um ihm Unsterblichkeit zu verleihen, salbte sie es des Tages mit Ambrosia und des Nachts setzte sie es den reinigenden Flammen eines heiligen Feuers aus. Einmal wurde sie dabei von der Königin überrascht, die vor Schreck erbleichte; da gab sich die Göttin zu erkennen und sagte: »Ich bin Demeter, die Göttliche, die die Menschen erneuert und die Pflanzen wachsen läßt. Ich wünsche, daß hier ein Tempel erbaut wird, in dem ich selbst die Menschen in die Mysterien einweihen will.« Dann verschwand sie und ließ einen göttlichen Lichtschein und himmlische Düfte zurück. Schließlich dauerte Zeus seine Gemahlin, und er gestattete ihr, Kore ein Drittel des Jahres bei sich zu haben, der Rest der Zeit aber war Hades vorbehalten, der sich inzwischen mit dem geraubten Mädchen vermählt hatte. Die besänftigte Demeter offenbarte den Herrschern von Eleusis Triptolemos, Diokles, Eumolpos und Keleos die später berühmt gewordenen Mythen.

Clemens von Alexandrien gibt eine andere Version. Er berichtet, daß am Anfang der Mysterien Aphrodite (Venus) und die Korybanten oder Kabiren standen. Seine Beschreibung der Szene, in der Demeter das Getränk verlangt, erklärt den Ritus des Korbes (Truhe) in der verfälschten Überlieferung. Clemens von Alexandrien zieht die Angelegenheit ins Lächerliche, denn er betrachtet sie als eine geschmacklose Fabel:

»Indessen nimmt Baubo (die Königin) Deo (Demeter) in ihr Haus auf und bietet ihr das *cyceon* genannte Getränk an. Doch die Göttin, vom Schmerz überwältigt, weist die Schale zurück und weigert sich zu trinken. Baubo ist durch diese Mißachtung gekränkt, hebt ihre Kleider auf und zeigt sich in ihrer ganzen Nacktheit. Dieser Anblick heitert die Göttin auf und, um nicht lachen zu müssen, entschließt sie sich, das Getränk doch anzunehmen.

Das also birgt Athen unter seinen Mysterien, leugnet es nicht, denn die Beschreibung des Orpheus bestätigt meinen Bericht. Höret seine Verse, sie sind das beste Zeugnis wider diese Schändlichkeit: ›Als sie diese Worte sagte, hob sie ihre Tunika auf und zeigte den unteren Teil des Körpers, den man sonst vor den Blicken verbirgt; neben ihr stand das Kind Iakchos und streichelte lachend die Unterseite der Brust von Baubo; bei diesem Anblick bekam Deo Lust zu lachen und nahm den bemalten Krug, in den man das Cyceon gegossen hatte.‹ Ist das nicht ein herrliches Schauspiel, so richtig passend für eine Göttin! ... Es gibt nichts Unheiligeres als die Mysterien ... es ist ein Gesetz ohne Wert, eine unnütze Sache, und das Mysterium des Drachen ist nur eine Lüge wie alles andere auch. Die Einführung in diese Mysterien ist genau das Gegenteil der echten Einweihung.«

Die Griechen glaubten nicht an die Götter

Gewiß war Clemens von Alexandrien (160 n. Chr.) ein christlicher griechischer Philosoph und daher grundsätzlich parteiisch. Seiner Schlußfolgerung aber schließe ich mich voll und ganz an. Zweifellos waren die ägyptischen Mysterien vor 4000 Jahren und die griechischen Mysterien vor 2000 Jahren nichts als Parodien der echten Einweihung, denn die Priesterschaft hatte das wahre Wissen vollkommen vergessen.

Ich werde später die Eleusinischen Mysterien noch genau schildern, doch sei vorwegnehmend gesagt, daß sich höchstwahrscheinlich das Geheimnis der Truhe, aus der ein einfacher Korb wurde, auf einen hölzernen oder steinernen Phallus und eine ebensolche Vulva bezog, wobei die »Arbeit« darin bestand, die beiden ineinanderzufügen. Da wird auch die Ironie des Clemens von Alexandrien verständlich, schreibt er doch in einem Jahrhundert, in dem das neue Christentum ganz im Zeichen der Reinheit von Worten und Taten stand.

Es sei auch daran erinnert, daß die Griechen grundsätzlich

antireligiös eingestellt waren. Ihre Mythen sind denn auch im großen und ganzen nichts anderes als schlüpfrige Bettgeschichten, Berichte von Inzesten, Ehebrüchen, Entführungen und anderen erotischen Vergnügungen der olympischen Götter. In der Legende von Eleusis beginnt das Abenteuer mit folgender anstößiger Bemerkung: »Jupiter vereinigte sich mit Deo, seiner eigenen Mutter, dann mit seiner Tochter Proserpina. Nachdem er Kora gezeugt hatte, entjungferte er sie.«

Über einen der im Korb eingeschlossenen Gegenstände, den Phallus, zeigt sich der gute Clemens sehr indigniert. Wie hätte er auch wissen sollen, daß seine eigene christliche Religion den Aaronstab, die mystische Mandel, die in Form einer strahlenden Vulva die Darstellungen der Heiligen Jungfrau umgibt, und sogar das heilige Praeputium von Jesus, dem zu Ehren man in Charroux (Vienne) die größte romanische Basilika der Christenheit errichtete, verehren würde?

Als Jünger der Erotik, als Ästheten und von Natur aus ungläubige Menschen haben die Griechen ihren Gottheiten den Mantel der Heiligkeit genommen und sie zu Helden ihrer Fabeln gemacht: Als hätten sie gewußt, daß die Götter zwar vom Himmel gekommen, dennoch aber sehr menschliche und oftmals skrupellose Wesen waren, die man nicht mit echten Himmelsgeschöpfen vergleichen konnte, ohne eine Gotteslästerung zu begehen...

Im übrigen befand sich der Olymp der Griechen auf Erden, und alles war so eingerichtet, daß die Entfernung zwischen Göttern und gewöhnlichen Sterblichen verringert wurde. Bei einer solchen Geisteshaltung konnte die Einweihung wahrlich keinen religiösen Charakter haben, zumindest in den historisch erfaßten Zeiten.

Die Mysterien von Eleusis

Die Mysterien von Eleusis unterschieden sich grundsätzlich nicht von den Mysterien von Delos, die Apollo, und jenen von Samothrake, die den Kabiren geweiht waren. In all diesen Mysterien wurden die Geheimnisse der vom Himmel gekommenen Geschöpfe, ihre Identität, der Glaube an eine Heimat auf einem anderen Stern, die Kenntnisse in Astronomie, Physik und Chemie, das Wissen um gewisse Zauberformeln, um die fliegende Schlange, die Sintflut, das unübertretbare Gesetz von der Bewahrung des biologischen Erbes der Menschheit vermittelt und auch die Notwendigkeit der geheimen Weitergabe dieser Kenntnisse. Dies waren die ursprünglichen Geheimnisse der Mysterien, davon bin ich vollkommen überzeugt. Es ist bemerkenswert, daß in Eleusis die Geheimnisse wie bei den Kelten (und im Buch Henoch) von einer Frau vermittelt werden: von Demeter, mit dem Ritus des Zaubertranks (Ambrosia oder Cyceon).

Bei den Riten hatte die Truhe eine doppelt Bedeutung: Zunächst als Gegenstand an sich und dann auch, weil sie das Geheimnis der Kultgegenstände barg. Da die Mysterien eingerichtet worden sind, um die Weitergabe des Wissens nach der Sintflut zu gewährleisten, glaube ich, daß die Truhe die Arche darstellte, die einige menschliche Wesen vor dem allgemeinen Untergang bewahrt hat.

In der Nähe von Rom wurde im Jahre 1696 eine Vase gefunden, die die Form eines kleinen Fasses oder einer kleinen Truhe hatte. Sie stammte aus einer sehr alten griechischen Epoche. Man fand in ihr zwanzig Tierpaare und mehr als fünfunddreißig menschliche Figuren. Die Körperhaltung der Figuren läßt auf den Versuch schließen, einer Flutkatastrophe zu entkommen. Die Frauen zum Beispiel werden von den Männern auf den Schultern getragen. Man nimmt an, daß diese Vase bei den *Hydrophorien* Verwendung fand, also jenen Festen, die nach Apollonius (von Suidas zitiert) zum Gedächtnis der Opfer der Sintflut gefeiert wurden. Solche Vasen sollen auch bei den Eleusinischen Mysterien verwendet worden sein.

Für uns Menschen des 20. Jahrhunderts klingt das alles sehr verständlich, doch vor zwei- bis dreitausend Jahren waren die Erschaffung der Welt, die Brechung des Lichtes oder die Funktionen der Zirbeldrüse Geheimnisse, die nur den Eingeweihten bekannt waren und nicht der Menge mitgeteilt werden durften.

Der Initiationsritus von Eleusis

Die Eleusinischen Riten der Dekadenzepoche wurden von den Priestern um so eifriger geheimgehalten, als sie ihren tatsächlichen Sinn nicht mehr verstanden. Sie hielten es deshalb auch für angebracht, sich zur Bewahrung ihrer Würde mit der Aura des Geheimnisvollen zu umgeben und bestimmten Gegenständen eine nebulos-mysteriöse Bedeutung zu verleihen.

Die Eleusinien wurden ursprünglich alle fünf Jahre zelebriert. Die Riten wurden von den *Hierophanten* (Priestern) und *Thysiaden* (Priesterinnen) ausgeführt, wobei letztere mit Myrten bekränzt waren und einen Schlüssel als Symbol der Geheimnisse trugen.

Die Zeremonien dauerten insgesamt mindestens zwei Wochen, doch die wichtigsten wurden innerhalb der ersten neun Tage abgehalten:

1. Tag: Versammlung der Neophyten (Einzuweihenden).
2. Tag: genannt »Alaze, mystoi« (Ins Meer mit den Eingeweihten!): Reinigung durch das Wasser.
3. Tag: Fasttag = man errichtete das Brautbett der göttlichen Jungfrau. Am Abend wurde das Fasten beendet; man aß Kuchen aus Hirse, Gerste und Mohn und trank das Cyceon, das heilige Getränk.
4. Tag: Prozession mit dem Kalathos (kleiner Korb).

5. Tag: Tag der Fackeln mit nächtlicher Prozession.

6. Tag: Abfahrt von Athen nach Eleusis. Kult der Ceres, des Iakchos und des Dionysos.

7. Tag: Rückkehr in den Tempel mit den Zeremonien des heiligen Feigenbaums und der Verspottung auf der Brücke. (Diese Brücke führte über den Kephissos, und die Prozession mußte sie unter dem Gespött und den anzüglichen Scherzen der Menge überschreiten. Übrigens war der heilige Zug keineswegs um Antworten verlegen.)

8. Tag: Epidaurien zu Ehren Äskulaps, der einst an diesem Tag von Epidaurus nach Athen gekommen und nach den Zeremonien in der Nacht eingeweiht worden war.

9. Tag: Lezter Tag, »plemochoe« genannt, nach zwei Krügen, die mit Wein gefüllt in Richtung Ost und West aufgestellt wurden. Die Krüge wurden dann unter Aufsagen von Zauberformeln zerbrochen.

Der Sinn dieses Symbols ist klar: Das Wissen (die Krüge) kam aus dem Okzident durch die pelasgischen Kelten und aus dem Orient durch die Indoeuropäer und Perser. Die Vasen können zerbrochen werden, denn das Wissen ist dem Eingeweihten mitgeteilt worden.

Die Eleusinien wurden im Frühling und im Herbst gefeiert, zu den Zeiten der Aussaat. Die Teilnahme an den kleinen (Fest des Frühjahrs) und an den großen (Fest des Herbstes) Eleusinien war für jeden Eingeweihten Pflicht.

Es gab auch noch eine höhere Stufe, *epoplie* oder *autopsie* genannt (griech. *autos* = selbst, *opsis* = Sicht), das heißt soviel wie innere Vision, Ekstase, die mit Gott verbindet und eine außerordentliche Macht verleiht.

Die Einweihungszeremonien fanden im Tempel der Demeter statt, der sich an einem Berghang unter einer Quelle befand. Nichteingeweihten war das Betreten des Heiligtums bei Todesstrafe verboten.

Das Fastgebot galt hauptsächlich für das Fleisch der gezähmten Vögel, den Fisch, die Bohnen, Granatäpfel und Äpfel (Frucht der Erkenntnis). Um die Abstinenz leichter zu ertragen, war es den Hierophanten erlaubt, Schierlingssaft zu trinken (in geringen Mengen hat er halluzinogene Wirkung). Neben dem Opferfeuer wachte das »Kind des Herdes«, das reinen athenischen Blutes sein mußte.

Die geheimnisvollen Riten wurden im Laufe der *heiligen Abende* in Eleusis abgewickelt: Kreise im Dunkeln, Mutproben, Erschrecken durch furchterregende Gegenstände, geheimnisvolle Stimmen, dann Erleuchtung und Aufnahme der Neueingeweihten, Schwindel, Gespenster, Falltüren, kurz, das gesamte Arsenal der falschen Einweihung.

Der wichtigste Augenblick, der auch der ursprünglichen Wahrheit am nächsten liegen dürfte, war das Sammeln der *geheimnisvollen Gegenstände* und die Offenbarung der heiligen Wörter.

Clemens von Alexandrien faßt diese Pseudo-Mysterien folgendermaßen zusammen: »Dies ist die eleusische Formel: ›Ich habe gefastet, ich habe das Cyceon getrunken, ich habe aus der Truhe genommen, gearbeitet und in den Korb gegeben; dann habe ich wieder aus dem Korb genommen und in die Truhe gelegt.‹«

Das Cyceon

Das Cyceon ist nicht einfach das von Demeter verlangte Getränk, obwohl die Mischung aus Wasser, Gerste und Mohn rauschgiftähnliche Wirkung haben dürfte. Nach den ältesten Schriftstellern bestand es hauptsächlich aus Gerste, Milch, Honig, Öl oder Wein, aber die Rezepte sind so zahlreich wie die Autoren, die darüber schreiben. Wer davon trank, sollte die Kenntnis der Vergangenheit erlangen und die Fragen des Hierophanten zufriedenstellend beantworten.

Von den »geheimnisvollen Gegenständen«, die in der Truhe eingeschlossen waren, gibt es eine Liste, die sicher in dem Maße länger wurde, als der Aberglaube, das Unwissen der Priester und die Verfälschung des ursprünglichen Geheimnisses zunahmen: die sechs Farben des Regenbogens, die sechs »wirksamen« Pflanzen, ein Phallus, eine Vulva, ein Omphalos *(Ur-Ei)*, eine Schlange (der Initiator), Getreide, Honig, ein Tannenzapfen (Symbol der Zirbeldrüse oder 3. Auge), ein Erdklumpen, ein »Manna« und das *xoanon*, der schwarze Stein, der unter der Regierung von Keokrops vom Himmel gefallen war, und an den das Schicksal von Athen geknüpft wurde.

Dazu kamen noch Bilder von Göttern und Göttinnen, »roh geschnitzte hölzerne Idole«, wie Tertullian schreibt. Manche waren mit einer Schlange umwickelt, zur Erinnerung an die fruchtbare Vereinigung der Menschenfrauen mit fliegenden Initiatoren. Das Manipulieren dieser Gegenstände sollte geheimnisvolle, in ihnen schlummernde Kräfte übertragen und eine Verbindung mit der Gottheit schaffen.

In der ersten Hälfte des 5. Jahrhunderts v. Chr. waren die Eleusinischen Mysterien bereits so weit entartet, daß man bezahlen mußte, um eingeweiht zu werden. Kein Geld, kein Hierophant! Eine garantiert wirksame Einweihung kostete 30 Drachmen plus ein Schwein, plus einen Obulus für die Priester.

Die Mysterien der Kabiren

In Samothrake, Delos und Mithra hatten die Mysterien, wie in Eleusis und an den anderen Mysterien-Orten, Anteil an der Weitergabe des ursprünglichen Wissens. Ich glaube, daß die Mysterien der Kabiren in Samothrake geistig höher standen und dem Wesen der Geheimriten eher entsprachen als die anderen.

Die Insel Samothrake in der Ägäis ist eine Art natürliche

Pyramide, die vom Kegel des Saoke überragt wird. Die Mysterien waren von den pelasgischen Kabiren, »die vom Nordmeer kamen«, eingeführt worden und gewährleisteten allen Reisenden Schutz und besondere Vorrechte. Die Kabiren (von Kab = Himmel, vom Himmel kommend) waren nach der Überlieferung Luftreisende, die auf ihren Schiffen kamen, um nach einer Katastrophe, zu Beginn eines neuen Zeitalters, den Menschen als Instruktoren zu dienen. Sie hatten ihre Heiligtümer in Samothrake, Lemnos, Theben (in Böotien), Tyrus, Memphis, auf den Britischen Inseln und in Gallien.

Prometheus war ein solcher Kabire, sagte der Eingeweihte Pausanias, und Ptah war der erste Kabire Ägyptens, meint Anubis Schenouda. Ins Land der Kelten waren sie übers Meer gekommen und wurden dort verehrt, wie dies der Text eines alten irischen Glossariums beweist, den Pictet in seinem 1824 in Genf erschienenen Buch DU CULTE DES CABIRES CHEZ LES ANCIENS IRLANDAIS (Vom Kult der Kabiren bei den alten Iren) zitiert: »Samhandraoic, cadhon Cabur«, die Magie des Samhan-Cabur, das heißt des kulturbringenden Helden Samael, Satan oder Seathar.

Pausanias weigert sich, die Schleier der kabirischen Mysterien zu lüften, wenn er schreibt: »Der Hain der Ceres Cabiria und der Cora liegt 25 Stadien von hier entfernt; nur Eingeweihte dürfen ihn betreten. Der Tempel der Kabiren liegt 7 Stadien von diesem Hain. Ich bitte die Neugierigen, mir zu verzeihen, wenn ich ihnen nicht mitteile, wer die Kabiren sind, noch was sie alles zu ihrem eigenen und dem Ruhm der Göttermutter getan haben; doch nichts hindert mich, den Ursprung der Zeremonie zu erzählen, wie er von den Thebanern überliefert wird. Sie sagen, daß es an dieser Stelle eine Stadt gab, deren Einwohner sich Cabiraeeus nannten.

Ceres war in dieses Land gekommen und *vertraute das Wissen um etwas* Prometheus, einem der Cabiraeeus, und Oetnaeus, seinem Sohn, an; was sie ihnen anvertraute und was man darüber weiß, ist mir nicht erlaubt niederzuschreiben. Diese Mysterien sind also ein Geschenk der Ceres selbst an die Cabiraeeus. Sie wurden von den Argivern (den Griechen) bei der Expedition der Epigonen und der Einnahme von Theben aus ihrem Land vertrieben. Die Feier der Mysterien wurde einige Zeit unterbrochen; doch sie soll durch Pelarge, die Tochter des Potnaeie, und seine Gemahlin Istmiades wieder eingeführt worden sein.

Der Zorn der Kabiren gegenüber den Menschen ist unerbittlich, wie sich mehrere Male zeigte... Einige Soldaten der Armee, die Xerxes dem Mardonius überlassen hatte, waren in Böotien geblieben und wagten es, den Tempel der Kabiren zu betreten, vielleicht in der Hoffnung, dort große Schätze zu finden, oder, wie ich eher annehme, aus Verachtung für diese Götter: Sie wurden vom Wahnsinn befallen und stürzten sich ins Meer oder von hohen Felsen hinab. Als Alexander nach seinem Sieg die Stadt Theben und das ganze Land in Schutt und Asche verwandelt hatte, betraten einige Mazedonier den Tempel der Kabiren: Sie wurden alle vom Blitz getötet, denn dieser Ort war zu allen Zeiten heilig und ehrwürdig.«

Manche traditionalistische Schriftsteller vertreten die Meinung – die ich unterstütze –, daß die Kabbala das Wissen der Kabiren und die außerirdische Herkunft der Initiatoren beinhaltet.

Bei den Ägyptern stellten die 7 Kabiren die 7 Planeten dar; Ptah war der achte (es gibt sehr wohl 8 Planeten: Saturn, Jupiter, Neptun, Uranus, Mars, Erde, Venus, Merkur; Ptah wäre der achte, weil ein Planet später in das System eingetreten ist, nämlich die Venus).

Phantastische Himmelsschiffe

Eng verknüpft mit Delos und den Kabiren, bildet das Rätsel der Argonauten das undurchdringlichste Mysterium des alten Griechenland. Auf Grund der bekannten Tatsachen kann die Geschichte folgendermaßen zusammengefaßt werden: Die Argonauten waren griechische Helden, fünfzig an der Zahl, unter ihnen Jason (der Anführer), Herkules, Castor und Pollux, Orpheus, Telamon, Peleus usw. Sie schifften sich auf der *Argo* ein, um in Kolchis, südlich des Kaukasus, das Goldene Vlies zu erobern. Nach zahlreichen Abenteuern gelangte Jason in den Besitz des Vlieses und kehrte zusammen mit der schönen Medea, der Tochter des Königs von Kolchis, die ihm durch ihre Zauberkünste geholfen hatte, nach Griechenland zurück.

Medea verjüngt durch ihre Kunst Äson, den Vater Jasons, doch als dieser sie verläßt, rächt sie sich, indem sie ihre Kinder erwürgt; auf einem Gefährt, vor das fliegende Schlangen gespannt sind, entschwindet sie in die Lüfte.

Sehen wir uns die Geschichte doch genauer an. Da haben wir die Elite der bekannten Welt, die Einsteins, Rigoulots, Curies, Cocteaus, Fermis, Picassos, Jazys und Gagarins der damaligen Zeit, sozusagen eine Mannschaft von Olympiasiegern, die sich auf das schnellste damals existierende Seefahrzeug, die Argo, einschifft, um von irgendwo ein Schafsfell zu holen. Gewiß, das Fell war aus Gold, und Gold war vor einigen Jahrtausenden noch sehr selten, doch es bedurfte wohl eines anderen, eines verteufelt aufregenderen Grundes, um gleich fünfzig Heroen – Wissenschaftler, Dichter, Sportler, Musiker, etc. –, alles auserwählte Männer, in Bewegung zu setzen.

Ein wichtiges Detail führt uns auf die Spur: Das Goldene Vlies gehörte einem *fliegenden Widder*, also jenem Tier, das in den Überlieferungen stets die Flugmaschine der Initiatoren symbolisiert. Außerdem befand sich das Beutestück – wahrscheinlich der Rumpf eines Raumfahrzeuges – in Georgien oder

Armenien, also nicht weit von jenem Ort entfernt, an dem nach der Bibel die Arche Noah und auch die intergalaktischen Flugmaschinen der von Henoch erwähnten Engel landeten. Waren es vielleicht Apparate, wie sie auch Ezechiel als fliegende Untertassen mit einem goldenen Panzer oder Vlies gesehen hat?

Vor 4000 Jahren sahen die Völker Europas keine Jets oder Boeings am Himmel, sondern fliegende Widder, oder wie die Assyrer geflügelte Stiere, die Phönizier fliegende Schlangen, die Chinesen Drachen ... jeder gab dem unbekannten Flugkörper einen Namen, mit dem er etwas Natürliches assoziierte. Wie würden Sie zum Beispiel eine Maschine nennen, die sich unter der Erde so fortbewegt, wie ein Auto auf der Straße rollt? Einen stählernen Maulwurf, einen Auto-Maulwurf? Man müßte wohl etwas erfinden.

In dieser Geschichte nun ist alles auf die Idee der Fortbewegung in der Luft aufgebaut. Man wird darin auch den Norden der Hyperboreer, die weibliche Einweihung und den Kaukasus wiederfinden, wo der Atlanter Prometheus, der Sohn der Okeanide mit den niedlichen Füßen, schwer um seine Gesundheit bangen mußte; und zur Ausschmückung des Ganzen werden wir auch Drachen begegnen. Das sind doch tatsächlich viele Übereinstimmungen!

Jason gelingt es mit Hilfe von Medeas Zauberkünsten, den Drachen zu besiegen, der das Goldene Vlies bewacht. Denn Medea ist eine Eingeweihte, wie es bei den hyperboreeischen Frauen Brauch war, die einst von den »Engeln« eingeweiht worden waren. Und wem weiht Jason die Argo nach seiner Rückkehr? Jupiter? Nein, Poseidon, dem Gott der Atlanter oder König von Atlantis (nach Platon). Und das Goldene Vlies ... man weiß nicht genau, was daraus geworden ist. Es wird nicht mehr erwähnt, doch könnte es sein, daß es in die Mysterien von Delos oder Eleusis einbezogen wurde.

Jason verschmäht Medea, obwohl sie in dem Abenteuer eine so wichtige Rolle gespielt hat, so daß sie ihre Kinder erwürgt.

Wollte sie nicht, daß Abkommen ihres göttlichen Blutes in dem undankbaren Griechenland zurückblieben? Sie flieht auf einem von Drachen gezogenen Wagen oder vielleicht auch auf dem fliegenden Widder. Es wäre einem Griechen schwergefallen zuzugeben, daß die Großtat von fünfzig Heroen durch die Schlauheit eines einzigen Weibes zunichte gemacht worden ist. So verbirgt sich also unbestreitbar eine phantastische Wahrheit hinter dem Abenteuer der Argonauten, die niemals geoffenbart wurde – vielleicht weil sie so unglaubwürdig war.

Der Kompilator Suidas hat im 10. Jahrhundert unserer Zeitrechnung die Alchimisten auf eine Spur gesetzt, der sie nur allzu gern folgten: Er behauptete, daß das Vlies des Widders ein Pergament sei, das das Geheimnis des Steins der Weisen, das Rezept für die Herstellung von Gold enthielte.

Nach Pausanias gehörte die Reise der Argonauten zu den antiken Mysterien, denn, so sagte er, der Widder wurde in Eleusis mit Hermes verbunden, in einer Legende, die nicht mitgeteilt werden durfte.

Bei den Hebräern enthielt die Kabbala, oder Geschichte des fliegenden Wagens, ein Geheimnis, das selbst im kleinsten Kreis der Eingeweihten nur geflüstert werden durfte. Für die Druiden war die Schlange »das größte und geheimste aller Mysterien«, jenes universelle Symbol, das neben dem Flugkörper auch die Urwelle der Weltenschöpfung symbolisierte.

Platon schreibt im Timaios: »Wenn es auch eine große Sache ist, den Urheber und Vater des Universums zu entdecken, so ist es unmöglich, nachdem man ihn entdeckt hat, ihn allen zu offenbaren.« Gewiß hatte er recht, und das Geheimnis der ursprünglichen antiken Mysterien, der Argonauten, der Arche und des mysteriösen Agartha, das dieselbe Etymologie haben soll (*argha* = längliches Schiff, *agartha* = unterirdische Truhe), ist bis heute so ziemlich unangetastet geblieben.

XVI. Das Universum

Das Universum ist die Gesamtheit all dessen, was existiert; es ist ewig, unendlich, unermeßlich und für des Menschen Geist und Sinne unfaßbar. Um es bequemer studieren und die Neugierde leichter befriedigen zu können, haben sich die Physiker darauf geeinigt, es zwar als unendlich anzuerkennen, sich aber auf die Erforschung des von ihnen wahrnehmbaren Bereichs zu beschränken.

Demnach hätte unser Weltall einen Durchmesser von 20 Milliarden Lichtjahren und ein Alter von 10 bis 1000 Milliarden Jahren. Man kann seinem Herzschlag am Radioteleskop des Observatoriums von Princeton (USA) lauschen: Ein mächtiger Atem weht einem aus den Tiefen der Zeit entgegen.

Das Gesetz des Hermes

Das Universum besteht aus Milliarden von Gestirnen; eine bestimmte Anzahl von Gestirnen verbindet sich zu einer Konstellation (Sternbild). Eine Gruppe von Sternbildern wiederum bildet eine Galaxis; unsere Galaxis ist die Milchstraße.

Die Galaxien scheinen auseinanderzustreben, doch sind manche Astrophysiker der Meinung, daß der Kosmos die Rolle einer riesigen Linse spielt, die durch Spiegelung und Brechung optische Täuschungen erzeugt.

Nebelflecke sind Gas- oder Staubmassen galaktischen oder außergalaktischen Ursprungs.

Diese elementaren Kenntnisse sind unerläßlich für jeden, der das Geheimnis von Gegenwart, Vergangenheit und Zukunft auf allen Ebenen – auf der philosophischen, historischen, sozialen, geheimwissenschaftlichen und wissenschaftlichen – erforschen möchte. Denn der Mensch ist vor allem Teil des Universums, und alle seine Probleme zeigen Auswirkungen vom unendlich Kleinen bis zum unendlich Großen. Dies entspricht dem Gesetz des Hermes Trismegistos: Was oben ist, ist wie das, was unten ist.

Bedeutet dies, daß das Universum ein Abbild des Atoms ist? Gegenwärtig glauben es die Wissenschaftler hauptsächlich deshalb nicht, weil sie immer neue Typen von Atomen finden, die einander alle unähnlich sind, deren Struktur von geringer Stabilität ist, und die von mächtigen wirbelnden Kräften durcheinandergeschüttelt werden.

Das Universum scheint a priori homogener und ruhigerer Natur zu sein, wenn auch seine Komponenten ständig bemüht sind, einander zu meiden und auseinanderzustreben. Um es klarer auszudrücken, könnte man sagen: das Atom ist ein organisierter Komplex *vor der Explosion,* und das Universum ist ein organisierter Komplex *nach der Explosion.*

Zeit und Geschwindigkeit

Die Verwendung des Begriffes »unendlich« macht eine Erklärung von Zeit, Raum und Entfernungsmessung notwendig. Allerdings, dies sei vorweggenommen, ist eine genaue Definition des Begriffes Zeit unmöglich. Sie kann als eine Art Maß für das ständige Auf und Ab des Lebens angesehen werden, das von Bewußtsein und Unterbewußtsein verschieden registriert und von den Philosophen und Wissenschaftlern unterschiedlich bewertet wird. Die Zeit ist, sagen jene, die sie immer mehr mit dem Begriff des Raums verbinden, die vierte Dimension. In diesem Sinne wäre die Zeit das Sichtbarwerden der unaufhörlichen Umwandlungen des Lebens und der Materie.

Für die Astronomen ist die Zeit vor allem zu einem bequemeren Streckenmaß geworden, als es die Kilometer für die enormen Distanzen im All waren. Unser natürlicher Satellit, der Mond, befindet sich in einer Entfernung von 380 000 Kilometern oder $1''\,{}^{1}/_{4}$ von der Erde. Sirius ist bereits so viele Kilometer von der Erde entfernt, daß es einfacher ist, die Distanz nur in Zeit anzugeben: 9 Lichtjahre. Die Sterne sind 100 000, die Nebelflecke 200 000, die ersten Galaxien 1 Milliarde und die Quasars 5 und sogar 10 Milliarden Lichtjahre entfernt.

Wir mögen uns diese Zahlen noch so oft vorsagen und darüber nachdenken, unser Geist kann nichts damit verbinden, denn sie sind im wahrsten Sinn des Wortes astronomisch. Dazu kommt, daß diese unvorstellbaren Entfernungen nie ganz stimmen. Sterne, Nebel und Galaxien scheinen einander in der Raumzeit abzustoßen und voreinander zu fliehen, insbesondere die Quasars (Materiemassen, die lichtoptisch als Sterne erscheinen), von denen man annimmt, daß sie aus dem Zentrum des Universums katapultiert wurden mit Geschwindigkeiten, die sich immer mehr den 300 000 Kilometern pro Sekunde nähern. Wenn dann die Lichtgeschwindigkeit erreicht sein wird (vielleicht gibt es auch eine Überlichtgeschwindigkeit), glaubt man, daß die Quasars verschwinden, beziehungsweise sich in »etwas anderes« verwandeln werden. Vielleicht werden sie dann eine kolossale Kraft, die – in umgekehrter Richtung wirkend – die Himmelsmaterie zwingt, ein kontrahierendes Universum zu bilden bis zu dem Nullpunkt, an dem alles, was existiert, zu nichts wird. In diesem Nichts wäre allerdings die gesamte Energie des verschwundenen Universums konzentriert. Eine explosive Energie außerhalb von Raum und Zeit (kein Raum, daher auch keine Zeit mehr), unvorstellbar wie Gott, die ein Anti-Universum, bestehend aus Anti-Materie und Nicht-Existenz in der Anti-Zeit bildet.

Wahrscheinlich ist diese Hypothese viel zu bieder, zu wenig phantastisch, als daß sie Chancen hätte, der Wahrheit nahezukommen.

Die Flucht der Galaxien und Quasars kann zum besseren Verständnis mit einer Schlange von Autos auf einer Straße ohne Ende verglichen werden, die sich alle mit verschiedener Geschwindigkeit fortbewegen. Es gibt keinen realen Ausgangspunkt, nur einen fiktiven Punkt, von dem aus man die Berechnungen anstellt: in unserem Fall ist es die Position der Erde. Die Distanzen werden durch Beobachten der Sterne berechnet, deren Farbe immer röter erscheint, je weiter sie von uns entfernt sind (es ist dies der sogenannte Doppler-Effekt). Ihre Geschwindigkeit im Vergleich zur Erde steht gleichfalls im Verhältnis zur Veränderung ihrer Farbe zum Rot des Spektrums (Hubble-Effekt).

Nun sind wir also einigermaßen gerüstet, um die Erforschung des Weltalls in Angriff zu nehmen, auf der Suche nach einer besseren Verständlichkeit dieser Raumzeit, die von den alten Völkern entweder als leer angesehen oder willkürlich mit Sternen bestückt wurde.

Euklidischer Raum: Die Raumvorstellung des Euklid war dreidimensional: Länge, Breite, Höhe; sie entsprach unserem klassischen Lebens- und Zivilisationssystem.

Einsteinscher Raum: Die Experimentalwissenschaftler stießen auf unüberwindliche Hindernisse, bis der große Physiker Albert Einstein die geniale Idee hatte, dem euklidischen Raum die Zeit als vierte Dimension und den Begriff der Relativität hinzuzufügen.

So war zum Beispiel im euklidischen System die Entfernung

zweier Parallelen voneinander stets gleich. Einstein bewies, daß es unmöglich ist, den Abstand zweier Parallelen gleichzeitig an vier voneinander entfernten Punkten zu messen. Mit anderen Worten, die Gleichzeitigkeit von zwei Ereignissen gilt nur für den einzelnen Beobachter. Aus dieser Überlegung entstand der Begriff der Raumzeit.

Außerdem hat man erkannt, daß es im Weltall keine geraden Linien gibt, nicht einmal bei der Fortpflanzung des Lichts. Es gibt also keinen gemeinsamen Nenner zwischen dem Universum und der Geometrie der Geraden. Deshalb wird heute an den Universitäten nicht mehr die Gerade, sondern die geodätische Linie verwendet, worunter man »den kürzesten Weg zwischen zwei Punkten auf einer gekrümmten Oberfläche« versteht. Das Universum stellt man sich konkav, konvex, gekrümmt oder mit doppelter Krümmung vor, doch das sind alles nur Spekulationen.

Vom unendlich Großen zum unendlich Kleinen

Die Theorie von Expansion und Kontraktion des Universums legt den Gedanken nahe, daß die universelle Schöpfung Zyklen unterliegt, die vom unendlich Kleinen zum unendlich Großen und umgekehrt führen. Die Materie ist die Grundlage von allem. Ihre Dichte und Kontinuität ist nur Schein; dem Physiker zeigt sie sich in Form von geometrischen Strukturen, die an jedem Winkel eine kleine Kugel aufweisen. Diese Kugeln sind die Atome, die kleinsten chemischen Bausteine.

Das Atom hat folgende Bestandteile:

1. Einen Kern, der von positiv geladenen Protonen und elektrisch neutralen Neutronen gebildet wird (Nukleonen). Protonen und Neutronen ziehen einander an (Kernkraft); sie sind mit einer Rotationsbewegung (Spin) und einem magnetischen Moment ausgestattet.

2. Eine elektrisch negative Wolke umgibt den Kern mit einer Unzahl von kreisenden Teilchen, den Elektronen. Auch sie haben ein magnetisches Moment und einen Spin.

In seiner Gesamtheit ist das Atom neutral, da sich die elektrischen Ladungen aufheben; die Kohäsion wird durch den Austausch von Partikeln gewährleistet, die sozusagen die Rolle eines »Klebstoffs« spielen: es sind dies die π-Mesonen (Pionen). Doch kommt es vor – die Ursache kann natürlich oder auch künstlich hervorgerufen sein –, daß ein Mißverhältnis zwischen der Anzahl der Protonen und jener der Neutronen besteht; dann treten sie aus dem Kern aus und bilden radioaktive Elemente. Das Protonen-Neutronen-Gleichgewicht eines stabilen Kerns kann durch einen künstlichen Teilchenbeschuß gebrochen werden; dadurch entsteht eine Strahlung, die wiederum einen Beschuß bewirken und Kettenreaktionen auslösen kann. Die gesamte Masse des Atoms ist praktisch im zentralen Kern konzentriert, dessen Durchmesser bei 0,000 000 000 000 1 Zentimeter liegt.

Imaginäre Rechnungen

Es sei hier ganz besonders betont, daß Begriffe wie konkaves, konvexes, gekrümmtes, endliches oder unendliches Universum, imaginäres Potential, imaginäre Intensität, imaginäre Zahlen, vierte Dimension, π-Meson, usw. rein mathematische Begriffe ohne großen konkreten Wert sind. Insbesondere das Wort »imaginär« bezeichnet nur einen Rechenmodus.

Man muß also verstehen, daß der Begriff des Universums, der die Materie in ihrer Gesamtheit enthält und einen endlichen oder unendlichen Rauminhalt einnimmt, in Wahrheit nichts weiter als eine Abstraktion, eine Spekulation ist. Dasselbe gilt für Kontraktion und Expansion, für das Nichts, in dem alles liegt, und auch für die Zeit.

Da mag sich nun so mancher fragen, welchen Kredit man der Wissenschaft einräumen kann, wenn sie nur im Imaginären operiert. An welche Gewißheit kann man sich noch klammern, wenn Gott selbst nur eine Vorstellung des Geistes und die Wahrheit unerreichbar ist? Der Wissenschaftler versucht erst gar nicht, sich auf eine Gewißheit zu stützen, und der Weiseste der Weisen, Buddha, hat immer verkündet, daß alles nur *mâyâ* ist.

Kosmogonien des Altertums

(Kosmogonie = Theorie von der Erschaffung der Welt; heute wird mit derselben Bedeutung das Wort Kosmogenese verwendet.)

Naturalistische Kosmogonie: Gott ist das Universum. Das Gott-Universum hat sich selbst erschaffen. Die Kräfte der Natur sind Götter.

Indoeuropäische Kosmogonie: Nach dem Rig-Weda: »Es gab weder Sein noch Nicht-Sein, noch den Äther, noch das Himmelszelt, nichts Einhüllendes und nichts Eingehülltes ... doch *jener* atmete allein, allein mit *ihr,* deren Leben er in seinem Innersten erhält. Außer ihm gab es nichts, was es seither gibt. Der Wunsch, entstanden aus der Intelligenz von *jenem,* wurde zum Ursamen; der Samen wurde nach und nach Vorsehung oder fühlende Seele und Materie oder Elemente.

Sie, die von *ihm* in seinem Innersten erhalten wird, war der untere Teil; und *er,* der beobachtet, der obere Teil. Wer weiß und wer kann in dieser Welt genau sagen, woher und wie diese Schöpfung stattgefunden hat? Die Götter waren erst nach dieser Erzeugung der Welt.«

Es handelt sich um ein gleichzeitig unerschaffenes und erschaffenes, undenkbares, unbekanntes Universum, »das Form annahm«, sagt der Rig-Weda, »durch die Macht der Kontemplation«. Das Geheimnis der Schöpfung und das Er-Sie-Prinzip können mit dem menschlichen Geist nicht erfaßt werden.

Nach dem Kodex Manu (er entstand später als der Rig-Weda) war das Universum in Dunkelheit gehüllt, es war nicht wahrnehmbar, weil nicht geoffenbart, bis der durch sich selbst seiende Herr (das neutrale Brahma), der außerhalb des Bereichs der Sinne liegt, die Welt wahrnehmbar machte. Der, den der Geist nicht wahrnehmen kann, ließ aus seiner Substanz die verschiedenen Geschöpfe hervorgehen. Zuerst erschuf er die Wasser, in die er einen Keim legte, der ein glänzendes Ei wurde, in dem das Höchste Wesen selbst geboren wurde in Form des Brahma (männlich), des Urahnen aller Wesen. In diesem Ei verblieb Brahma ein Jahr lang (ein Jahr des Brahma ist 3 110 400 Millionen Menschenjahre) und durch die Kraft seines Denkens teilte er es in zwei Teile: So entstanden Himmel und Erde.

Kosmogonie von Hawaii: Aus dem finsteren Chaos entstehen die pflanzlichen und tierischen Lebensformen durch stufenweise Entwicklung: die Zoophyten, die Korallen, die Würmer, die Mollusken, die Algen, die Binsen. Aus den Zersetzungsprodukten der ersten Wesen gehen die Pflanzen, Insekten und Tiere hervor, dann höherentwickelte Meerestiere, dann die anderen Tiere; die Entwicklung geht in sechs Abschnitten vor sich. In der siebenten Periode entwickeln sich abstrakte psychische Eigenschaften. Im achten Zeitabschnitt entsteht die Frau, dann der Mann und die Götter.

Kosmogenesen

Der Versuch, das Universum zu erklären, wurde schon immer als ein sinnloses, da nicht zielführendes Unterfangen betrachtet. »Der große Physiker Newton«, schreibt Arago, »zählte die vielfältigen Kräfte auf, die aus der gegenseitigen Wirkung der

Planeten und Satelliten unseres Sonnensystems resultieren müssen; doch er wagte nicht den Versuch, die Gesamtheit ihrer Auswirkungen zu erfassen.« Obwohl Newton ein guter Christ war, glaubte er nicht an die Schöpfungsgeschichte der Bibel, sondern dachte, »daß eine mächtige Hand von Zeit zu Zeit eingreifen müsse, um die Unordnung des Weltalls wiedergutzumachen«.

Laplace hat als erster Physiker eine zusammenhängende Theorie aufgestellt. Seiner Meinung nach hatte sich das System des Weltalls von selbst gebildet. Ungeheure Kräfte (Explosionen) hatten die Planeten von der totalen Masse (Ur-Universum) losgesprengt.

Im 19. Jahrhundert glaubte man, ein Nebel aus unendlich leichten kosmischen Materien sei der Ausgangspunkt der Schöpfung gewesen. Zur selben Zeit hatte Lavoisier eine geniale Eingebung; er verkündete ein grundlegendes Gesetz, das noch immer die Basis der modernen Wissenschaft bildet: *Nichts vergeht, nichts entsteht, alles ist Veränderung.*

Dieser kurze Abriß über die wichtigsten Weltenstehungstheorien zeigt, daß unter den alten Völkern die Indoeuropäer, die Phönizier und die Hawaiianer Theorien formuliert haben, die in direkter Verbindung mit den Kosmogenesen der Wissenschaftler des 20. Jahrhunderts stehen. Interessant ist, daß es gerade die ältesten Kosmogonien sind (sie stammen aus der Zeit zwischen dem achten und dem fünften Jahrtausend vor unserer Zeitrechnung), also jene, die den höherstehenden Ahnen zeitlich am nächsten kommen, welche mit den unseren am engsten verwandt sind.

Das Universum nach Abbé Lemaitre. Abbé Georges Lemaitre, Kanonikus an der Universität Löwen, ist als Christ Anhänger der Schöpfungslehre. Er stellt sich das Universum als in ständiger Expansion befindlich vor; am Ende dieser Expansion wird sich alles in nichts auflösen.

Das Universum nach Fred Hoyle. Das ewige Universum füllt einen grenzenlosen Raum. Es gleicht sich immer selbst und ist von beständiger Dichte. Galaxien entschwinden, Nebel entstehen aus Wasserstoff, der sich spontan bildet, um die Leerräume auszufüllen.

Die Entdeckung der Quasars, die mit den bisher bekannten Himmelskörpern nichts gemeinsam haben, wirft die Theorie des Astronomen Fred Hoyle über den Haufen, der außerdem noch behauptet, daß es in einem gleichmäßigen und unendlichen Universum besondere Regionen gibt (die Erde soll sich in einer solchen Zone der Turbulenz befinden).

Das Universum nach Martin Ryle. Der Astronom des Radio-Observatoriums von Cambridge (England) nimmt an, daß vor 13 Milliarden Jahren ein großer »bang« stattgefunden hat: Die gesamte Materie, die an einem Punkt des Raums konzentriert war, explodierte mit unvorstellbarer Heftigkeit. Diese Urexplosion ist der Ausdruck des Axioms E = M (Energie = Materie).

Die Quasars, eine Art von Lichtwellen, werden zuerst ausgesendet, dann werden die Galaxien weggeschleudert. Die gesamte endliche Masse verteilt sich in einem unendlichen Raum:

1. Mit einer immer geringer werdenden Geschwindigkeit; diese ist gleich null, wenn die Zeit mit der Unendlichkeit übereinstimmt. Dann wird der ganze Raum besetzt sein, und es wird keine Zeit mehr geben.

Oder:

2. Die Bruchstücke der Urmaterie werden ihre Geschwindigkeit verlangsamen, einander anziehen und schließlich in einer universalen Implosion zusammenstoßen, die das Ende der Welt bedeuten wird.

Das oszillierende Universum von Allan Sandage. Paradoxerweise sieht sich Professor Sandage vom Mount-Wilson-Observatorium veranlaßt, eine Initialkonzentration der gesamten universalen Materie anzunehmen. Diese Materie explodiert wie im Universum von Ryle, wobei Sandage für die Expansion eine Dauer von 41 Milliarden Jahren angibt.

Dann folgt sozusagen im Rückwärtsgang eine Kontraktion: Quasars, Galaxien, Nebel kehren zum Ausgangspunkt zurück, um sich für eine neuerliche Explosion zu vereinen. Der Zyklus Expansion-Kontraktion dauert 82 Milliarden Jahre. Es hat bereits eine unendliche Anzahl solcher Zyklen gegeben, und es wird sie auch weiter geben.

Diese Auffassung entspricht derjenigen von Abbé Lemaitre. Doch alle diese Universa sind nicht befriedigend, weil sie endlich und begrenzt sind.

Die Kosmogenese von Oscar Klein. Ursprünglich war das Universum ein Urnebel mit einem Durchmesser von 2000 Milliarden Lichtjahren, in dem nach der Vorstellung des schwedischen Physikers eine Welt aus Teilchen und eine Antiwelt aus Antiteilchen, also Materie und Antimaterie vorhanden waren. Teilchen und Antiteilchen waren in diesem weitläufigen Raum zu sehr verstreut, als daß sie einander hätten begegnen können.

Unter der Einwirkung der universalen Schwerkraft kondensieren (kontrahieren) Materie und Antimaterie und bilden zwei unterschiedliche Welten. Dann treten diese Welten in einen Expansionszyklus ein und reißen ihre Galaxien mit einer errechenbaren Fluchtgeschwindigkeit mit. Es gibt keine gegenseitige Wirkung (Explosion) zwischen Welt und Antiwelt, da die beiden durch eine »Ambiplasma« genannte neutrale Zone getrennt sind, in der sehr hohe Temperaturen herrschen. Dennoch kommt es in Ausnahmefällen vor, daß in dieser Zone Partikel und Antipartikel zusammenstoßen und dabei Explosionen verursachen, zu denen sich unsere Atombombenexplosionen vergleichsweise wie Knallfrösche ausnehmen. Die Radioteleskope registrieren Radiowellen, die von solchen Zusammenstößen von Materie und Antimaterie herrühren und nicht von Quasars, wie angenommen wurde.

Die Kosmogenese von Andrej Sachorow. Unser Universum ist aus einem seit 20 bis 30 Milliarden Jahren verschwundenen Antiuniversum hervorgegangen, sagt der russische Physiker

A. Sachorow. In seinem Urzustand bestand das Universum hauptsächlich aus Antiteilchen, deren Kondensierung bei sehr hoher Temperatur eine Explosion ausgelöst hat, die wie beim Atomzerfall mehr Materie als Antimaterie erzeugt hat. Unsere Welt ist aus einem Überschuß an Materieteilchen entstanden.

Die Kosmogenese von Gustav Naan. Das Konzept des Vizepräsidenten der Akademie der Wissenschaften von Estland, Gustav Naan, ist ähnlich dem von Oscar Klein. Seine Theorie gründet sich auf die Umkehrung der angenommenen Architektur des Universums nach einer einfachen mathematischen Formel:

$$1(-1) = 0$$
$$0 = 1(-1)$$

Universum und Antiuniversum von Gustav Naan sind gleicher Natur, doch mit umgekehrten Vorzeichen; sie haben vielleicht dieselben Sonnensysteme, dieselben Galaxien und Planeten, die von Menschen nach unserem Ebenbild bewohnt sind. Zwischen diesen beiden Welten gibt es eine für den Menschen unbezwingliche Barriere des Nichts. Ihr Überschreiten bedeutet Desintegration. Beim Nullpunkt löst sich die kontrahierende Welt auf. Doch aus dem Nichts kann Materie hervorgehen, wenn ihr in der Antiwelt Antimaterie in derselben Menge entspricht.

Unsere Astronomen können den Himmel bis in eine Entfernung von 30 Milliarden Lichtjahren belauschen und sagen mit stolzgeschwellter Brust: »Wir werden bald die Zeit sehen, wo es unser Universum noch nicht gab!« Die Kosmogenese unserer Ahnen, wie sie im Rig-Weda festgehalten ist, gibt einer solchen Anmaßung keine Chance. Diese wedische Kosmogenese verdient Bewunderung; wie die Spekulationen der Physiker von Harvard, Cambridge und dem Collège de France, greift sie auf das Phantastische, das Unvorstellbare zurück, auf das Nichts, das etwas enthält. Sie besagt, daß der Mensch niemals das Geheimnis des Universums durchschauen wird. Doch gleichzeitig scheint sie das System von Expansion und Kontraktion (auch als ›System der Pulsationen‹ bezeichnet) zu untermauern, denn dieses unbekannte und unerforschliche Universum wird durch »das Einatmen und das Ausatmen von Brahma« symbolisiert.

Die Antimaterie

Die Kosmogenesen von Klein und Sachorow geben keine Erklärung für die eigentliche Erschaffung des Universums, da sie von einem hypothetischen De-facto-Zustand ausgehen. Bei jeder Theorie gelangt unsere Neugierde an eine Mauer, gegen die sie vergebens Sturm läuft.

Doch das Konzept der Antimaterie erfordert eine nähere Erläuterung. Es war zu allen Zeiten bekannt und dürfte auf derselben Ebene liegen wie der Begriff des Jenseits und der Parallelwelten, die sich unseren Forschungen entziehen. »Dichtung ist Wahrheit«, sagte Goethe und nahm damit die Antiwelt und den »Spiegel ins Jenseits« des großen Sehers Jean Cocteau vorweg, der diese Schleuse zu benützen verstand. Es ist durchaus möglich, daß die künftigen Entdeckungen auf dem Gebiet der Antimaterie die ersten Lösungen für jenes Geheimnisvoll-Unbekannte bringen, von dem wir nicht loskommen.

Die französischen Physiker Louis de Broglie und J. P. Vigier haben sich seit langem vorgestellt, daß es außerhalb der bekannten Teilchen ein Subuniversum gibt, dessen erfaßte Teilchen (Elektronen, Protonen, Neutronen) und Antiteilchen (Antielektronen, Antiprotonen ...) nur das Oberflächliche sind. Unser Universum wäre gleich einer Meeresfläche, deren Tiefen wir nicht kennen.

Dem englischen Physiker P. Dirac verdankt die Wissenschaft die Theorie der Antiteilchen, die im Jahre 1928 die Entdeckung des Antielektrons (auch Positron genannt) und des Antiprotons möglich machte; das Antiproton hat dieselbe Masse wie das Proton, aber eine negative Ladung. Davon ausgehend würde die Antimaterie aus Antiatomen mit negativen Kernen, um die Positronen kreisen, bestehen.

Im Jahre 1966 gelang es amerikanischen Physikern im Nationalen Laboratorium von Brookhaven, von einem Antiproton und einem Antineutron ausgehend, einen Antiwasserstoffkern zu bilden. Diese Entdeckung, im molekularen Stadium, verleiht der Theorie der Antiwelten eine gewisse Berechtigung.

Im Gegensatz zu Oscar Klein und Andrej Sachorow vertritt der estländische Philosoph Gustav Naan die Meinung, daß sich die Antiwelt nicht an den äußersten Grenzen des Universums verliert, sondern in der unseren existiert, als Parallelwelt sozusagen.

Manche Wissenschaftler glauben sogar, daß die Photonen (Lichtteilchen) Ausdruck der bei der Verbindung von Teilchen und Antiteilchen frei werdenden Energie sind. Mit einem Wort, aus dem Zusammenprall einer Welt und einer Antiwelt entstünde das Licht. Oder, anders ausgedrückt: Aus Gott und dem Antigott entstehen das Licht und die Schöpfung.

Wenn ein in Kontraktion befindliches Universum den Punkt null erreicht, also das Nichts, tritt es in die Antiwelt ein. Da kommt es dann zu einer Explosion, die eine neue Expansion einleitet, oder die Antiwelt überschreitet den Nullpunkt der Nicht-Existenz und nimmt den Platz der verschwundenen Welt ein. Nach dieser Hypothese wird Gott, die Annahme vorausgesetzt, daß er das Universum regiert, vom Antigott und vom Antiuniversum bei jedem Zyklus-Wechsel ersetzt.

»Alles ist möglich«, sagte der große Wissenschaftler Niels Bohr, »vorausgesetzt, daß es genügend unvernünftig ist.«

Man kann also die philosophische Spekulation der sowjetischen Zeitung Prawda Komsomol über die Welt der Materie und der Antimaterie durchaus ernst nehmen: »In einer einzigen Welt, in der die Symmetrie regiert, kann es nichts anderes geben als das Nichts, die Leere. Raum und Zeit selbst existieren nicht.«

Wer hat das Universum erschaffen?

Wie immer das Universum tatsächlich beschaffen sein mag, es stellt jedenfalls eine Materie dar, die mit einem dynamischen Willen ausgestattet ist, dem eine perfekte Intelligenz innewohnt. Wenn die Materie erschaffen wurde, dann hat es vor ihr einen Schöpfer gegeben, den man Gott, Intelligenz, Gedanke der Schöpfung oder Höhere Vernunft nennen kann. Wenn die Materie nicht erschaffen worden ist (wenn es sie in Ewigkeit gab), wohnt die Höhere Vernunft der Schöpfung inne und ist mit ihr identisch.

Im ersten Fall (geschaffene Materie) drängt sich sofort die Frage auf: Wie wurde Gott oder die Universale Intelligenz geschaffen? Man ist also so klug wie zuvor. Daher lehnt der gesunde Hausverstand diese Erklärung ab; da kann man doch ebensogut sagen: Das Universum hat sich selbst erschaffen! Das ist einfacher und auch logischer. Man muß also Gott oder den Gedanken mit dem gesamten Universum identifizieren und nicht mit einem intelligenten Prinzip, das außerhalb dieses Universums existiert.

Die Wissenschaftler akzeptieren einen Gott, eine Intelligenz oder eine Universale Seele, vorausgesetzt, daß es nur eine Abstraktion, eine imaginäre Vorstellung des Unbekannten, wenn nicht Unkennbaren ist. Gott gehört wie die 4. Dimension, wie die Krümmung des Universums, in den imaginären und abstrakten Bereich der Spekulation.

XVII. Lichter am nächtlichen Himmel

Werden wir Opfer von Sinnestäuschungen, wenn wir den Himmel über uns betrachten? Einmal mehr stehen wir vor dem Problem der Kontakte mit außerirdischen Wesen, und es ist durchaus möglich, daß es ungelöst bleiben wird.

Das Wrack von Spitzbergen und das Projekt Magnet

Die höchste wissenschaftliche Autorität der UDSSR, die Moskauer Akademie der Wissenschaften, hat die seit 1967 laufenden Arbeiten einer Kommission zum Studium der UFOS als unwissenschaftlich verurteilt. »Es gibt keine vernünftige Grundlage für jene Visionen; die Astronomen, die Tag und Nacht den Himmel aufmerksam beobachten, sehen nichts, was geheimnisvoll wäre!« verkündet die gelehrte Versammlung.

Ein gewisser Anonymus J. C. aus Quebec ist nicht dieser Meinung; er versichert, daß im Posten Shirley Bay einige Meilen von Ottawa entfernt Apparate, die Kontakte mit Piloten von fliegenden Untertassen herstellen, militärisch bewacht werden. Diese Information wird allerdings vom Heeresministerium kategorisch dementiert. Doch dürfte es sich um ein Staatsgeheimnis handeln, das sich unter der Bezeichnung *Project Magnet* verbirgt.

In einem wohlbekannten Buch von Frank Edwards wird erwähnt, daß 1952 ein UFO-Wrack auf Spitzbergen identifiziert worden ist. Oberst Gernod Darnbyl, der Leiter der Untersuchungskommission, soll gesagt haben: »Das Niedergehen dieser Scheibe auf Spitzbergen ist ein sehr wichtiges Ereignis... die Scheibe ist keine irdische Konstruktion.«

Nach einer Rückfrage bei der Norwegischen Botschaft in Paris entbehrt diese Geschichte jeder Grundlage, und der Generalstab versichert, daß kein Offizier in seinen Reihen den Namen Gernod Darnbyl trägt, »der außerdem gar nicht norwegisch klingt«.

Es ist auch bekannt, daß Menger, der Autor von MES AMIS LES HOMMES DE L'ESPACE (Meine Freunde, die Menschen aus dem All), öffentlich zugegeben hat, daß seine Erzählung aus freien Stücken erfunden war und daß die veröffentlichten Fotos Trickaufnahmen waren ... was übrigens ein Blinder sehen konnte.

Was die Beobachtungen von Flugzeugpiloten anbelangt, so sind sie oftmals sehr fragwürdig. Die in Monte Carlo erscheinende Zeitschrift DIAGRAMME erwähnt in ihrer Nr. 122, daß ein Pilot innerhalb von fünf Minuten die Sonne fünfmal untergehen sah. Er hatte eine Reihe von Wolkenbänken durchflogen, die 15 Kilometer voneinander getrennt waren. Jedesmal verschwand die Sonne nicht am Horizont, sondern hinter einer neuen Wolkenbank.

Das Geheimnis der Landebahnen mit einer Länge von 350 und 1000 Metern, die in den Kordilleren von chilenischen Gendarmen entdeckt wurden und die 2 Kilometer lange »Piste« von Val Fontanalba im Tal der Wunder sind auch nicht authentisch bewiesen. Zweifellos benötigen interplanetare Flugkörper nicht so lange Landebahnen. Sie können nur auf dem Boden aufsetzen und nicht rollen.

Wer verfälscht das Problem?

Um das Problem der UFOS ernsthaft zu studieren, muß man mit den vagen Behauptungen der Unzahl von Erleuchteten, Verrückten und Schwindlern reinen Tisch machen, die Monat für Monat die Chronik der Untertassenhysterie füllen.

Gewiß kann man sich irren, oder Dokumente zu den ungeklärten Akten legen; doch wie soll man Halluzinationen von sogenannten »Zeugen« Glauben schenken, wenn diese nicht einmal vorsichtig genug sind, ihre Visionen unter dem Deckmantel der Hypothese zu präsentieren?

Beim Kongreß der Spezialisten auf dem Gebiet der UFO-Forschung im Jahre 1967 konnte man folgende unsinnige Behauptung hören: »Die Wesen einer anderen Welt sind auf der Suche nach einer Nation, deren Menschen tugendhaft und gut sind. Ein Bewohner der Venus mit dem Namen Thor (warum nicht gleich Jesus Christus?) hat drei Jahre lang, und zwar von 1957 bis 1960, im Pentagon gelebt und dabei die amerikanischen Militärbehörden in aller Ruhe ausspioniert.«

Außerirdische Wesen mit falschen Papieren sind unter uns, behauptet Fernando Sesma aus Madrid, der Präsident der »Freunde des Weltalls«. Und Pater Enrique Lopez Gurrero, Pfarrer von Mairena del Arcor, in der Nähe von Sevilla, will wissen, daß diese Wesen vom Planeten Ummo stammen, der nach seinen Berechnungen 14 Lichtjahre von der Erde entfernt ist.

Eine junge Argentinierin hat einen zwei Meter großen phosphoreszierenden Marsmenschen gesehen. Eine andere junge Frau aus demselben Land ist kleinen Menschen begegnet, Zwergen, die einem eiförmigen Flugapparat entstiegen; angeblich haben diese Zwerge zwei Angestellte des Kasinos von Mendoza in den Finger gestochen, um ihnen einige Blutstropfen abzunehmen.

Eine Patrouille von argentinischen Soldaten hat eine Maschinengewehrsalve auf außerirdische Riesen abgegeben, die aus einer fliegenden Untertasse stiegen.

Ein Schwarm von (falschen) fliegenden Untertassen ist im September 1967 in England niedergegangen. Außerirdische Wesen haben einem Tischler in Alamosa (Colorado) das Pferd aufgefressen...

Der bestinszenierte Ulk auf diesem Gebiet setzte Tausende von Personen in Bewegung: am 13. März 1968 (auch space people sind abergläubisch!) sollte in der Nähe des Dorfes Marvejols (Lozère) ein Marsmensch empfangen werden. Die Sache war ganz sicher. Leider hat kein Mensch das geringste außerirdische Wesen gesehen, mit Ausnahme einer alten Dame mit Vornamen Margarete, die behauptete, den guten Pfarrer von Ars erblickt zu haben.

Zum Abschluß sei noch eine charmante Amerikanerin, Dr. Ruth Reyna, Professorin an der philosophischen Fakultät der Universität von Chandigarh (Indien), erwähnt, die eine Theorie über die Auswanderung einer Gruppe von Einwohnern des Indus-Tales auf den Planeten Venus lanciert hat. Das Ereignis soll 3000 v. Chr. stattgefunden haben, denn die Arier kannten die Interplanetarflüge... was ein kürzlich in Lhasa aufgefundenes Manuskript beweisen soll. Die Hypothese wäre akzeptabel, wenn es sich um die Ankunft von Menschen aus dem All vor 5000 Jahren handeln würde, doch ein umgekehrtes Abenteuer ist sehr zweifelhaft.

Unsere Liebe Frau von den seltsamen Erscheinungen

In seinem Buch L'HISTOIRE DE L'ATLANTIDE (Die Geschichte von Atlantis) spricht W. Scott-Elliott von Flugmaschinen, die die Atlanter in der »Stadt mit den goldenen Toren« benützten. Sie wurden vom VRIL angetrieben, das von den persönlichen Kräften der Flieger ausging. Leider ist die detaillierte Beschreibung dieser Maschinen durch den Autor ausgesprochen kindisch.

Weit interessanter ist dagegen die Legende von Notre-Dame-des-Lumières in Goult (Vaucluse). Im 17. Jahrhundert machten Feuerkugeln auf das Vorhandensein eines alten verfallenen Heiligtums aufmerksam, das unter Dornengestrüpp verborgen war. Die »Lichter« kreuzten sich immer wieder zwischen drei bestimmten Punkten und liefen dann zusamen, wie um sich zu vereinen. Angeblich sprachen sie auch untereinander eine unbekannte Sprache, und dann verschwanden sie in den Wolken.

Sei es aus Zufall, sei es aus einem okkulten Grund, *goul* oder *goult* soll auf keltisch Licht heißen. Ursprünglich stand auf der Spitze des Berges von Goult ein Jupiter-Tempel.

1661 geschah es, daß »Antoine de Nantes, ein Kleinbauer aus Goult, der ein schreckliches Leiden hatte, über den Ruinen des Altars ein wunderbar schönes Kind schweben sah, das von einem Feuerkranz umgeben war. Als das göttliche Bild verschwunden war, fühlte sich der Bauer wieder vollkommen gesund...«

Die Kunde von diesem Wunder verbreitete sich rasch, und auf den Ruinen wurde eine Kapelle errichtet: Notre-Dame-des-Lumières, wohin jedes Jahr eine Pilgerfahrt veranstaltet wird. »Die Wunder häuften sich von diesem Tag an; glühende Meteore platzten im Dunkeln über der geweihten Stätte.«

Die UFO-Forscher sind überzeugt, daß Goult ein Ort war, an dem in früheren Zeiten fliegende Untertassen auftauchten.

Die feurigen Kutschen von Genua und der Provence

Vom CEREIC erhielt ich einen seltsamen Bericht, der ebenfalls aus dem 17. Jahrhundert stammt:

»Zu Beginn des Monats August im Jahre 1608 erschienen auf dem Meer von Genua die schrecklichsten Zeichen, die seit Menschengedenken überliefert oder aufgezeichnet wurden.

Die einen waren menschenähnliche Wesen, deren Arme mit Schuppen bedeckt waren; in jeder Hand hielten sie zwei entsetzliche fliegende Schlangen, die ihre Arme umwanden; sie ragten nur über dem Nabel aus dem Wasser und stießen so schreckliche Schreie aus, daß es eine ganz fürchterliche Sache war.

Und manchmal tauchten sie ins Meer und stiegen an anderen, weit entfernten Orten wieder herauf und stießen dann so grauenhafte Schreie aus, daß so mancher aus Angst davor krank wurde. Es gab solche, die wie Frauen aussahen; andere hatten einen Körper wie die Menschen, ganz mit Schuppen bedeckt, aber der Kopf war der eines Drachen...

Der Fürst ließ einige Kanonen heranführen, um sie von diesem Ort zu vertreiben. Man gab an die 800 Kanonenschüsse auf sie ab, doch blieben sie ohne Wirkung. Die Gläubigen versammelten sich, machten Prozessionen und fasteten. Die guten Kapuzinerpatres befahlen ein vierzigstündiges Gebet, um auf diese Weise den Zorn Gottes zu besänftigen.

Am fünfzehnten Tag des August tauchten auf besagtem Meer, nahe beim Hafen von Genua, *drei Kutschen auf, von denen jede von sechs Figuren gezogen wurde, die ganz in Feuer waren und wie Drachen aussahen.*

Und die Kutschen wurden von den erwähnten Figuren gezogen, die noch immer ihre Schlangen hatten und weiter ihre schrecklichen Schreie ausstießen . . .

Doch nachdem sie dreimal den Hafen entlanggefahren waren, und als sie *so gewaltige Schreie ausgestoßen hatten, daß die umliegenden Berge erzitterten,* verloren sie sich alle im Meer, und seither hat man von ihnen nichts mehr gesehen oder gehört.

Das Ereignis hat mehreren Bürgern von Genua großen Schaden zugefügt, die einen sind vor Angst gestorben, zum Beispiel der Sohn des Herrn Gasparino de Loro und auch der Bruder von Signor Anthonio Bagatello; mehrere Frauen sind auch so erschreckt worden, daß sie starben. Seither singt man das Te Deum, und sie sind verschwunden.«

Starker Blutregen wurde im ganzen Gebiet bis in die Provence registriert.

»Ähnliche aufzeichnenswerte Ereignisse fanden fast zur selben Zeit auf der Insel Martègue statt: am 22. Tag des gleichen Monats erschienen zwei Männer in der Luft, die jeder Waffen und einen Schild trugen; sie kämpften auf eine Weise, die die Zuseher in Erstaunen versetzte, und nachdem sie lange Zeit gekämpft hatten, ruhten sie eine Weile aus, dann nahmen sie wieder ihre Stellungen ein und kämpften zwei Stunden. Am 27. des besagten Monats kämpften sie zu Fuß, und zwar in einer Art, die stark an zwei Schmiede erinnerte, die auf den Amboß schlagen.

... Und am folgenden Tag schien es, daß jeder eine Festung eingenommen hatte, und nachdem sie einander recht freundlich betrachtet hatten, erscholl ein Lärm wie mehrere Kanonenschüsse. Der Lärm war so schrecklich, daß jene, die ihn hörten, meinten, der Weltuntergang sei nahe, und nachdem er an diesem Tag sieben Stunden gedauert hatte, erschien plötzlich eine dichte Wolke in der Luft und bedeckte alles so stark, daß zwei Stunden lang nichts als Wolken und schwarze Nebel zu sehen waren, die wie Salpeter rochen; nachdem die Luft wieder gereinigt war, war nichts mehr von all diesen Schimären zu sehen.

Diese Wunder haben die Seele mancher Christen berührt: sie betrachteten sie als Taten des großen Gottes, der allein die Macht besitzt und der uns in seiner unendlichen Güte warnen wollte, bevor er die verdiente Strafe schickte. Die einen gingen ins Kloster, die anderen taten Buße, um den Zorn Gottes zu besänftigen. Der Heilige Geist möge ihren guten Willen unterstützen. Amen.«

Dieser Text wird in den Stadtarchiven von Nizza aufbewahrt, wo ihn ein Mitglied des CEREIC entdeckte.

Über die Authentizität der Ereignisse scheint kein Zweifel zu bestehen, eher noch über ihre Interpretation. Man kann nicht umhin, im Lichte unserer heutigen Wissenschaft in den Feuerkutschen Düsenflugzeuge zu erkennen, deren Dröhnen »die umliegenden Berge erzittern ließ«. Zweifellos gab es im 17. Jahrhundert auf der Erde keine solchen Flugzeuge. Woher kamen sie also?

Als die Götter auf die Erde kamen

Als die Götter auf die Erde kamen, wurden sie und ihre fliegenden Maschinen ähnlich beschrieben wie im Text von Nizza.

»Diese drei höheren Wesen oder Riesen, die nicht den Himmel sondern die Erde bewohnten«, liest man im Popol Vuh der Mayas, »wurden von jenen besiegt und getötet, die die Götter vom Himmel gesandt hatten.«

Dem irischen Chronisten Eochaid hûy Flainn (950) wird eine Dichtung zugeschrieben, die älter als das BUCH DER EROBERUNGEN ist, und in der folgendes über die Tûatha Dê Danann geschrieben steht, die einst Irland eroberten: »Die Rasse der Tûatha Dê Danann schützte sich unter dem Mantel der Unsichtbarkeit, den sie nur in Ausnahmefällen ablegten. Sie hatten keine Schiffe... man weiß wirklich nicht, ob sie auf dem Himmel, vom Himmel oder von der Erde gekommen sind. Waren es Dämonen des Teufels, waren es Menschen?« (Buch von Leinster)

Der Zauberer Merlin sang, daß sein Vater ein Bewohner des Himmels war.

Wenn es ein Prahlhans unter den Rittern wagte, sich in der Tafelrunde auf den Gefährlichen Stuhl zu setzen (dieser war dem vollkommenen Ritter vorbehalten, der eines Tages kommen sollte), wurde der Verwegene sofort durch ein geheimnisvolles Feuer, das wie ein Blitz aus dem Stuhl schlug, zu Asche verbrannt.

Im Museum von Vienne (Isère), so schreibt der Präsident des GVPEMOC, befindet sich ein Relief, das Kronos (oder vielleicht Esus) mit einem Paar Flügel an den Schultern zeigt. Diese

Details scheinen auf Himmelsreisen und ein geheimnisvolles außerirdisches Wissen hinzuweisen, das die Historiker leider in keiner Weise hervorheben.

Der Schriftsteller Maurice Guignard hat lydische und etruskische Inschriften entdeckt, die besagen, daß ein Kanu-meith (Schiffskapitän) mit einer Besatzung von Frauen von hinter der Sonne gekommen ist, um die Erde zu bevölkern. »Von hinter der Sonne, heißt das aus dem Kosmos? Ich kann es nicht bestätigen, da ich mir nicht alle Inschriften beschaffen konnte«, fügt Guignard hinzu.

Die Dogonen aus Mali überliefern nach einem Bericht von Marcel Griaule, daß die Erde und das ganze Sonnensystem aus dem Sirius entstanden sind.

Bei den Kongolesen ist die Schlange das Luftfahrzeug der Ahnen.

An der Elfenbeinküste besagt die Zema-Legende, daß Gott sieben Stämme erschuf, die in riesigen Bronzewannen vom Himmel herabgestiegen seien.

In einem ägyptischen Papyrus, den Anubis Schenouda übersetzt hat, wird berichtet, daß nach der Sintflut »die Schlangen wieder vom Himmel herunterkamen und Frieden schlossen mit der fünften Rasse der Menschen, die sie lehrten und unterrichteten. Ehre sei den Nagas (Schlangen), die die Mysterien gelehrt haben. Die ägyptischen Nagas waren menschliche Wesen und keine Reptilien.«

Die fliegenden Statuen der Osterinsel

Einer Korrespondentin und Freundin in Tahiti, Frau Jeanne Laroque, gelang es, das Vertrauen eines alten und gebildeten Osterinsulaners zu gewinnen, der ihr eine seltsame Erklärung für das Geheimnis der Statuen auf der Insel gab.

»Diese Statuen«, sagte der Alte, »sind durch die Lüfte transportiert worden. Dies hat mir mein Großvater erzählt, der es von seinen Ahnen wußte. Es war zu der Zeit, als die weißen Götter vom Himmel gekommen waren. Um ihre Macht zu zeigen, hatten sie diese Riesenstatuen anfertigen und an Ort und Stelle fliegen lassen, indem sie die Bewegung mit einer Art Stab dirigierten, der einen sehr starken roten Strahl aussandte.

Zu dieser Zeit war die Osterinsel gemeinsam mit allen anderen Polynesischen Inseln Teil eines großen Kontinents.

Hiro, der Prinz von Tahiti, Gott des Himmels und *Arii*, das heißt Fremder, konnte auch zu den Sternen fliegen. Die Arii (vielleicht die Aryaman der Inder) waren sehr groß und kräftig, mit weißer Haut und langen Haaren. Man nannte sie Arii, weil sie von *anderswo* gekommen waren. Sie haben eine Nachkommenschaft hinterlassen, die die Kaste der reinen Polynesier bildet, mit der schmalen, leicht gebogenen Nase, den glänzend schwarzen Augen und dem gewellten, aber nicht gekrausten Haar. Wie die Zigeuner haben diese reinrassigen Polynesier viel Sinn für die Lenkung der Geschicke durch die Sterne und für die Musik. Sie kennen Geheimnisse, die sie niemandem anvertrauen. Die alten Prinzen der Arii führten den Vorsitz bei den Opferzermonien, die auf *mare* genannten Pyramiden zu Ehren der Götter abgehalten wurden, welche zu den Sternen abgeflogen waren.« So überschneiden sich die Traditionen aller Kontinente und berichten übereinstimmend von höherstehenden Wesen, die wahrscheinlich in Raumfahrzeugen, jedenfalls aber vom Himmel gekommen sind.

»Manche Okkultisten behaupten«, schreibt Maurice Magre in La Clef des Choses cachées (Der Schlüssel zu den verborgenen Dingen), »daß Wesen, die eine höhere Entwicklungsstufe erreicht hatten als wir und den Planeten Venus bewohnten, Boten auf die Erde gesandt haben, um den Menschen die Grundlagen des Wissens zu vermitteln. Diese Boten sollen Schüler unterrichtet haben, die wiederum das Wissen an andere weitergegeben hätten.«

In manchen indischen Sekten soll der *yeti* ein Wesen sein, das von den Himmelsbewohnern auf der Erde ausgesetzt wurde, um die Möglichkeit einer Akklimatisierung zu prüfen. Auf diese Weise könnten sich die Extraplanetarier eine Nachkommenschaft sichern, wenn sie auf die Erde kämen.

In wissenschaftlichen Kreisen nimmt man gegenüber den fliegenden Untertassen und den vorgeschichtlichen Raumfahrern eine ablehnende Haltung ein. Doch die Überlieferungen, die Geschichte der Völker und Kulturen und die rätselhaften Phänomene im All weisen zu viele Übereinstimmungen auf, als daß ein frei denkender Mensch nicht aufhorchen müßte.

Unser Leben ist durch den Fortschritt von Wissenschaft und Technik, die neuen Ausblicke in die Vergangenheit und die Gewalttaten, deren Zeugen wir sind, so phantastisch geworden, daß uns nichts mehr unmöglich erscheint. Ich habe versucht, ein Beobachter dieser Zeiten zu sein, in denen Gut und Böse, Vernunft und Wahnsinn so nahe beieinander liegen. Ich wollte nicht die Extreme ausloten, sondern vielmehr dem Geist neue Denkformen erschließen, die ihn von gewissen Psychosen befreien können, selbst wenn die angedeuteten Visionen nur der Ausdruck einer anderen Wahrheit sind. Wir wissen nicht, ob außerirdische Wesen mit uns Kontakt aufnehmen wollen, ob es Eingeweihte gibt, die gefährliche Wissensgeheimnisse hüten, ob es Gespenster in einer Parallelwelt gibt . . .

Es gibt unendlich viele Dinge, die wir nicht wissen; doch alles, was wir mit unseren Sinnen wahrnehmen, ist wunderbar und weckt unsere Neugierde. Und dieses Wunderbare, das in unserer Phantasie Wirklichkeit geworden ist, hilft uns, hinter den Spiegel der enttäuschenden Realität zu blicken, die den nahen apokalyptischen Zeiten vorausgeht. In unserem unbekannten Ich liegt ein ungeahntes Universum beschlossen; hinter dem Spiegel der objektiven Welt muß es noch eine andere, strahlendere Welt geben, zu der unsere Lebenskräfte und unser Glaube an ein erstrebenswertes Ideal drängen.

[illegible]

[illegible]

[illegible]

[illegible]

[illegible]

Register

Aaronstab 231
Abaris 145
Abenakis 94
Abessinien 56
Abydos 82, 153, 157, 174, 228
Adrar 167, 175
Adria 67
Ägäis 132
Ägon 239
Ägypten 30, 57, 61, 70, 73, 80 ff., 87, 100, 111, 113 ff., 118 ff., 123, 128, 131, 133 ff., 144, 146 f., 150 ff., 170 f., 173 f., 179, 181 f., 191, 198, 200, 206 f., 227, 230, 237 f.
Ägyptologie 151, 154, 157, 182
Älian 117, 123
Äskulap (Asklepios) 30 f., 234
Äsop 202
Äthiopien 191, 206
Afghanistan 81
Afrika 50, 86, 91, 109, 120 f., 124, 126, 129, 133, 143, 168 f., 205, 225
Agartha 197, 241
Akkad 146
Akkumulator 69, 72
Alexander d. Gr. 53, 140
Algattes 82
Algonkins 87 f.
Alignements 65, 68
Allées couvertes 64, 78, 94 f.
Allen, Mr. 23
Allouez, Jesuitenpater 88
Alphateilchen 188
Altiplano 57
Altstein 109
Amazonas 109
Amenemhat III. 135
Amenti 228
Amerika 16, 33, 56, 60, 64, 74, 81 ff., 86 f., 89, 91 f., 96 ff., 112, 115, 120 ff., 125 f., 140, 143, 150, 196, 205
Amiens 137
Amon 154, 156
Amos 191
Ampato 36
Ampurias 40
Anatolien 170
Anaxagoras 31
Anden 111
Ankara 170
Antarktis 121, 143

Anthropologie 203
Antichrist 83
Antigravitation 195
antima 45
Anti-Materie 245, 252 ff.
Antiteilchen 254
Antiwelt 252, 255
Anzti 228
Aphrodite 156, 229
Apis-Stier 136, 182
Apokalypse 47
Apollon 145 f., 150, 156, 232
Apollonius 233
Apremont 113
Arabien 191
Arago 249
Aralsee 155
Aran-Inseln 175
d'Arbois de Jubainville 124
Archäologie 33 ff., 44, 76, 81, 94, 108, 130, 132, 135 f., 142, 149, 155, 163, 170, 172 f., 182, 186, 228
Arche Noah 240 f.
Archimedes 140
Arequipa 36
Ares 156
Ares-Baal 140
Argo 239 f.
Argolis 132
Argonauten 239, 241
Ariadne 135
Arier 32, 45, 61 f., 87, 164 f., 175, 260
Arii 266
Arion 211
Aristoteles 44, 100 ff.
Arizona 192
Aktis 95, 126
Armenien 170, 240
Armorique 67
Aryaman 60, 266
Asari 228
Asen 31
Asien 119 f., 124, 217
Assam 175
Assur 146 f.
Assyrien 57, 73, 90, 101, 136, 146, 240
Astarte 146 f., 158
astras 45
Astronautenhelm 15
Astronomie 79, 101, 141, 159, 170 f., 188, 232, 244
Astronomische Uhr von Antikythera 44 f.
Astrophysik 21, 243
Atharwaweda 62
Athen 118, 132, 135, 145, 228 f., 234, 236
Athene 156
Athor 155
Atlantik 18 ff., 48, 56, 95, 117 f., 120 ff., 131, 134, 138, 159
Atlantis 17, 43, 47, 57 f., 60 ff., 67, 72 f., 79, 82, 86, 91, 111, 117 ff., 124 ff., 128, 130 ff., 135, 137, 140 f., 143, 149, 153, 159, 161 f., 164, 174, 180, 223, 240, 260
Atom 25, 58 f., 109 f., 149, 168, 201, 216 f., 243, 246 f., 252 f.
Atomuhr 45
Atuen 97, 175
Atum 154 ff.
Australien 115 f., 143
Autun 70
Auxerre 137
Avebury (Grafschaft Wilts) 112
Avellaneda, Ramon 165
Ayed 140
Aymaras 97
Ayôdhyâ 164, 175, 209
Azmak 170
Azoren 18, 62, 121 f., 126, 129, 131, 134, 143, 164, 174
Azteken 76, 99

Baal 136, 150, 158

Baalbek 28, 111
Baawi 61, 147
Babylonien 90, 100 f., 186
Bader, Otto 106
de Baer 130
Baetylen 82
Bailly, Jean Sylvain 126, 141
Bainbridge 115
Baku 130
Banco Greco 139
Barden 145
Barke 154
Barranco de Herque 129
Barros 129
Basileia 131
Basir, Constant 123
Basken 56, 150
Bast 157
Bastia 192
Bastian, Professor 212
Bateau, Professor 212
Batterie 70 f.
Bavelincourt (Somme) 80
Beauvois, Eugène 74, 89, 91
Beelte 131
Bêl 93
Belinus 93
Berezin, Professor 130
Bermudas 143
de Béthencourt, Jean 128
Betschuanaland 168
Bhîma 208 f.
Bibel 15, 30, 50, 59 f., 83 f., 90, 108, 151, 185, 197, 204, 240, 250
Bimini 86
Binotros 159
Biochemie 21
Biologie 48 ff., 61, 199 f., 203
Bisons 56
Böotien 238
Bohr, Niels 255
Bolivien 15, 38, 165, 175, 182
Bonnoure, Louis 222
Boräer 125
Boreas 145
Botanik 142
Bourbourg, Abbé Brasseur de 90, 126, 162
Brahma 249, 254
Brahmanen 141
Bran 146
Brasilien 113
Bretagne 56 f., 68, 98, 150, 172
Breuil, Abbé 79, 107
Broglie, Louis de 254
Bruce 148
Buber, Martin 47
Buch der dunklen Kuh 83 f.
Buch Henoch 62, 232, 240
Buddha 202, 248
Buffon 126
Bukarest 13, 24 f.
Bulgarien 170
Burahan 170
Burgund 99

Caesar 136
Callao 167
Cambridge 251
Candia, Schlucht von 129
Carlsonn, Prof. Elof 199
Carnac 65, 67 f., 72, 95, 128, 174
Carras, Robert 15
Carter 187
Castor 239
Cenote 187
Cereig 15, 148, 261, 263
Ceres 234, 237 f.
Ceylon 207
Chac 187
Cháchani 36
Chachapoyas 97, 175
Chaldäer 186
Chandigarh 45
Chanouanons 88
Chartres 137
Chatal-Huyuk 170 ff., 174
Chemie 79 f., 232

Cheops 184 ff., 201
Chephren 201
Chichén-Itza 78, 94, 187 f.
Chillicothe 115
China 45, 98 f., 111, 142, 215 ff., 240
Chiusi 137
Cholula 78, 81
Chontales 97
Chota Nagpur 175
Chromosomen 49 ff., 62
Cicero 32
Civitas Dei 47
Clark, Graham 170
Clarke, Arthur C. 194
Claudius 191
Clemens von Alexandrien 229 ff., 235
Clonmacnoise 84
de Clouzion, Henri 79
Clusium 137 f.
Coba 32
Cochabamba 38, 97, 175
Cocteau, Jean 254
Col de Vence 113
Computer 90, 195
Condla 84 ff.
Cordan, Wolfgang 90
Corvo 129
Couhard-Pyramide 70 f., 80
Coulombsche Kräfte 70, 181
Cousteau, Major 165, 167
Couteaud, P. 128
Cuicuilco 81, 175
Cuzco 28, 38
Cyceon 229 f., 232 f., 235

Dädalus 133, 135 f.
Dakar 57, 64
Dâmodara Misra 208
Darwin 98, 222 f., 225
Deir Alla 167
Delaware 88
Delos 145, 232, 236, 239 f.
Delphin 210 ff.
Demeter 228 f., 231 f., 235
Demiurg 36, 156, 202
Demoteles 134
Denderah 154
–, Tierkreis von 123
Descartes 53
Dhun Aonghus, Fort 175
Dien Bhien Phu 215
Dietz, Robert (Prof.) 142
Dinosaurier 194
Diokles 229
Dionysos 234
Dirac, P. 254
Djerba 43, 161
Djoser 153, 184
DNS 49, 203
Dodekanes 40
Dodona 138
Dolinoff, Anatole 193
Dolmen 28, 57, 59, 63, 69, 79 ff., 86, 97, 121, 172, 174
Donau 100, 171
Doppler-Effekt 245
Draa, Kap 161
Drachen 230, 240, 262
Drioton, Etienne (Prof.) 159 f.
Druiden 69, 71 ff., 85, 100 f., 124 f., 241
Druidenkult 65

Edda 62
Edfu 72
Einstein 22, 23
Einsteinscher Raum 245
Eiszeit 123
Ekliptik 123
Eldorado 47
Elektronen 188
Elektronengehirn 55
Elektronik 221
Eleusis 228, 230 ff., 240 f.
Elohim 58 ff.
Energieakkumulator 28

England 112
Enzephalogramm 51
Eochaid hûy Flainn 264
Epidaurus 234
Epirus 138
Erdbeben 119, 131
Erde 238
Erdeven 65
Erdkruste 39, 122
Eskimo 93
Esna 72
Etrurien 137
Euklidischer Raum 245
Eumolpos 229
Euripides 117
Europa 86, 88, 91, 98, 109, 114, 119 ff., 126, 133 f., 142, 170, 179, 196, 217, 240
Evolutionsprozeß 58
Evolutionstheorie 222 f., 225
Ezechiel 240

Fata Morgana 18
Fatima 154
Feldtheorie 22
Felszeichnungen 106, 108
Fenua Nui 142
Ferro 18, 128 f.
Feuerstein 58, 106 ff., 174, 198
Filitosa 71, 94
Finisterre 95
Finnland 147
Fliegender Pfeil 146
Fliegender Stier 146
Fliegender Wagen 241
Fliegender Widder 239 ff.
Fliegendes Häuschen 13, 14
Florida 86
Flüssiges Feuer 40 f.
Flugmaschinen 12, 73, 146, 158, 239 f., 260, 264, 265
– von Gusmâo 13
– von Monte Alban 14
Flugzeug 16
Foëx, Jean-Albert 187
Foggaras 167, 169
Fontainebleau 113
Forbusch, Scott 188 f.
Forbusch-Effekt 188, 201
Formigas 121
Fradin, Emile 107
Franchard 113
Frankreich 39, 43, 99, 106, 109, 113, 152
Fuerteventura 128 f.

Galanopoulos, Angelos 132, 138
Galilei 32, 38
Galizien 57
Gallien 74 f., 78, 80, 83, 95, 100, 121, 124 f., 144, 170, 173, 179, 237
Gammaphotonen 188
Gammastrahlen 70
Gammateilchen 189
Garcia, Beltran 37
garima 45
Gavr' inis 73
Gedächtnischromosomen 47 f., 50, 52 ff., 56, 58 f., 61, 122 f., 149 f., 164, 180, 203
Geflügelte Scheibe 147
Geheimarchive 123
Geheimbräuche 137
Geheimlehre 11, 18, 30, 37, 50, 60 f., 123, 134, 155 164, 186, 197, 213, 219, 222 f., 228, 237, 240
Geknetete Steine 38
Genesis 121
Genetik 203
Genetischer Code 199 f.
Genua 261 f.
Geologie 116, 122, 142 f.
Georgien 239
Gerbert, Mönch 44
Gérin, Edith 113
Germanien 95
Geschichtswissenschaft 56, 75, 83, 108

Gespenster 47
Gewichtsverringerung 26 ff.
Gibraltar 119
Giganten 123
Gilgamesch 87 f.
Giraud, A. 126
Gizeh 79
Glozel 107, 132, 173
Glusgahbe 93
Goethe, Johann Wolfgang von 254
Goldenes Vlies 239 ff.
Golfstrom 122
Gomera 128 f.
Gomorrha 130
Gondwanaland 142 f.
Gordon 194
Goult (Vancluse) 261
Gregori, B. 37, 39, 213
Greif 73
Griechenland 30, 40 f., 43, 48, 73, 87, 100, 110, 121, 136, 140, 145, 150, 152, 156, 175, 227, 230 f., 238 f., 241
Grönland 93, 95
Grosjean, Roger 72
Großbritannien 74, 95, 121, 147, 150, 152, 179, 237
Großer Bär 60
Grotte 69
Guanchen 126, 128
Guatemala 33, 93 f., 96, 162, 172
Guignard, Maurice 265

Haas, Conrad 13 f.
Haasenwein, Hans 13
Habib Soussi 139
Hacilar 170
Hades 228 f.
Hakavitz 92
Halle, Soto 159
Halluzination 51
Handpyramide 26 ff.
Hanno 129
Hanumat 207 ff.
Hawarâ 135
Hebräer 50, 61, 90, 167, 241
Heezen 148
Hekataios von Abdera 144
Hel 156
Helgoland 130 f.
Heliopolis 155, 158, 191
Helios 135
Heliumkerne 70
Helmer 194
Herakleopolis 134
Herkules 88, 150, 156, 239
Hermannstadt 13
Hermes 241
Hermes Trismegistos 30 f., 228, 243
Herodot 100 ff., 123, 134, 158, 160 f., 191
Hesiod 68, 117, 120
Hesperiden 129
Heyerdahl, Thor 82 f.
Hieroglyphen 89, 91, 129, 131, 228
Hierophanten 233, 235
Hillsboro 115
Himalaja 56
Hindus 45, 60, 62
Hippokrates 31
Hirmenech, H. 67
Hiro 38, 266
Hitler, Adolf 147
Holland 21
Homer 67, 117, 120, 131, 136, 140, 160, 228
Honoré, G. C. 65
Horus 146 f., 150, 157, 160 f., 162
Houmt Souk 43
Hoyle, Fred 250 f.
Huasteken 175
Hubble-Effekt 245
Humboldt, Alexander von 75
Hvitramannaland 87
Hydrophorien 232
Hyksos 150, 152
Hyperborea 17, 58, 61 ff., 87 f., 91, 95, 124 f., 144 ff., 198 f., 223, 240

Iakchos 234
Iberische Halbinsel 73
IBM 50, 55
Ida, Berg 136
idolos 97
Ikshwahu 164
Imhotep 153, 182, 184, 189
Indianer 83, 86 ff., 97 f., 115
Indien 32, 45, 57 f., 62, 64, 113, 141 ff., 146, 149, 165, 168, 175, 191, 209
Indischer Ozean 142
Indoeuropäer 62 f.
Indonesien 113
Indus 173
Inigo, Don 128
Initialgedächtnis 50
Initiationsheiligtümer 72, 137
Initiator 154, 156, 158, 184, 238 f.
Inkas 15 f., 30, 32, 38 f., 48, 56, 90, 96 f., 112, 146, 159, 165, 175, 179
Inkasonne, Kult der 37
Inlandeis 123
Innishmore 175
Inseln der Seligen 129
Insel der Sieben Städte 129
Interplanetarflüge 15, 17, 46 f., 98, 148, 260
Interstellarflüge 48, 195
Iran 56 f.
Irland 56 f., 57, 72, 87, 146, 150
Irokesen 93
Isis 154, 157 ff., 228
Island 57, 89, 95, 121, 147, 150
Israel 152, 167
Italien 119, 121

Jalapa 32
Jamblichos 117
Jason 239 f.
Java 21, 111
Jessup, Dr. Morris K. 22, 23
Jordan 167
Juden 50, 93, 130
Jupiter 44, 231, 238, 240
Jupiter Saturnalis 68

Kabah 78
Kabbala 238, 241
Kabiren 123, 156, 227, 229, 232, 236 ff.
Kairo 158, 182
Kalender 67
Kalifornien/USA 92
Kalkutta 208
Kalypso 131
Kamerun 168
Kanaaniter 167
Kanada 56, 87
Kanalisation 140
Kanarische Inseln 18, 124, 126, 128 f., 200
Kanatsoulis, Dr. A. 31
Kansas 88
Kanton 217
Kap-Verde-Inseln 18, 122
Kara-Kum 170
Karanovo 170
Karl VI., König 128
Karlsen, Ernest (Prof.) 199
Karnak 72, 154, 156 ff.
Karolineninsel 142
Karpaten 114
Karthago 129
Kaspisches Meer 130, 155
Kaukasus 240
Keleos von Eleusis 228
Kelten 30, 48, 57, 61, 63 f., 67 f., 70 ff., 78 ff., 82 f., 86 f., 94 ff., 100 ff., 115, 121, 124, 128, 143, 146, 149 f., 153, 158, 165, 172, 174 f., 180 f., 232, 237
Keokrops 236
Kermario 65
Kernunos 65
Khent 228
Khe Sanh 215
Klein, Oscar 253 ff.

Klionowa, Maria 122
Knossos 136 f.
Kodex 15
Kodex Cortesianus 16 f.
Kodex von Dresden 16
Kodex Manu 249
Kodex Perez 16
Kodex Troano 126
Kolumbien 97, 172, 175
Kolumbus 86 f.
Komet 61, 158
Kondensator 184, 221
Kongo 50, 168
Kon-Tiki 82
Kontinentaldrifttheorie 122
Kopten 123
Kordierit 41
Kordilleren 37, 258
Kore 228 f., 231, 237
Korsika 71, 94, 150, 192
Korybanten 229
Kosmogenesen s. Kosmogonie
Kosmogonie 62, 248 ff.
Kosos, Paul 35
Kreise 73, 94 f., 133 f., 172
Kreta 132 f., 135, 175
Kritias 118 ff.
Krösus 82
Kromlech 64, 68, 80 f., 95, 128
Kronos 264
Kryobiologie 194, 198, 200 f.
Kryogenie 191 ff., 196 f., 200
Krypta 69, 75
Kukulkan 17, 88, 90, 95
Kuschiten 191
Kybele 48
Kykladen 132

Labyrinth 69, 133 ff.
laghima 45
La Joya 97, 175
Laksmâna 207
Lande, Pater Diego de 93
Langelaan, George 21 f.
Lankâ 207, 209
Lantier, Professor 79
Lanzarote 129
Laplace 250
Lascaux 107, 132, 173
Laser 37, 50, 55
Las Palmas (Gran Canaria) 129
Latona 145
Lava 79, 122, 129
La Venta 94
Lavoisier 250
Lebanon 115
Le Cour, Paul 117, 125
Legenden 15, 17, 38, 136, 142, 152, 154, 165, 173, 200, 208, 210 f.
Leibniz 224
Lemaitre, Georges 250, 252
Lemminge 48, 55, 56
Lemnos 139, 237
Leni-Lenapes 88, 89
Lepenski-Vir 171, 174
Les Eyzies (Dordogne) 107, 109, 174
Leukippos 53
Lévi-Strauss, Claude 203
Levitation 27 f.
Levsina 228
Lexicon 37 f.
Lhasa 45, 260
L'Héritier, Philippe 203
Libyen 100, 119 f., 124, 128, 139
Lichtgeschwindigkeit 189, 195, 244
Lilith 83
Lilly, Professor 212
Limousin 98
Lindström 88
Lira, Pater Jorg 39
Lisieux, Therese von 154, 156
Locmariaquer 123
Locust Grove 115
de Loomis, Professor 225
Lorenz, Prof. Konrad 49
Los Letrero 129
Los Remedios 78
Lough Crew 73

Lukrez 32
Lussac-les Chateaux 174
Luxor 72, 153 f., 156 f.
Lydien 82
Lykeas 134
Lyndavale 115

Mac-Celechair, Moelmuire 84
Magdalénien 101
Magie 18
Magmatismus 39
Magnetfeld 148
Magnetismus 23, 35, 188 f., 190, 201, 247
Magre, Maurice 266
Mahabharata 164, 208
Mahannan mac Llyr 146
Ma-iti 169
Makari-Karisee 168 f.
Malaiisches Archipel 142
Malaise, Professor 160
Mali 265
Malinowsky 165
Malta 73
Man, Insel 57
Manabouch 88
Manethon 228
Manuskript Troano 16
Mao Tse-tung 215 f.
Maou 140
Marcahuassi, Plateau von 112
Marcellus 124
Marche-Höhle 174
Mardonius 238
Marduk 136
Mariette-bey 160
Marokko 160
Mars 44, 135, 140, 190, 194, 238
Marseille 147
Martial 136
Martin, Henri 79
Masma-Kultur 112 ff.
Maspéro, Gaston 160 ff.
Matata, de Grottes 24
Mathematik 79
Mauritanien 129, 169
Mavrothalassitis, Christos 40 f., 138 ff., 161
mâyâ 202, 204, 248
Mayas 15 f., 30, 32 f., 76, 82, 86 ff., 93 ff., 99, 126, 128, 146, 149, 159, 164 f., 172, 175, 179, 187
Mazedonien 152, 170
m'Barka ben Nasser 43
Meath, Grafschaft 73
Medea 239 f.
Medinet-Habu 131, 157
Megalithbauten 57, 63, 65, 71 f., 74, 78, 94 f., 121, 128, 150, 174
Memphis 153, 158 f., 182, 228, 237
Menec 65, 67 f.
Menes, König 67, 160
Menger 258
Menhire 28, 57, 64 f., 68 f., 71 f., 74, 78, 80 f., 94 f., 121, 128, 150, 155, 174
Merida 96
Meridionalen 88
Merkur 44, 238
Merlin 264
Merowinger 83
Meru 155, 197, 200
Mesonen 188
Metall, irisierendes 41 f.
Metaphysik 27
Metonischer Zyklus 145
Mexiko 14 ff., 32, 71, 73, 75 f., 81, 84, 87, 89, 91 f., 94, 96, 98 ff., 110, 112, 115, 128f., 138, 146, 162, 170, 172 f., 181, 184, 187, 207
Michels, Joseph 82
Micmas 94
Migration 55
Milchstraße 32, 60, 188 f., 242
Millou, André 113
Mineralogie 39, 79, 122
minoische Kultur 132 f.
Minos, König 133, 135 f., 149

Minotaurus 133, 135 f.
Miozän 123
Mira 140
Mississippi 92
Misti 36
Mithra 236
Mitteleuropa 64
Mittelmeer 132, 138, 150, 211
Mnevis 154, 155
Möbiussches Band 23 ff.
Moeris, König 134, 174
Moeris-See 135
Mohenjo, Daro 173, 175
Mond 46, 111, 145, 190, 194, 244
Mondfinsternis 191
Mongolei 97, 141, 150
Monolithe 72, 116, 142
Mont Blanc 143
Monte Alban 14 ff., 76, 108
Montignac-Lascaux 106, 174, 181
Morbihan 65, 79
–, Golf von 73
Moret, A. 161
de Mortillet 182
Moses 50, 101, 151
Moskau 106, 148
Mozart 53
Mu 142, 149, 175
Mumien 129, 153, 181 f., 184, 186 f., 189, 191, 197 ff.
Mutationen 189, 207, 221 f., 225
Mykene 159
mykenische Kultur 132
Mysterien 100, 134, 227 ff., 232 ff., 241, 265
Mythen 93, 110, 129, 130, 146, 156, 164, 170, 174, 191, 203, 206, 228 f., 231, 239, 241

Naan, Gustav 253, 255
Nacxit 93
Nagas 265
Nanking 217
Napoleon 140
Nautilus 160
Nazca 34 ff., 60
Nea Nicomedia 170
Neger 150, 225
Nemrut Dag 82
Neolithikum 159
Neptun 135, 238
de Nériac 184
Neufundland 54
Neuguinea 109
Newberry 172
New-Grange 73
Newton 249 f.
New York 192
Nicaragua 97
Nicetas von Syrakus 32
Nil 67, 72, 113, 132, 152, 160, 206, 227 f.
Nimrod 82
Ninavanhu-Ma 168
Nin-Girson 146
Nizza 15, 148, 263, 265
Noailles (Corrèze) 79
Nordatlantische Schwelle 20
Norfolk 22
Norwegen 48, 63
Numidien 129
Nuraghier 150

Oaxaca 32
Obelisk 69, 80, 155
Oblicamp 80
Obsidian 82, 93
Odu 168
Odysseus 131
Ogham 37
Ogygia 131
Ohio 115
Okkultismus 227
d'Olivet, Fabre 125
Olmeken 14 f., 76, 175
Olymp 68, 231
Olympia 100
Opium 216

Ops 48
Orakel 138
Oreichalkos 43
Orejona 17, 36, 48, 146
orejones 82
Orient 60
Orkney-Inseln 95, 147
Orléans, Jungfrau von 156
Orpheus 230, 239
ORTF 204
Orthokles 70
Osiris 154, 157, 228
Osterinsel 82, 111 ff., 142, 175, 265 f.
Oude 164 f., 175
Ovid 131
Ozeanographie 142

Paläolithikum 79, 168
Palästina 130
Palenque 15 f., 78, 94, 108, 147
Palma 129
Palpa 34
Pandus 208
Paracas 172
Paradies 129, 133
Parallelwelten 24 f., 60, 254 f.
Parapsychologie 18
Paris 109, 112 f., 122, 141
Parsamian, E. S. 170
Pasiphäe 135 f.
Pausanias 237, 241
Pazifik 36, 142
Peking 217
Pelasger 67, 75, 82, 125, 150
Peleus 239
Périgord 99
Perroud, Pierre 159 f.
Persien 100, 152
Peru 28, 32, 34, 37 ff., 56, 73, 82, 96 f., 112 ff., 128 f., 165, 167, 170, 172 f., 175, 200
Petesuecus, König 134
Peyrony 107
Phallus 68, 71 ff., 94 f., 155, 230, 236
Phantasie 53
Pharaonen 151 f., 154, 186, 197, 199, 201
Pherekydes 140
Pheuresseus 140
Philadelphia 22, 24
Philadelphia-Experiment 21 ff.
Philipp II. 93
Philosophie 101
Phönix 190 f.
Phönizien 57, 73, 90, 100, 107, 110, 129, 136, 146, 150, 158, 168 f., 175, 206, 240
Photonen 255
Phrygien 150
Physik 27, 45, 51, 79, 232
Pictet, Adolphe 63, 237
pistas 35
Plata Flota 110
Platon 20, 62, 117 f., 120 ff., 124 ff., 131, 142, 240 f.
Plejaden 145
Plinius 117, 132, 134, 138, 191
Point Mugu/Kalifornien 211
Poitiers 137, 215
Poitou 79, 98
Poitou-Clarent 57
Poket-Dag 174
Politeia 120
Pollux 239
Polynesien 56, 142, 150, 266
Ponape 142
Popol Vuh 90 f., 95 f., 207, 264
Porsenna 137 f.
Portugal 150
Portulak 39
Poseidon 240
Poseidonis 20, 121, 128, 130 f., 133, 135, 137, 143, 174
Poseidonios 125
Posever, Georges 206
Primhistorie 11, 17, 32, 154 ff.
Projekt Magnet 257 f.

Proklos 117
Prometheus 237, 240
Proserpina 231
Proteus 158
Protonen 188
Provence 99, 263
Proxima Centauri 61
Psammetichus 134
Ptah 155, 237 f.
Puerta del Sol 15
Puerto Acosta 165
Punt 161 f.
Puquio 35
Pygmäen 168
Pyramiden 28, 70 f., 74 ff., 78 ff., 90, 94, 97, 121, 128, 138, 153, 158, 169 f., 179 ff., 184 ff., 189, 191, 198, 200 f., 237, 266
Pythagoras 32, 100 ff.
Pytheas 147

Quasare 244 f., 251 f.
Quechua-Sprache 38
Quetzalcoatl 17, 88, 90 f., 93, 95, 146 f., 162
Quiche 90 ff., 95
Quilpi 38
Quintana-Roo 32

Rá 156
Rad 32, 33
Radar 72
Radioaktivität 70 f., 148, 168, 247
Radio-Karbon-Methode 173
Radioteleskop 242
Radiowellen 252
Radium 42
Rakete 12 ff., 33, 45, 59, 146 f.
– von Hermannstadt 12
Raketenbatterie 14
Râmâ 146, 164, 207 ff.
Râmâyana 164, 207 ff.
Ramses II., 154
Rand Corporation 194
Rapaiti 83
Raumanzüge 15
Raumfahrzeuge 168
Ravana 207
Reggane 161
Reims 137
Reinkarnation 53 f., 143, 191
Religionsgeschichte 156
Rémy, Michel 220
Reyna, Ruth 45
Rhodesien 97, 161, 168
Riese 15, 36, 110 f., 113, 121, 260, 264
Rigweda 62, 248, 253
Riten 134
Roboter 168, 195
Rock, Fort 172, 174
Rocky Mauntains 56
Rodden, Robert J. 170
Rodin, Auguste 64
Römer 48, 80, 110, 135 f., 152
Rom 232
Rosas, Golf von 40
Rosenkreuzer 219
Rostand, Jean 194, 222
Rotes Meer 151
Ru 142
Rumänien 12, 14, 114
Ruzo, Daniel 111 f., 114, 116
Ryle, Martin 251

Sacsayhuaman 38
Sahagun 91
Sahara 111, 126, 169
Saint-Germain-en-Laye 109
Saint-Quentin 137
Sais 118, 120
Sakkara 79, 81, 158, 182, 184, 201
Samaweda 62
Sambesi 169
Sambia 106
Samhan-Cabur 237
Samothrake 232, 236 f.
San Augustin 97, 172

San Tomas, Domingo de 38
Sandage, Allan 251
Sankt-Brandans-Insel 18 ff., 129, 161
Sanskrit 45, 62 f.
Santorin 133, 140
Sarande 140
Sardinien 150
Sargassomeer 122 f.
Saturn 44, 68, 238
Saurat, Denis 110 f.
Schansi, chin. Provinz 78, 155
Schenouda, Anubis 158, 237, 265
Schlangen 73, 89, 112, 115, 123, 146 f., 156 ff., 161 f., 172, 232, 236, 240 f., 262, 265
Schneemensch 208 f.
Schuré 57
Schwalben 55 f., 122
Schwerkraft 27 ff., 45, 111
Scioto 115
Scott-Elliott, W. 260
Scymnus von Chios, griech. Geograph 80
seggias 169
Sekundärzeit 111
Selektion 48, 55 f.
Selektor 50, 55
Seneca 125
Sens 137
Serapeum 182
Sesostris 191
Seth 154
Shaunees 88
Shetland-Inseln 147
Shirley Bay 257
Sian s. Schansi
Sibirien 98
Sibiu 13 f.
Siculus, Diodorus 62, 80, 117, 144, 146
Silva, Carlos Aliaga 97
Simbabwe 97, 161, 167 f., 175
Sintflut 30, 56 f., 60, 62, 71, 78, 82, 89 f., 107, 109, 113 f., 120 ff., 126, 130 ff., 141 f., 144, 151, 153, 155, 161, 163 f., 173, 182, 201, 214, 228, 232 f.
Sirius 60, 159, 171, 244, 265
Sizilien 145
Skandinavien 73, 95
Skythien 100, 145 f.
Sodom 130
Sokrates 118 ff.
Solon 118 f., 133
Sonne 146, 165, 173, 189, 194, 219, 221, 224, 250, 265
Sonnenbarke 154, 157 f.
Sonnenstein 41
Sonnenuhr 45
Sonnenwind 188
Sothis s. Isis
Spanien 40, 76, 90, 96 f., 109, 121, 126, 150
Spanuth, Pastor Jürgen 130 f.
Spence, Lewis 227
Spirale 73
Sprache 202 ff., 212
Springflut 121, 131
Srejovic, Dragan 171
Stabilisierung 14
Statuen 15
Stegocephalen 194
Stein von Palermo 160, 175
Steingravierungen 73, 111
Steinkugeln 33 f.
Steinzeichnungen 174
Stelen 15, 131
Stonehenge 80, 112, 128
Strabon 117, 132, 160
Strahlen, kosmische 188 f.
Strahlen, vitale 70
Stupas 81
Sturmvogel 56
Suidas 233, 241
Sumer 81 f., 100, 105, 146, 170 f., 173, 175
Sungir 106
Surgîva 207

Swasiland 106
Swastika 73
Sylvester II. 44
Symi 40

Tabellen von Tiruvallur 141
Tacitus 191
Tahiti 38, 142, 265
Tal der Könige 153, 182
Tarade, Guy 71, 113, 148
Tarenyawago 93
Telamon 239
Teleskop 38
tellurische Ströme 148, 149
Tempel 28
Teneriffa 129
Teotihuacan 76, 78, 81 f., 94, 175
Tertiär 111
Tertullian 117, 236
Texas 88
Theben 13, 131, 183, 237 f.
Theopompos 117, 123 f.
Thera 191
Theseus 135, 136
Thira (Santorin) 132
Thor 93
Thora 30
Thot 31, 93, 136, 154 f., 159, 206, 228
Thrakien 100
Thule 62, 87, 89, 92, 95 f., 125, 129, 134, 144, 147, 149 f.
Thysiaden 233
Tiahuanaco 15 f., 36, 82, 108, 110 f., 146, 175
Tibet 151
Timagenos, griech. Historiker 124
Timaios 118, 120
Titanen 123
Titanic 54
Tithoës 134
Titicaca-Kultur 165, 167
Titicacasee 36, 83
Tlalpan 81
Todericiu, Prof. Doru 13 f., 24 f.
Tohil 92
Tollan-Tlapallan 162
Tolteken 93
Tonbatterien 40
Tonga Tabu, Atoll von 142
Torquemada 162
Totonaken 75
Totonicapan 93
Tourette, sur-Loup 80
Tournefort 137
Transvaal 111
Traum 51 ff.
Treibstoff 12, 14
Triptolemos 229
Tritonis-See 161
Trojanischer Krieg 68
Tsavardenis 43
Tuatha Dê Danaun 264
Türken 170
Tulan 91, 93
Tumulus 63, 68, 73 ff., 78 f., 81 f., 84, 91, 94 f., 97, 115, 121, 138, 150, 172, 174, 179, 181, 184
Tunesien 139, 161
Turkmenistan 170
Tut-anch-amun 187 f., 200
Tyrus 237

U-Boot 24 f.
UdSSR 23 f., 257
UFO 19, 47 f., 51, 146 f., 167, 240, 257 ff.
Ummo 259
Unendlichkeit 31
Unteilbarkeit 31
Ur-Adam 61, 63
Uranus, König 128
Uranus 238
Ur-Ei 236
Ur-Eva 54
Urexplosion 251
Urmaterie 204, 251
Urstein 155

Ur-Universum 250
Urwesen 143
Urwissen 49 f., 52, 56, 122, 124, 149, 224
USA 22, 25, 50, 95, 109, 115, 172, 174, 191 f., 217
Utopie 125
UV-Strahlen 225
Uxmal 78, 94

Vagina 72
Vaid 147
Val Fontanalba 258
Valladolid 38
Vâlmikî 208
Valverde 129
Van Allenscher Strahlungsgürtel 189
Vandier 160
Varro, Marcus 138
de la Vega, Garcilaso 36 f.
Venus 15, 17, 36, 60 f., 90 f., 96, 135, 155, 158 f., 164, 173, 229, 238, 249 f.
Vera Cruz 32
Vererbung 203
de Vic, Henri 45
Vienne (Isère) 264
Vierdimensionalität 113
Vietnam 215
Vigier, J. P. 254
Vigo, Bucht von 110
Villahermosa 94
vimanas 146
Violet, Marcel 218 ff.
Viracocha 17, 82
Virginia 22
Virgo Mater Genitrix 157
VRIL 260
Vulcanus 137
Vulkan 43, 132, 140
Vulva 230 f., 236

Wales 57, 94
Wapanachkis 87
Washington 143
Wasser 218 ff.
Wasseruhr 45
Weda 60 ff.
Weissagungen 140
Weissen-Szumlanska, Marcelle 159 f.
Wellen, vitale 181
Wikinger 41, 150
Winkelmeister 70, 74, 78 f., 180 f., 184, 188
Wunschbilder 47 f.
Wüste Gobi 141 f.
Wuzamazulu Credo Mutwa 168

Xerxes 238
Xitle, Vulkan 81 f.
xoanon 236

Yaquis 93
Yayurweda 62
Yeti 267
Yucatán 33, 78, 91, 93 f., 96, 99, 172

Zak Mutul 93
Zalakhos 41 f.
Zauberer 169
Zeitsonden 19
Zentrifugalkraft 45
Zeus 156, 228 f.
Zoologie 55, 142, 210
Zugvögel 122

Inhaltsverzeichnis

Unbekannt

I. Unerforschte Vergangenheit 11
Die Rakete von Hermannstadt 12
Die Flugmaschine von Monte Alban 14
Sankt-Brandans-Insel 17
Gibt es eine objektive Wahrheit? 20

II. Atemberaubende Experimente 21
Das Philadelphia-Experiment 21
Das Möbiussche Band 23
Die Handpyramide 26

III. Die Wissenschaft der Vorzeit 30
Hermes und Äskulap 30
Wer vermittelte das Wissen? 32
Steinkugeln in Guatemala 33
Die geheimnisvollen Zeichen von Nazca 34
Das Lexicon beweist es: Teleskope von 1000 Jahren 37
Eine Pflanze, die Granit weich wie Butter macht 38
Die Entdeckungen des Christos Mavrothalassitis 40

Die astronomische Uhr von Antikythera 44
Raumraketen vor 3000 Jahren? 45

IV. Gedächtnischromosomen 47
Die Wunschbilder 47
Das Wunder der Gedächtnischromosomen 49
Die Welt der Träume 51
Erinnerungen an frühere Leben 52
Die Reinkarnation 53
Die Migration der Tiere 55
Panorama der westlichen Welt 56
Dolmen, Kathedralen und Fußballplätze auf einem anderen Planeten 58
Die Bibel des Jahres 3000 59
Außerirdische Wesen greifen ein 60
Hyperboreer und Atlanter 61
Das Sanskrit und die Wedas 62

V. Das Rätsel der Megalithbauten 64
Carnac und der mysteriöse Menec 65
Carnac und der Trojanische Krieg 67
Der Tempel als Sende- und Empfangsstation 68
Die radioaktive Couhard-Pyramide 70
Die Phallussymbole von Filitosa 71
Die Schlangen von Gavr'inis 73

VI. Die Kultur der Kelten 74
In Mexiko gibt es keine Pyramiden 75
Die Pyramiden der Kelten waren aus Beton 78
Tumuli, Pyramiden und Erdhügel 81
Das Buch der dunklen Kuh 83
10 000 Jahre vor Kolumbus: Die Kelten entdecken Amerika 86
Das Popol Vuh wurde gefälscht 90
Die Mexikaner kamen aus Europa 91

Die keltischen Megalithbauten von La Venta 94
Thule 95
Waren die Inkas Kelten? 96
Die Amerindianer haben europäische Ahnen 97
Haben Pythagoras, Herodot und Aristoteles gelogen? 100

Geheimnisvoll

VII. Versunkene Kulturen 105
Kultur in Frankreich seit 30 000 Jahren 106
Glozel ist 15 000 Jahre alt 107
Warum gibt es keine Felszeichnungen von Kaffeemühlen? 108
Die Riesen von Denis Saurat 110
Das Reich der Giganten des Daniel Ruzo 111
Das Land der vielen Hügel 115
In Traumzeiten 115

VIII. Atlantis 117
Schlag nach bei Platon 118
Atlantis ist versunken 120
Beweise für die Existenz von Atlantis 121
Geheimarchive 123
Von Seneca bis Paul Le Cour 125
Das Geheimnis der Guanchen 126

IX. Andere Theorien über Atlantis 130
Atlantis im Kaspischen Meer und bei Helgoland 130
Atlantis im Mittelmeer 132
Das Geheimnis der Labyrinthe 133
Der Mythos der Pasiphäe 135
Das Labyrinth und die Pyramiden von Clusium 137
Das Atlantis des Christos Mavrothalassitis 138

Atlantis in der Mongolei 141
Mu und Gondwanaland 142

X. Hyperborea und Ägypten 144
Hyperborea 144
Die Weltenschleuse von Thule 147
Das seefahrende Volk der Kelten 149
Wie mächtig waren Ägyptens Pharaonen? 151
Die goldenen Schlüssel zur Wahrheit 153
Falsche Primhistorie durch falsche Götter 156
Das Geheimnis der sogenannten Sonnenbarken 157
Der Sothis-Kalender 158
Atlanter und Ägypter 159
Wo lag Punt? 161

XI. Primitivkulturen 163
Vor 12 000 Jahren entstand Oude 164
Die Titicaca-Kultur 165
Die Bibel der Schwarzen, Simbabwe und die Foggaras von Adrar 167
Die Geschichte beginnt in Chatal-Huyuk 170
Lepenski-Vir 171
Die Kelten von San Agustin 172
Der Schwindel mit den Datierungen 173
Die ältesten Kulturen der Welt 174

Phantastisch

XII. Das Rätsel der Pyramiden 179
Im Stile der Atlanter 179
Die belebenden Kräfte der Erde 181
Die Pyramide von Sakkara 182

Die Grabkammer von König Cheops 184
Die Grabschänder 186
Der Forbusch-Effekt 188
Im Zeichen des Phönix 190
Winterschlaf bei minus 196 Grad 191
Voraussagen für die Zeit zwischen 1970 und 2100 194
Werden wir im Jahre 2100 noch erwünscht sein? 196
Das Land der Schlafenden 197
Die Macht des Genetischen Code 199
Pyramiden für das Jahr 3000 200

XIII. Am Anfang war das Wort 202
Das Wort als Träger der Vererbung 202
Die Sprache der Tiere 204
Der Affe stammt vom Menschen ab 205
Hanumat, der Freund von Râma 207
Ist Hanumat der Schneemensch? 208
Das Geheimnis des Delphins 210
Der Delphin spricht mit dem Menschen 211
Wenn Delphine die Geschichte der Menschheit erzählen werden 213

XIV. Das Wasser des Lebens 215
Die Weisheit der Chinesen 215
Die Kraft des Gewitterregens 218
Reines Wasser bedeutet Tod 219
Das Wasser des Lebens 220
Das Märchen vom Fortschritt 222
Der Mensch ist außerirdischer Herkunft 224

XV. Die antiken Mysterien 227
Der ägyptische Gott Asari 227
Die Legende von Eleusis 228
Die Griechen glaubten nicht an die Götter 230

Die Mysterien von Eleusis 232
Der Initiationsritus von Eleusis 233
Das Cyceon 235
Die Mysterien der Kabiren 236
Phantastische Himmelsschiffe 239

XVI. Das Universum 242
Das Gesetz des Hermes 242
Zeit und Geschwindigkeit 243
Vom unendlich Großen zum unendlich Kleinen 246
Imaginäre Rechnungen 247
Kosmogonien des Altertums 248
Kosmogenesen 249
Die Antimaterie 254
Wer hat das Universum erschaffen? 256

XVII. Lichter am nächtlichen Himmel 257
Das Wrack von Spitzbergen und das Projekt Magnet 257
Wer verfälscht das Problem? 259
Unsere Liebe Frau von den seltsamen Erscheinungen 260
Die feurigen Kutschen von Genua und der Provence 261
Als die Götter auf die Erde kamen 264
Die fliegenden Statuen der Osterinsel 265

Register 269

Peter Rocholl/Wilhelm Roggersdorf

Das seltsame Leben des Erich von Däniken

Erinnerungen an die Vergangenheit.

278 Seiten, 16 Seiten Abbildungen.
Leinen 18 DM

Erich von Däniken, Autor der in 18 Sprachen übersetzten internationalen Bestseller »Erinnerungen an die Zukunft« und »Zurück zu den Sternen«, hat wie kaum ein anderer Schriftsteller unserer Tage in den letzten drei Jahren im Mittelpunkt des Interesses gestanden. Wer ist dieser Mann, dieser »Sonntagsforscher«, der auf seinen Expeditionen in die Vergangenheit mehr entdeckte, als manche Wissenschaftler wahrhaben wollen, und der sowohl mit seinen Thesen wie als Person lebhafte Diskussionen in aller Welt auslöste?
In diesem Buch wird sein Leben anhand von Akten, Dokumenten und zahlreichen Tonbandprotokollen rekonstruiert. »Das seltsame Leben des Erich von Däniken« mutet an wie die abenteuerliche Pilgerfahr eines beherzten Mannes, der indes allzuoft, besessen von seinen Ideen, dem harten Boden der Tatsachen zu entfliehen trachtete.

Econ-Verlag · Düsseldorf · Wien